Marie Andersen

L'art de se gâcher la vie

MARABOUT

La vie n'est qu'un immense rire de sagesse.
Il ressemble parfois aux cris, parfois aux pleurs,
parfois aux larmes ou à la douleur,
mais ne t'y trompe pas, toi qui es sage,
la vie n'est qu'un long rire,
le reste n'est qu'apparence et tromperie.
CHARIF BARZOUK

Pour Léon,

Introduction

L'essentiel ? L'effort d'exister, la puissance d'agir, le désir de vivre, la joie d'aimer… C'est la vie même.
André Comte-Sponville

Se gâcher la vie est un choix, pas une fatalité.

Chacun s'emploie à faire de son existence une aventure qui vaille la peine d'être vécue, mais on est parfois bien loin du compte !

Que nous soyons gâtés par le sort ou non, nous avons selon toute vraisemblance bien plus qu'il n'en faut pour nous concocter une vie agréable, manger à notre faim, avoir quelques bons amis et aider nos enfants à s'épanouir. Rien ne nous empêche d'innover, de partager, de nous amuser, de nous reposer ou d'explorer de nouveaux horizons. Le bonheur est dans le creux de la main.

Malgré cette évidence, notre existence s'avère quelquefois décevante ou frustrante. Il nous semble souvent compliqué de vivre en paix avec la vie telle qu'elle est tout en respectant nos désirs profonds. Ce n'est pourtant pas faute d'essayer. Les recettes du bonheur, qui se vendent avec tant de succès depuis quelques années, nous tracent des chemins vers une plénitude à laquelle on ne parvient guère, alors qu'on semble tous y aspirer.

Je vous propose d'examiner l'art de vivre heureux sous un angle un tantinet provocant, en mettant en lumière de curieux mécanismes de sabotage, aussi discrets que bien rodés, qui nous empoisonnent l'existence à notre insu. Un *How to Be Happy* à contre-pied.

Rien ne nous protège vraiment du malheur ou de la malchance, les coups du sort ne sont pas distribués équitablement, personne ne peut s'en prémunir à jamais, mais pourquoi donc en rajouter ? Quel intérêt a-t-on à se compliquer la vie alors qu'elle est déjà tellement complexe ? Pourquoi est-ce si difficile de changer les habitudes qui nous nuisent ? Nourrirait-on, dans l'embrouillamini de nos petits arrangements avec la vie, une obscure propension à l'endommager ? Trouverait-on une satisfaction paradoxale dans l'insatisfaction ?

Depuis la nuit des temps, l'homme s'interroge sur les critères d'une vie agréable. Chaque époque génère son paradigme, avec ses codes, ses dieux et ses lois, et en conséquence ses besoins de normaliser, au risque de retirer à l'individu le droit de décider de son existence singulière.

Qu'en est-il de nos jours ? Rechercher le bonheur comme on l'entend est en passe de devenir un droit, voire même un devoir ! Une telle liberté n'est pas sans conséquence : on est plus que jamais responsable de la qualité de sa vie et donc aussi de la possibilité de la gâcher.

Certaines petites misères ou vrais malheurs déboulent dans nos vies comme la grêle au printemps mais, de temps à autre, n'attirerait-on pas la foudre comme un paratonnerre, par inconscience ou maladresse ? Ou pire, ne serait-on pas parfois l'artisan de notre propre malheur ? Comment faire pour sortir de la tourmente quand on ne comprend pas ce qui nous y maintient ?

En tant que psychologue, j'accompagne depuis longtemps mes patients dans la construction d'une vie belle et bonne pour eux. Ils se débattent dans les difficultés, s'interrogent, évoluent et arrivent progressivement à se libérer de leurs entraves. Mais de temps en temps ils tournent en rond, résistent ou s'accrochent involontairement à leurs symptômes. Ils pédalent tout en freinant. Sans comprendre, ils s'entêtent, c'est plus fort qu'eux. « Avec vous, leur dis-je parfois, je pourrais écrire un livre qui s'intitulerait *L'art de se gâcher la vie* ! » La bousculade, souriante, fut toujours salutaire et je les remercie de m'avoir inspirée ! La provocation est de temps à autre une bonne façon de remettre la réalité en selle et, lorsqu'elle s'inscrit dans un cadre de respect, elle peut stimuler le processus de prise de conscience et d'évolution. C'est le but de ce livre.

Je reconnais sans trop de honte qu'il fut un temps où j'aurais pu m'accorder quelques médailles en cet art délétère. Je me suis aventurée dans des voies sans issue ou acharnée à de vaines batailles avant de comprendre que je m'épuisais à espérer une victoire plus qu'incertaine. En avais-je conscience ? Parfois, pas toujours… Souvent je pensais être sur la bonne voie, passablement aveugle aux signes qui m'indiquaient pourtant le contraire. L'enjeu me paraissait essentiel et je voulais y croire. De temps en temps par bonheur, mon acharnement s'avérait payant. Difficile de savoir quels combats en valent la peine ! Il m'est arrivé également d'attendre que la lumière s'allume, que la réponse arrive ou que l'autre comprenne enfin… La patience, vertu exquise, ne se métamorphoserait-elle pas à la longue en passivité coupable ? La volonté et le courage, loués depuis l'aube de l'humanité, ne se transformeraient-ils pas parfois en obstination éperdue ?

Parce que tout est là : se gâcher la vie, c'est s'obstiner en vain ! Vouloir changer ce qui ne changera jamais. S'entêter sans résultat. Se tracasser inutilement. Croire à l'impossible. Se cramponner à ses idées sans les remettre en question. Rester écartelé entre deux voies en refusant de choisir. Se résigner à subir. Répéter encore et encore les mêmes comportements sans prendre en compte leur inefficacité.

On se gâche la vie parce qu'on raisonne mal : on généralise trop vite, on fait des liens de cause à effet inappropriés, on imagine sans vérifier et on interprète à partir de soi-même. On se gâche la vie parce qu'on stagne dans l'inconfort ou qu'on agit de façon stérile. Parce qu'on n'accepte pas l'inéluctable et qu'on met son énergie au mauvais endroit. On n'arrive pas à prendre du recul, on reste assis sur ses convictions, on ne comprend pas, on se décourage, accroché à soi-même, hors du temps, hors du vrai, hors du réel.

L'inanité de notre persistance n'est pas toujours consciente, ou si peu. Elle est souvent involontaire et nous paraît la seule voie. On reproduit ce que faisaient nos parents ou les gens qui nous entourent, sans réfléchir à l'inefficacité de ces fonctionnements. On ne sait pas comment faire autrement, on a toujours fait comme ça, mais ça ne fonctionne plus. On en attribue souvent la cause aux circonstances ou à autrui qu'on rend responsable de notre frustration. Ou à l'inverse, on se culpabilise : on n'est pas à la hauteur, on est incapable ou carrément nul.

Jusqu'où rester fidèle à soi-même ? Quand faut-il renoncer à s'acharner ? Il n'est pas simple de définir si une attitude est stérile ou si, avec le temps, elle pourrait s'avérer efficace. Comment savoir si la persévérance sera mortifère ou fructueuse ? L'immobilisme serait-il source de paix ? Faut-il vraiment que nos actes soient utiles ? Si tout n'est que vanité et poursuite du vent, n'y a-t-il pas quelque attrait à la futilité ou l'insignifiance ? C'est ce que nous allons explorer ensemble.

« Nous sommes une pharmacie de l'âme » me disait une libraire. J'aimerais que ces pages soient un baume sur les plaies des âmes grises et des esprits chagrins, qu'elles aident les englués à retrouver le goût d'agir et les guerriers épuisés à baisser les armes. Laissons les moulins à vent à Don Quichotte et Godot à ses camarades ! Abandonnons les combats sans intérêt et les vaines attentes. Cessons de saboter nos vies et faisons quelques pas vers la joie d'exister comme on l'entend, vers la sérénité et la réjouissance.

Ce livre s'organise en trois parties.

La première est consacrée à un tour d'horizon des stratagèmes les plus fréquents que les hommes[1] utilisent plus ou moins consciemment pour se gâcher la vie. L'obstination qui nous fait tant de tort porte sur des *idées* nuisibles, un *immobilisme* stérile et des *comportements* contreproductifs. J'émaille ces chapitres de suggestions à portée de main, mais sachant combien il est difficile de les faire siennes, j'ouvre ensuite une réflexion plus profonde afin d'expliquer l'origine de ces bizarreries toxiques. De récentes études scientifiques[2] démontrent en effet que lorsqu'on reproduit un comportement habituel, même néfaste, on est soumis à des mécanismes qui nous poussent toujours plus loin dans la répétition ! Cela s'explique par un raisonnement étonnant mais très cohérent, que les psys connaissent et que les neurosciences confirment, et dont je parlerai en fin de première partie.

La deuxième partie est une invitation à accepter l'inchangeable. Il s'agit d'un volet plus philosophique bien nécessaire pour évoluer, remettre sa vie en question et modifier ses habitudes.

Les interrogations que cette partie soulève aident à comprendre que, pour cesser de s'empoisonner l'existence, il faut accepter l'*imperfection* de la vie, des autres et de soi-même, ainsi que la *finitude* de toute chose et la *solitude* existentielle. Je suis

---

1. Je parle des hommes, pour simplifier, mais vous comprendrez que j'évoque autant les femmes. N'ayant toujours pas trouvé de solution légère à cette domination du masculin, je sacrifierai à l'usage en écrivant *il* lorsqu'il s'agit de *il* ou *elle*. Cela dit, dès que l'occasion se présentera, je parlerai au féminin pour compenser. Un peu d'équilibre, que diable !

2. Ansermet François et Magistretti Pierre, *À chacun son cerveau, Plasticité neuronale et inconscient,* Odile Jacob, 2004 et *Les Énigmes de plaisir,* Odile Jacob, 2010.

persuadée que ce temps de respiration est indispensable pour lâcher prise, parce qu'il ne suffit pas de comprendre et de lire des solutions. Si c'était si simple, on serait tous heureux ! Les petites formules de bonheur sont de bien agréables coups de pouce, mais ne jettent souvent que poudre aux yeux…

Le propos de la troisième partie de cet ouvrage invite à passer à l'action et à changer. C'est le moment de réinventer les possibles. Il y est question de prendre ses *responsabilités*, de développer sa *puissance* et de donner le *sens* que l'on souhaite à sa vie.

Se gâcher la vie est un droit, pas un devoir ! C'est un art pernicieux et bien inutile auquel on consacre beaucoup d'énergie, malgré soi.

Le chemin de conscience et de remise en question sur lequel je vous emmène débouche sur une conclusion réjouissante qui, si je l'évoquais ici, paraîtrait bien curieuse alors qu'après trois cents pages, j'espère que vous pourrez en rire avec soulagement.

Première partie
Obstination

L'entêtement, quand on raisonne mal,
n'a pas par lui-même plus de force que rien.
Eschyle

L'obstination n'est pas synonyme de persévérance ou de courage. L'obstination est un entêtement qui épuise et occasionne des dégâts, tant sur autrui que sur soi-même, alors que la persévérance ou le courage soutiennent des efforts efficaces en vue d'une évolution potentielle et vérifiable. J'entends par obstination le maintien têtu d'une conception ou d'une attitude, malgré son inefficacité, son inutilité et le déplaisir qu'elle engendre.

On peut s'obstiner pour :

– une *idée* à laquelle on croit sans la vérifier : on raisonne mal ;

– une *position* psychique dont on ne veut pas déroger même si elle est inconfortable : on fait du « sur place » ;

– un *comportement* qui ne mène pas au but visé mais que l'on répète en dépit de toute logique : on s'acharne.

On reconnaît facilement la paille dans l'œil du voisin obtus, tellement aberrante qu'elle nous empêche d'examiner la poutre qui nous aveugle. Qu'il est tentant de taxer d'illogique un comportement qui nous échappe, ou d'absurde une attitude qui nous est incompréhensible.

Mais nous, sommes-nous toujours si cohérent ? De l'intérieur, il nous semble que oui… Comme tout le monde, il nous arrive de poursuivre un but par habitude, de maintenir une opinion par inertie, avec des œillères ou des préjugés. On juge parfois sans vraiment savoir, on critique sans comprendre, on adhère sans réfléchir… Mais cela nous fait-il du bien ?

Chapitre 1
Croyances erronées et idées néfastes

Réfléchir, c'est déranger ses pensées.
JEAN ROSTAND

On croit énormément de choses. Pour progresser dans la vie, on a besoin de se fonder sur des idées établies, par exemple dans le domaine scientifique. On les accepte sans avoir besoin de reproduire soi-même les expériences. On sait que la Terre tourne autour du Soleil ou qu'une molécule d'eau est constituée de deux atomes d'hydrogène pour un atome d'oxygène. On y croit sans en douter, parce qu'on a suffisamment d'éléments pour savoir cette croyance bien fondée, elle est alors une *connaissance*.

De la même manière, la plupart des faits historiques nous sont enseignés comme des évidences et, même s'ils peuvent être soumis à révision, on les considère comme véridiques sans avoir besoin de fouiner dans les archives.

Comment faire la différence entre une connaissance et une croyance ? Les critères qu'on utilise, sans nécessairement y réfléchir, pour asseoir nos croyances sont de nature bien diverses et loin d'être aussi fiables qu'on ne le pense.

– On accorde sa confiance aux idées qui sont enseignées dans un cadre sérieux : l'école ou l'université, par exemple. C'est l'effet « blouse blanche » qui nous invite à croire, à tort ou à raison, ce que les professeurs nous enseignent : de nombreux faits scientifiques ou historiques bien établis, mais pour la même raison des milliers de petits écoliers américains réfutent la théorie darwinienne au profit du créationnisme. Les faits sont affirmés par des personnalités qui occupent un certain rang, compétentes ou non. Ils sont ensuite répétés par d'autres personnes influentes, les médias s'en emparent, ce qui constitue un irrésistible renforcement collectif qui enracine les vérités autant que les méprises qui échappent à tout contrôle.

– On accorde sa confiance à ce qui est écrit : il suffit souvent qu'une idée soit imprimée en caractères noirs sur fond blanc pour qu'elle ait de la valeur, alors que moi qui vous écris, je sais que je pourrais affirmer beaucoup d'idioties très « avalables » ! Des erreurs scientifiques monumentales ont été ainsi admises par le cénacle, parce qu'elles étaient écrites dans un livre et publiées par de doux farfelus et parfois uniquement pour vérifier jusqu'où pouvait grimper la crédulité des esprits pourtant entraînés à l'analyse…

– De nombreuses personnes croient à peu près tout ce qu'elles trouvent sur Internet : elles pensent que, par la masse des intervenants, les informations se régulent d'elles-mêmes comme si majorité faisait vérité. Malheureusement, sur de nombreux sites, surtout sur les blogs, il s'écrit tout et n'importe quoi, aucun éditeur, rédacteur, ni comité de lecture compétents ne filtrant les informations. Les rumeurs circulent et s'amplifient, les bêtises sont fréquentes et leur répétition les crédibilise. On lit plusieurs fois la même affirmation fausse qui se diffuse par copier-coller et le rabâchage fait office de validation.

– Personne n'ignore l'effet « vu à la télé » : il se base sur l'idée parfaitement infondée que seuls les experts qualifiés sont invités sur les plateaux…

– On croit volontiers ce que les gens qu'on aime nous affirment : l'affection qu'on leur porte nous servant de garantie, au point de nous entraîner parfois dans de chaotiques mésaventures. Mais les conseilleurs ne sont pas les payeurs…

– On a tendance à croire comme la majorité de son groupe social : il est lui-même inconsciemment soumis à l'avis des plus influents, c'est un fondement des liens qui unissent et qui réconfortent, mais c'est aussi comme ça que tous les moutons de Panurge se sont précipités dans la mer !

– On croit ce qu'on a « vu de nos yeux vu » : mais la psychologie expérimentale ainsi que l'expérience de la vie démontrent sans difficulté que nos perceptions sont faillibles. Les illusions d'optique illustrent combien notre cerveau a la capacité de trouver du sens là où il n'y en a pas. On a tendance à interpréter les faits selon nos besoins en leur accordant une importance sélective, pour ensuite les réaménager en créant une cohérence qui nous convient. On peut même s'inventer des souvenirs à partir d'aucun élément de réalité !

– On croit ce qu'on a expérimenté : même si l'expérience ne s'est produite qu'une fois et qu'on ne prend en considération que les éléments qui alimentent notre thèse.

Nos références sont donc relativement fragiles et l'erreur est fréquente. Notre compréhension du monde s'enracine et ce qu'on croit se transforme en conviction qu'on ne met plus en doute. Sans conscience, on filtre les événements afin qu'ils n'ébranlent pas nos idées, le temps les confirme donc souvent. C'est le fondement de nos croyances. Elles nous paraissent aller de soi, aussi longtemps que rien ne les remet vraiment en question.

Mais un jour, quelque chose nous bouscule. Nos schémas intérieurs ne suffisent plus à expliquer ce qui nous arrive. Nos croyances ne correspondent plus vraiment au réel qui s'impose à nous. Elles constituent alors un frein à notre évolution. Il est temps d'y réfléchir, mais cela requiert un effort. Il n'est pas aisé de remettre en question ce en quoi on a cru pendant longtemps.

Depuis toujours, l'homme réfléchit à ce qui contribue à son bonheur. Les sages, les philosophes, les scientifiques et les sociologues s'y sont exercés et aujourd'hui les psys. Des courants récents de la psychologie s'essayent à introduire une rigueur méthodique dans la mesure du bien-être, mais restons attentifs aux risques de normalisation. La norme du « vivre heureux » est partout. L'incontournable petit écran nous la sert à toutes les sauces : pour être heureux, il faut cuisiner comme un chef, décorer sa maison comme un pro ou acquérir tel gadget aussi amusant que superflu, et ainsi de suite. On peut en rire et se rassurer en pensant que cela fait tourner l'économie, mais attention aux messages clairs ou insidieux qui formatent notre mode de vie.

Rien n'est plus difficile à définir que le bonheur, ni plus évanescent. Mais surtout, rien n'est plus personnel ! Il n'y a pas de normes. Les seuls critères qui définissent notre bien-être ou notre mal-être sont ceux qui nous sont propres.

Croire aux fantômes peut constituer un jeu très amusant qui donne envie de visiter de vieux châteaux en Écosse, mais vivre terrorisé dans sa propre maison parce qu'on la croit hantée dès qu'on entend un vieux plancher craquer ou un volet qui bat, est l'illustration des dégâts que peut occasionner le maintien, en dépit de toute évidence scientifique, d'une croyance erronée et néfaste.

Il en est de même dans les relations humaines : croire que quelqu'un me contredit dans le but de m'agresser ou me détruire est une interprétation qui est parfois fondée, mais souvent elle ne l'est pas : la plupart du temps, une personne conteste pour des raisons qui lui sont personnelles (par conviction ou pour éviter de devoir remettre ses idées en question) et qui ne sont pas destinées à nous porter atteinte. Mais l'homme, par nature égocentrique, se place souvent au centre de l'interprétation et croit qu'on lui en veut ou qu'on se moque de lui, alors qu'il n'en est rien.

Il n'est pas simple de déterminer si une idée est vraie ou fausse ! En ce qui concerne l'humain et les croyances qui l'aident à être heureux ou lui gâchent la vie, la vérité est difficile, voire impossible à établir. Cela n'a pas beaucoup de sens de s'y employer. Le critère majeur reste l'effet qu'elles ont sur nous. Certaines nous font du bien, d'autres du tort, d'autres encore nous laissent indifférents. Qu'elles soient ou non démontrables ou partagées par la majorité, leur impact n'a souvent rien à voir avec leur validité intrinsèque.

À titre d'exemple, osons un regard sur la polémique concernant les fondements de l'homéopathie, non qu'elle m'importe personnellement ou que j'aie quelque thèse à défendre, mais ce débat est intéressant parce qu'il met en scène la science, l'argent, les croyances, la santé, le bien-être, la contre-culture et l'ordre établi, et qu'il passionne des millions de gens. Ce qui fonde l'adhésion des tenants de l'homéopathie, c'est que ça marche, ça leur fait du bien. Pour peu que le diagnostic ait été posé par un médecin qui a leur confiance, peu leur importe qu'il y ait ou non quelques molécules de substance active dans les granules qu'ils laissent fondre sous leur langue. Ce qui compte, c'est que cela les soulage et n'ait pas d'effets secondaires. S'il ne s'agissait que d'un effet placébo, ce serait pareil.

Face à eux, les adversaires et les sceptiques n'y croient pas, n'essayent pas, s'en détournent ou critiquent. C'est leur droit.

Le débat entre ces groupes opposés ressemble souvent à un choc frontal, une entreprise de destruction réciproque, faite de mépris et de plaidoiries croisées où personne n'essaye de comprendre ni d'apprécier avec réserves et nuances le raisonnement de la partie adverse.

Cependant l'effet placébo est tout sauf une chimère et il serait stupide de s'en moquer. De très nombreuses et très sérieuses études scientifiques démontrent[3] combien la croyance dans la validité d'un traitement le rend considérablement efficace, et cet effet dépasse très largement les limites de la pharmacopée.

Les croyances ont une puissance folle. Elles ont autant le pouvoir de guérir que de détruire.

Croire au Paradis ou aux bons génies, croire aux médecines parallèles ou à la fin du monde[4], croire que les trèfles à quatre feuilles portent bonheur ou qu'on accouche plus à la pleine lune[5], que l'argent fait le bonheur ou les hirondelles le printemps, peu importe le flacon pourvu qu'on ait l'ivresse !

À ce stade, si l'on souhaite se gâcher la vie, ne serait-ce que sur le plan des idées, il convient donc de rester fidèle aux croyances qui nous dépriment et ne servent à rien. Ou ne servent qu'à ça ? Accrochons-nous aux idées qui nous font honte, qui nous font peur, nous mettent en colère, nous enferment dans notre malheur et stérilisent nos possibilités d'action, avec constance et assiduité, jusqu'à la paralysie.

Examinons-en quelques-unes parmi les plus fréquentes.

---

3. Janssen Thierry, *La Solution intérieure*, Fayard 2006.

4. À l'époque où j'écris ces lignes, février 2012, il ne s'agit encore que d'une croyance, et j'en ris. Si elle s'avérait fondée, les survivants auront le droit de ricaner de ma naïveté, je ne serai plus là pour leur en vouloir.

5. Parue dans *The American Journal of Obstetrics and Gynecology*, une étude compile des données sur plus d'un demi-million d'accouchements survenus en Caroline du Nord entre 1997 et 2001. Conclusion : il n'y a pas de corrélation entre le taux de naissances et les phases de la lune. Un autre article du *The New England Journal of Medicine* parvient aux mêmes conclusions. Et pourtant, tout le monde continue d'y croire…

Le bonheur c'est…

Bonheur : as-tu réfléchi combien cet horrible mot
a fait couler de larmes ?
Sans ce mot-là, on dormirait plus tranquille
et on vivrait à l'aise.
GUSTAVE FLAUBERT

Je ne me suis jamais vraiment sentie heureuse, m'avoue Nathalie, 45 ans. Je ne suis pas moins bien lotie que la plupart des gens et pourtant j'ai toujours l'impression de ne pas être à ma place. Sans arriver à définir ce qui m'attriste, j'ai l'impression de ne pas ressentir ce que je devrais : la joie de vivre, la sérénité, l'accomplissement… J'ai honte de le dire, mais j'ai l'impression que tout sonne faux dans ma vie. Je fais semblant d'être heureuse alors que je ne le suis pas vraiment. Au boulot, je mets du cœur à l'ouvrage alors qu'en vérité je m'ennuie. Dans la vie sociale, je souris gentiment, mais je ne me sens jamais à l'aise. J'aime mon mari, mais je ne me sens plus très amoureuse, je fais l'amour sans beaucoup de plaisir, j'aime mes enfants mais parfois ils me pèsent, bref, dans aucun domaine de ma vie, je ne me sens complètement satisfaite ou accomplie… J'ai tout pour être heureuse et je n'y arrive pas.

Être heureux consisterait-il à éprouver une succession ininterrompue de sentiments agréables ? Si l'on ressent de l'envie ou de la colère, si l'on doute ou si l'on est déçu, triste ou anxieux, serait-ce qu'on n'est pas vraiment heureux ? Rassurez-vous, les seules personnes à ne jamais connaître ces émotions-là sont les psychopathes et les morts !

Nathalie, comme tant de gens, ne se sent pas heureuse parce qu'elle a une idée de ce que le bonheur doit être. Idée peu consciente sans doute, référence qui vient d'un temps où la vie des grandes personnes lui semblait merveilleuse, comme un but lointain à atteindre, le sommet d'une montagne qui, de sa petite taille d'enfant et de ses yeux innocents, lui paraissait grandiose, riche et plein de promesses.

On se gâche la vie à croire qu'on devrait être comme ceci ou cela : on devrait être au courant de ce qui se passe dans le monde et avoir une conscience politique, on devrait avoir telle peau ou telle silhouette, on devrait avoir une certaine culture, connaître les bons vins, avoir lu cet auteur en vogue, on devrait avoir plein d'amis souriants autour de sa table, on devrait avoir meilleur goût, s'y connaître en musique, être marié et avoir des enfants… C'est sans fin et cela dépend de ce qu'on nous a mis dans le crâne autant que du besoin étrange de se déprécier par comparaison. C'est une histoire de pré et d'herbe verte…

On s'attriste parce qu'on ne voit pas qu'on a une vie, somme toute, assez agréable. Elle ne ressemble peut-être pas à celle des autres, ni à celle dont on rêvait, mais elle nous convient.

D'innombrables idées circulent sur le bonheur, des plus mignonnes aux plus inatteignables, c'est la grande affaire de l'homme et particulièrement de l'Occidental contemporain qui n'a plus trop à se préoccuper de sa survie. C'est en effet une question aussi essentielle que luxueuse.

La vision du bonheur évolue au fil du temps, mais les interrogations demeurent : pourquoi est-ce si compliqué ? On sait tous ce qu'on devrait faire et souvent on n'y parvient pas. N'y aurait-il pas supercherie ? Et si le bonheur n'existait pas ? Et si c'était une création de l'Homme moderne ? Cro-Magnon s'en préoccupait-il ? « Nous constituons probablement les premières sociétés dans l'histoire à rendre les gens malheureux de ne pas être heureux » relève avec beaucoup de pertinence l'essayiste Pascal Bruckner.[6]

---

6. Bruckner Pascal, *L'Euphorie perpétuelle,* Grasset, 2000.

C'est l'inconfort qui a de tout temps fait bouger les hommes. Le confort rend paisible et indifférent comme un chat qui dort au soleil. Se pourrait-il que le bonheur soit… ennuyeux ? Comme une armoire bien rangée ou un sage plat sans épice ? Serait-on en train de se gâcher la vie à courir derrière un concept, disons… mal défini ? Ne serait-il pas plus honnête de dire que le statut d'être humain n'est pas naturellement synonyme de bonheur ?

On ne peut vivre une vie lisse, sans heurt ni fourvoiement. Être heureux nécessite un véritable travail qui commence déjà par la définition même du concept.

Peut-être confondons-nous le bonheur et la réjouissance ?

J'ai vécu quelques années en Tanzanie et la joie de vivre de ce pays m'inspire quelques réflexions.

Dès l'aube, on entend les rires et les chants des femmes qui marchent en ondulant vers leur petit lopin de terre, le panier en équilibre sur la tête. Les enfants, en uniforme ravaudé mais impeccablement propre, vont à l'école à pied, marchant à l'aise sur de longues distances par petits groupes enjoués ; l'allégresse est évidente, un mélange d'exubérance et de nonchalance si naturel. Les gens prennent le temps de s'arrêter pour se donner des nouvelles, ils papotent, se taquinent et éclatent de rire… Personne ne court, personne ne s'énerve, personne ne se fâche.

Comment se fait-il qu'une telle bonne humeur règne dans une région si ravagée ? Ces gens sont-ils mieux lotis que nous ? Ont-ils moins de problèmes ? Moins de deuils ? Moins de frustrations ? Leur vie est-elle plus simple ? Plus confortable ? Plus sûre ?

Une atmosphère de satisfaction tranquille et détendue est palpable malgré la misère, le sida, la malaria, la sécheresse ou les pluies diluviennes, en dépit des pénuries habituelles et des coupures de courant journalières. La corruption est endémique, l'État bien loin des soucis du peuple, la sécurité sociale quasi inexistante et une large frange de la population vit sous le seuil de pauvreté. Face à l'adversité qui est partout, les gens se débrouillent, ce sont les rois du système D. Et s'ils ne peuvent rien y faire, ce qui arrive souvent, ils s'adaptent, attendent et prennent la vie comme elle vient.

C'est clairement une philosophie et un art de vivre très communs en Afrique. Bien que je sache que nos cadres de vie ne sont ni comparables ni transposables, je souhaite nous réveiller quelque peu en jetant un coup d'œil sur une culture paisible et joyeuse, face à la nôtre qui, malgré ses richesses criantes, entretient plaintes et récriminations, particulièrement à une époque où s'institue en évidence l'idée que le bonheur dépend du confort matériel et des décisions de l'État.

Pour les peuples démunis matériellement, l'essentiel est d'avoir la santé, un toit, de la nourriture et la sécurité pour eux et leurs enfants. Le luxe, c'est d'aller à l'école et d'avoir quelque espoir d'évoluer. Y arriver est une bénédiction qui se chante et se partage. Savoir qu'on a peu de prise sur les événements rend très tolérant. S'énerver ne sert strictement à rien, il suffit d'attendre ou de passer à autre chose. Sagesse toute simple qui ne nous est plus accessible, nous qui sommes nourris de l'illusion que la technologie nous permet de contrôler le monde. Jamais la société n'a réuni tant de puissance et tant de désarroi, tant d'objets et tant de futilités, tant de connaissances et tant d'inquiétude.

Faut-il vraiment être heureux pour… être heureux ?

La question du bonheur, et donc aussi celle de son absence, serait-elle une préoccupation qui n'émerge que lorsque l'essentiel est acquis ? Un tiraillement qui nous sort de l'ennui d'une vie qui paraît trop facile et trop lisse ? Pourquoi s'obstine-t-on à courir derrière une idée du bonheur à laquelle on n'arrive pas à accéder ? Peut-être a-t-on besoin de ce moteur pour évoluer, mais lorsque le but à atteindre devient source de tristesse et de découragement, quel intérêt a-t-on à poursuivre cette inaccessible étoile ?

Tout bonheur contient sa part d'ombre, quelle que soit la manière dont on le conçoit. Clarté avec des zones sombres ou obscurité avec des bulles de lumière ? Cette dernière version, qui paraît un peu pessimiste, est la vision de Charles Péguy, lorsqu'il nous dévoile son « secret », le plus universellement connu et caché des secrets : on n'est pas heureux. Vivre n'est ni facile, ni réjouissant et tous les adultes, au fond d'eux-mêmes, le savent intuitivement : le bonheur dont on rêve n'est qu'un rêve !

Que l'on partage ou non cette conception, elle a au moins le mérite de la franchise sans connivence ni fioritures et, somme toute, elle est assez apaisante. Elle nous permet de penser que si on n'accède pas à cet état quasi obligatoire de bonheur, c'est assez normal et on est sans doute loin d'être seul à partager ce sentiment d'échec, qui en devient dès lors plus humain et d'emblée moins grave. La notion même d'échec en perd sa connotation culpabilisante.

La tristesse est inévitablement liée à notre faculté d'aimer et de ne pas toujours l'être assez ; le découragement, à nos ambitions qui ne se réalisent pas selon nos souhaits. Le chagrin et ses variantes font partie des émotions naturelles de l'homme, mais on nous dit dès l'âge tendre qu'on n'a pas de raison d'être triste et qu'il faut sécher nos larmes.

La colère appartient également à la panoplie des expressions émotives normales. Elle traduit la frustration lorsqu'on n'obtient pas ce qu'on veut, mais aussi l'énervement, ô combien légitime, d'être incompris, de ne pas exister aux yeux de l'autre tel qu'on en a besoin. La colère n'est pas toujours synonyme d'agression, mais bien plus souvent de défense. Elle est parfois indispensable pour arriver à se protéger et à se faire respecter. Il y a une nuance considérable entre le fait de défendre légitimement son territoire et envahir celui de l'autre.

Dans un calme quartier résidentiel, un jeune garçon joue régulièrement de la batterie jusqu'aux petites heures, la fenêtre ouverte vers l'intérieur de l'îlot. Après s'être entretenu plusieurs fois de manière claire mais néanmoins cordiale avec l'adolescent et ses parents, sans qu'aucune mesure n'ait été prise, Jean-Louis débarque un soir chez eux, furieux, s'autorise à crier sa colère sans réserve et s'en va en claquant la porte. Cette explosion fut salutaire, les parents semblaient en effet aussi sourds à la musique de leur fils qu'aux messages polis de leur voisin. La colère de Jean-Louis n'était en rien offensive, elle était purement défensive.

La colère et la tristesse ne sont pas des émotions négatives – sauf lorsqu'elles conduisent à des comportements destructeurs, pour soi ou pour autrui –, ce sont des émotions désagréables. Personne ne niera qu'il soit plus plaisant de se sentir d'humeur joyeuse que grincheuse, mais ce n'est pas si tranché. On sait tous que pleurer tout son soûl fait du bien et qu'un bon coup de gueule peut avoir un effet salutaire ou libérer d'un carcan. L'expression de ces émotions est apaisante et soulageante.

Malheureusement, lorsqu'on était enfant, la colère était sanctionnée par la rupture : file dans ta chambre et tu reviendras quand tu seras calmé, je ne te supporte pas comme ça, la colère c'est mal ! Et elle rejoint la tristesse et ses avatars dans le sombre tiroir des émotions interdites, inépuisable réservoir de nos tourments d'adulte, source constante, aussi discrète que tenace, de notre propre incompréhension. Dans cette zone sombre de notre âme s'entassent souvenirs refoulés et malaises indéchiffrables, dont les relents douteux alimentent nos peurs et nos petits compromis avec la vérité, qu'on pense être seul à ressentir. C'est le propre de l'homme.

« Ce que je veux, c'est que tu sois heureux » nous disaient nos parents et ils ont donné de belles années de leur vie pour nous y aider. Lourd héritage finalement que de devoir combler leurs espoirs. D'autant plus lorsque notre jeune maturité nous permettait de sentir qu'eux-mêmes ne l'étaient pas et qu'on avait en quelque sorte à rattraper leur misère par notre propre réussite. Tâche tout aussi difficile d'ailleurs si, à l'inverse, on avait d'eux une image idéalisée et, qu'au-delà de toute vraisemblance, on continue encore aujourd'hui à les imaginer plus heureux qu'ils ne le sont véritablement, parce qu'ils ne l'expriment pas ou que cette idée nous est simplement inconcevable.

La vie est un champ que l'on reçoit en héritage. Terre riche et grasse, ou pauvre et caillouteuse, c'est notre terreau familial. Quand on est jeune, on bêche comme Papa, on entretient comme Maman, bien en ligne ou tout en fantaisie. Mais au fil du temps, on le cultiverait bien à notre guise et c'est très bien ainsi. Plantons ce qui nous chante, traçons ou non de beaux sillons ! Champ de blé ou fleurs des champs, verger prometteur de récoltes pour nos enfants ou pré sauvage qui ne porte point de fruits, peu importe. Ne formatons pas nos bonheurs, il y aura de belles années fertiles et d'autres de sécheresse, quoi que l'on plante finalement. Sur ce terrain qui est le nôtre maintenant, sur ce sol riche ou ingrat qui demande de toute façon à être travaillé encore et toujours, fleuriront les bonheurs que nous sèmerons. Peut-être…

Les autres sont plus heureux

Chacun rêve de ce qu'il pourrait être
s'il n'était pas ce qu'il est.
François Ansermet

Croire que les autres sont plus heureux que nous est le plus simple moyen d'entretenir une bonne petite déprime. C'est à la portée de tout un chacun et bien que ce ne soit pas toujours faux, certains s'en servent à la louche.

Je me souviens d'avoir toujours admiré mon amie Charlotte, me confie Annie. Durant plus de quarante ans, je l'ai enviée, je l'imaginais toujours plus heureuse que moi, plus chanceuse et mieux lotie. Je la trouvais plus jolie, son couple me semblait plus stable que les miens qui se succédaient de passions en ruptures, sa maison me paraissait mieux tenue, ses vacances très enviables et je devinais son portefeuille plus rassurant que mon maigre bas de laine. Je me sentais en permanence moins bien qu'elle et cela m'a toujours limitée dans mon amitié.

Il nous a fallu attendre la pleine maturité pour nous parler à cœur ouvert et j'ai compris, complètement ahurie, que son couple battait de l'aile depuis toujours, qu'elle s'ennuyait à périr, qu'elle avait honte de ne pas travailler et de passer son temps à entretenir sa maison et sa beauté en dépensant de l'argent qu'elle n'avait pas gagné elle-même ! À ma grande stupéfaction, j'ai appris qu'elle trouvait ma vie infiniment plus attractive que la sienne, mes aventures sentimentales plus stimulantes, mes vacances plus aventureuses et ma profession admirable et accomplie…

Dans une société qui cultive l'apparence et invite à se montrer sous son meilleur jour, l'impératif de manifester à l'extérieur un semblant de bonheur qu'on ne ressent pas de l'intérieur est une tricherie répandue que l'on suppose nécessaire. C'est un effort qui nous épuise et nous éloigne parfois de nos amis, ou de nous-même. Ainsi donc, par ce qu'elles ont donné à voir de leurs vies respectives, ces deux femmes n'ont pu créer un climat suffisamment nuancé pour que leur amitié s'épanouisse.

Il suffit de croire ce que l'on voit pour se persuader qu'on est seul à douter, à déprimer, à patauger ou à broyer du noir. Ces petites souffrances, pourtant si fréquentes et tellement humaines, ne s'expriment pas facilement. Honte sur nos misères vaseuses, nos désespoirs grisâtres et nos doutes poisseux ! Ils se terrent dans les méandres secrets de nos âmes solitaires et n'ont pas de droit de cité.

On sait qu'on a tout pour être heureux et on sait tout aussi bien qu'on ne l'est pas toujours. On pense peut-être que pour y arriver, on devrait gagner plus d'argent comme certains amis, avoir un conjoint plus aimant comme on imagine celui d'une collègue, des parents bienveillants comme on pense qu'ont la plupart des gens, un travail stimulant comme semble l'être celui de personnes que l'on envie et toutes sortes d'objets aussi éphémères que superflus, mais que d'autres possèdent. Descartes disait déjà au XVIIe siècle : « Il n'y a aucun vice qui nuise tant à la félicité des hommes que celui de l'envie. »

On pense être seul à se sentir insatisfait, mais on ne vérifie pas. Nos questionnements trahiraient notre confusion, nos découragements seraient faiblesses, nos ambitions frustrées signeraient nos échecs, gardons nos pleurs pour l'oreiller.

Restons convaincus que les autres ne pédalent pas dans le doute, ne traînent pas ce fond de déprime, ni cette honte de n'être pas qui il faut. Ils ne se posent pas ces questions minables, dorment du sommeil du juste et se lèveront demain de bonne humeur. On en a pour preuve ce que nous dit Facebook, on y voit nos innombrables amis faire la fête et sourire à pleines dents en grappes hilares. Ils semblent se porter tellement mieux que nous dans notre solitude pleine de désarroi. (Si c’était vrai, ils ne perdraient probablement pas tant de temps sur les réseaux sociaux!)

Rappelons-nous toujours que nous sommes seul à nous percevoir de l’intérieur, personne ne peut deviner nos craintes, nos tristesses et nos tourments obscurs. Le propre d’un effort bien fait est qu’il ne se voit pas.

Je n’ai vraiment pas de chance!

La chance, c’est la guigne des autres.
ÉTIENNE REY

Qui n’a eu l’impression, lors d’une période difficile de sa vie, que les problèmes s’accumulaient plus vite qu’il n’arrivait à les résoudre? Pourquoi après le deuil d’un proche ou la perte d’un travail doit-on encore absorber le choc d’un divorce ou d’un déménagement, l’accident de voiture de son fils ou des problèmes de santé? D’où vient cette impression que le sort s’acharne, qu’on a vraiment la poisse, comme une malédiction? Serait-on abonné à la malchance? Quand on a l’impression de vivre une véritable série noire, en serait-on responsable?

On peut distinguer trois sources de malchance:

- celles qui arrivent vraiment par **hasard**, par exemple une panne d’électricité du quartier, qui fait dégeler le contenu du congélateur tout juste rempli;
- celles qui relèvent d’une **tournure d’esprit**: on ne voit plus que les mauvais côtés de la vie tellement on se sent malheureux. On souffre par exemple de rester bloqué derrière le camion des poubelles ou d’être une fois de plus dans la file des caisses la plus lente;

- et celles dont on est l'**auteur**, que l'on provoque par l'état psychique dans lequel on se trouve, comme un accident de voiture qui fait suite à une distraction au volant.

Dans un premier temps, on n'y voit pas clair, on est incapable de décortiquer ce qui nous arrive. On essaye d'absorber les chocs et de résoudre un problème après l'autre, on tâche de maintenir sa tête hors de l'eau. Mais à peine sorti de la vague, c'est un autre souci qui nous accable, c'est comme si chaque chose qu'on touchait se terminait en catastrophe. Ce n'est que petit à petit, quand la tempête se calme, qu'on peut, avec un peu de recul, commencer à comprendre l'enchevêtrement des causes qui nous ont valu une telle série de difficultés.

Ces moments épouvantables surviennent parfois après une période de douceur durant laquelle aucun problème majeur n'avait assombri le ciel. On avait un peu oublié que la vie comporte aussi son lot de malchances, d'accidents et de deuils, ce qui explique déjà en partie cette impression de sort qui s'acharne.

Mais un jour, l'équilibre bascule et c'est l'embouteillage. On n'arrive plus à absorber ce que la vie met sous nos pas. C'est trop dur, on a à peine le temps de digérer qu'arrive déjà le coup suivant, on l'encaisse mal et c'est la spirale. Si la première difficulté pouvait éventuellement relever du hasard, la suite, pas toujours. Notre état émotionnel se dégrade. On réagit moins bien à des situations, qu'en temps normal on aurait gérées plus aisément. On néglige un peu son travail et c'est la dégringolade professionnelle. On dort mal, on est stressé, le système immunitaire s'affaiblit et c'est la porte d'entrée à la maladie. On déprime, on ronchonne et nos relations se détériorent.

En perte de repères, on fait souvent de mauvais choix, qui préparent les problèmes suivants. On manque de lucidité, de temps et de clairvoyance. On enchaîne soucis et échecs, alors qu'on ne souhaite qu'une chose : sortir de l'ornière. On sent bien qu'on use la patience des amis avec nos plaintes et doucement c'est le repli sur soi, l'isolement social, qui nous confirme dans notre dépréciation.

Ne nous laissons pas dériver trop loin, ne nous enfermons pas en nous-même dans ces moments noirs, même si la tentation d'entrer en hibernation, en espérant un vague printemps, nous paraît tentante. Il est parfois nécessaire de s'isoler pour faire le point, pour se retrouver, mais attention à ne pas augmenter le risque de chute libre en restant seul à lécher ses plaies.

Un danger pernicieux de la série noire consiste paradoxalement à l'entretenir, tellement on a besoin d'attirer l'attention sur soi. On ne sait plus comment faire autrement. Le besoin de reconnaissance est si peu nourri, l'envie de compassion si assoiffée que sans en prendre vraiment conscience, on se met à tourner tout ce qui nous arrive en problème. Comme un grand brûlé qui ne supporte plus qu'on lui effleure la peau, on pleure sur tout, on râle pour un rien, on se décourage à chaque caillou, pour qu'enfin une main se tende ou un ami nous soutienne, pour avoir cette écoute chaleureuse et compréhensive dont on a tant besoin et qu'on repousse pourtant. Ou pour que, seul avec nous-même, drapé dans le pauvre costume de la victime, on devienne au moins le triste héros de notre propre histoire. C'est difficile de sortir de cette spirale. L'impression d'avoir un Everest à gravir cloue au sol avant même de pouvoir réfléchir à la manière d'aborder l'ascension. Mais il ne s'agit jamais vraiment d'une montagne infranchissable, ce n'est qu'une image qui, par son exagération, nous fait peur et nous immobilise. Il faut d'abord réapprendre à marcher, poser calmement un pied devant l'autre et accepter qu'on est en convalescence. Commençons par les petits soucis, considérons-les à leur juste valeur et souvenons-nous qu'en d'autres temps on les aurait probablement résolus plus facilement. Notre Everest n'est finalement qu'un gros tas de cailloux, abordons-les un par un. Acceptons qu'on ne peut pas faire tous les efforts à la fois. À chaque jour suffit sa peine, le reste suivra, tout doucement…

Si aucune source de joie n'illumine nos efforts, créons-la. Lorsqu'on traverse une période de turbulences durant laquelle il semble impossible de diminuer le stress et les tourments, imaginons des oasis : c'est le moment de se faire plaisir et de se ressourcer. Rien de grandiose, juste une petite flamme qui tient le coup et qui nous apporte sa part de bonheur. Quand la vie est ennui et que la route est grise, on plante des fleurs au bord du chemin.

Un jour, la chance reviendra. Comme la malchance, elle est de trois ordres :

- celle qui arrive vraiment par **hasard**, comme le billet gagnant du Loto qu'on trouve sur le trottoir ;
- celle qui émane d'une heureuse **tournure d'esprit**, qui nous fait profiter d'une occasion banale pour la transformer en bonheur, comme de jouir d'un rendez-vous annulé pour en faire une occasion de repos ;
- et celle dont on est l'**auteur**, comme la chance d'avoir un bon travail ou un couple heureux.

Fidélité rigide à ses propres idées

Tout contrôler implique de renoncer à la jouissance à laquelle on ne peut accéder qu'en acceptant de perdre le contrôle.
JEAN-CLAUDE LIAUDET

Rester fidèle à soi-même est un principe élégant et parfaitement efficace pour se mettre les nerfs en quenouille lorsque la réalité ne sied pas à nos désirs. S'arc-bouter sur ses convictions, mépriser celles des autres ou ne pas même consentir à les examiner est la voie royale pour préparer son propre malheur. Surtout ne rien changer, ne pas s'adapter, rester intègre ! « Moi, je suis entier ! Je ne fais pas de compromis (que je confonds avec compromission, mais ne nous attardons pas à ce détail de pure forme), je suis comme je suis, qui m'aime me suive et après moi le déluge ! » Déluge qui risque bien de tomber, mais ce sera la faute des autres, évidemment.

Germaine est la voisine de Jules, avec qui elle se dispute allègrement depuis plus de quarante ans. Veufs tous les deux, ils sont devenus les meilleurs ennemis du monde. Ignorant cette situation, Claire et Gilles achètent le petit pavillon de Jules en viager. Celui-ci s'éteint dans son sommeil quelques mois plus tard et les jeunes mariés s'installent dans leur nouvelle petite maison au lendemain de leurs noces.

Malheureusement pour eux, Germaine n'accepte pas la chance qu'ils ont eue, comme s'ils étaient responsables du décès prématuré de Jules. Elle n'a de cesse que d'entrer en contact avec le jeune couple et de se mêler de leur vie.

Au début de leur voisinage, ils ont accepté les commentaires avec patience et diplomatie, mais bien vite ses critiques envahissantes les empêchent de profiter agréablement de leur petite maison, au point qu'ils commencent à regretter leur achat. Les propos deviennent plus médisants et les questions plus intrusives. Aller au jardin était au début un jeu du chat et de la souris, aujourd'hui c'est un calvaire.

Ils expliquent donc clairement à Germaine leur besoin légitime d'avoir le calme nécessaire à leur repos et un brin d'intimité dans leur jardin. Devant l'insistance butée et l'absence totale de considération de celle-ci, Claire et Gilles lui notifient fermement que s'ils n'arrivent pas à avoir la paix, ils se verront contraints de construire une séparation effective entre les propriétés. La voisine, drapée dans son bon droit et accrochée à ses convictions, ne change pas ses habitudes d'un pouce, ce ne sont pas ces petits jeunes qui vont lui apprendre à vivre ! Elle a aujourd'hui un mur devant les yeux.

Pour éviter d'assouplir ses idées, il suffit de voir la vie en noir et blanc : c'est tout ou rien, réussi ou raté. On a tort ou raison. Pas de nuances, ni d'accommodements. Il y a les bons et les mauvais, les cow-boys et les indiens !

Surtout ne pas négocier. Les solutions grises ne sont pas tentantes. Gris c'est moche, c'est tiède, c'est le compromis mou ! Avec une solution grise, personne n'est content, on n'y pense même pas ! Au diable les nuances ! La conciliation, c'est bon pour les faibles !

Évitons de voir que le mélange du noir et du blanc pourrait peut-être ressembler à un fond noir à points blancs ou vice versa ! Ou pire, qu'entre le noir et le blanc, il y a une multitude de couleurs, tout l'arc-en-ciel de la vie ! De nombreux aménagements sont possibles, des alternatives originales et créatives, mais elles nécessitent de réfléchir, de se tempérer, de lâcher du lest ou d'innover, toutes choses bien audacieuses face au refuge des idées carrées !

Certaines petites phrases trahissent un nombrilisme opiniâtre : « Je pars du principe que… » et on se convainc de la sorte qu'on s'appuie sur un principe, ce qui est rarement le cas, et universel de surcroît puisqu'on le partage complaisamment avec tout le monde comme une évidence, alors qu'il ne s'agit que de l'affirmation de sa propre vérité. Introduire ses revendications par « il est quand même normal que… » traduit le même dédain : notre norme est commune et incontestable, c'est l'autoroute de nos certitudes.

La résistance à l'altérité risque de nous isoler socialement. Non qu'il faille renier ses opinions, mais il ne nuit pas de les confronter à celles des autres de temps en temps. Celles-ci ont leur intérêt, leur cohérence et leur logique propre, les examiner assouplit nos convictions, élargit notre champ de réflexion et résout bien des problèmes. Explorer les idées d'une autre personne demande une sérieuse dose de bonne volonté. Au lieu de mobiliser un arsenal défensif destiné à protéger ce que l'on pense, il faut décider volontairement de se décentrer, un peu comme si on partait en voyage explorer un pays inconnu, avant de revenir chez soi, se recentrer en intégrant dans nos conceptions le bilan du voyage.

Martine et Pierre sont au bord du divorce, alors qu'ils ont déjà traversé ensemble bien des épreuves. Après des années de lutte de plus en plus épuisante, ils semblent résignés mais consultent parce qu'au fond de leur cœur, ils ne souhaitent pas tout casser, d'autant plus qu'ils ont un petit garçon qu'ils adorent. Ils se sont rencontrés à un âge où leur vision du monde était déjà bien établie et tiennent à leurs convictions avec une opiniâtreté qui les empêche de s'adapter l'un à l'autre. Le combat pour rester eux-mêmes et imposer leurs conceptions les a rendus tristes et susceptibles. S'adapter signifie céder, et céder revient à ne pas exister.

Certaines personnes tiennent tellement à leurs propres idées qu'elles en perdent toute possibilité d'adaptation aux autres et même à la réalité telle qu'elle est. Or une bonne définition de l'intelligence, c'est *la faculté de s'adapter à la réalité en créant des possibles.* Martine et Pierre sont fidèles à leurs convictions jusqu'à la stérilité, au point de mettre leur union en péril.

Un gars se promène à la campagne avec une carte du terrain et s'énerve parce qu'il ne trouve pas le chemin qui est indiqué sur son plan : « Ce n'est pas normal, il doit y avoir un chemin ici, c'est marqué sur ma carte ! » Sa vision du monde domine sa perception de la réalité. Il croit son plan plus que le terrain qu'il a pourtant sous les yeux.

Pierre et Martine, comme beaucoup de couples crispés qui cherchent à changer l'autre, croient pouvoir se rencontrer, tout en tenant leur carte du monde en main. L'un et l'autre sont accrochés à leurs conceptions. Ils veulent que la vie de couple corresponde à leur carte mentale, plutôt que de prendre en compte ce que leur offre la réalité. Cela les empêche d'inventer une solution pour traverser la crise, un univers possible, une jonction entre les richesses de leurs deux personnalités. Ils se font des reproches et s'accusent mutuellement d'être à l'origine de leur souffrance.

Ils pourraient se rejoindre en envisageant de résoudre leur crise en duo : en parlant de ce que le couple doit affronter, plutôt qu'en cherchant les torts chez l'autre : « Nous sommes devant une difficulté que nous avons à résoudre ensemble... Je trouve qu'on ne passe pas assez de temps à deux et qu'on devrait apprendre à mieux communiquer... On n'arrive pas à gérer le travail et la famille, on devrait revoir la manière dont on organise notre temps... On est clairement devant un échec scolaire avec notre fils, on doit s'y prendre autrement... » Le couple laisse tomber les reproches et choisit délibérément de redresser la barre à deux, ensemble. Pas de critiques, pas de coupables, mais un tandem responsable et de bonne volonté.

Mes problèmes n'ont qu'une cause

Pour examiner la vérité, il est besoin, une fois dans sa vie, de mettre toutes choses en doute autant qu'il se peut.
René Descartes

Je n'arrive pas à me lancer dans la vie parce que je n'ai jamais reçu le coup de pouce de départ. Je voyais bien qu'autour de moi, les parents de mes amis aidaient leurs enfants à s'installer. Parfois ils payaient leurs premières briques ou se portaient aval pour un emprunt, parfois ils offraient une petite voiture ou une enveloppe pour la fin des études. Mes parents ne m'ont jamais rien donné. Ils auraient pu pourtant, ils ne manquaient de rien. À cause d'eux, je me suis épuisée dans l'hémorragie des loyers puisque, sans leur aide, je ne pouvais rien acheter. La moitié de mon salaire y passait et je n'ai donc jamais été capable de mettre un peu d'argent de côté. J'ai pris le premier boulot que j'ai trouvé, peu intéressant, mais il fallait que je bosse. J'ai voulu créer un petit business, mais sans fonds de départ, ça n'a jamais été possible. Je suis tellement serrée financièrement que je n'ai quasiment pas de vie sociale, sortir coûte trop cher. Quant aux vacances, n'en parlons pas. Je ne rencontre pas grand monde et je n'ai donc pas d'amoureux. J'aimerais tellement fonder une famille, mais sans argent, c'est impossible…

Cette femme simplifie la compréhension de sa situation en raisonnant comme si toutes les vicissitudes de sa vie s'enchaînaient dans une succession de cause à effet. C'est tentant d'enfiler les événements sur le fil d'une seule origine, responsable de toute la suite, et de relire l'histoire comme un jeu de dominos, la chute du premier conditionnant tous les autres dans une dégringolade magistrale que rien ne peut plus arrêter. Heureusement, la vie est à la fois plus complexe et plus souple que la rigide procession des dominos ! C'est rarement aussi évident : les causes et les conséquences s'entremêlent, le rationnel surnage et l'émotionnel embrouille, nos interprétations troublent nos souvenirs, les différents registres se superposent, forment un méli-mélo difficile à comprendre et qu'on simplifie à outrance, dans le sens qui nous convient. L'explication de nos difficultés est presque toujours multifactorielle, mais chaque cause, prise séparément, n'aurait pas d'impact à elle seule et c'est donc souvent pour cela qu'on n'en tient pas compte (si tant est qu'on ait pu la discerner). C'est la synergie de ces différents facteurs qui agit.

L'intérêt de ne croire qu'à une seule cause est multiple :

- Cela permet de faire l'économie de la réflexion et surtout de l'introspection. Quelle facilité ! On attribue la faute à Papa-Maman, au patron ou au conjoint, on n'a pas accès à la solution puisque tout dépend de l'autre, autant clore le dossier.
- Le deuxième avantage est qu'on peut râler tout son soûl, se plaindre à qui mieux mieux et évacuer par ce canal toutes les autres frustrations de notre vie inconfortable.
- Mais le bénéfice absolu est que ce décodage simpliste coupe court à toute velléité d'action : soit la cause est extérieure, alors on n'y est pour rien puisqu'elle est hors de portée, c'est peine perdue ! Soit la cause est intérieure, on est nous-même à l'origine de notre propre malheur, c'est notre faute, on a tout raté et l'aveu de notre culpabilité dans ce terrible fiasco nous coupe les ailes définitivement ! On n'y arrivera jamais puisqu'on a passé sa vie à tout foirer, ainsi soit-il.

En tout état de cause, ce qui compte, c'est de rester victime. Sur un plan plus individuel, cette conviction victimaire prend toute son efficacité paralysante lorsque nous remettons à autrui la clé de notre bonheur.

Mon bonheur dépend de toi

Rien au monde ne peut empêcher l'homme
de se sentir né pour la liberté.
Jamais, quoi qu'il advienne,
il ne peut accepter la servitude : car il pense.
SIMONE WEIL

David est en colère. Il se plaint des intrusions méprisantes de sa mère. Celle-ci manifeste un certain acharnement à dénigrer son fils dans sa réalisation professionnelle. Il a converti une aile de sa maison en chambres d'hôtes et se débrouille rela-

tivement bien pour en vivre, ce qui ne plaît guère à sa mère, qui se sent inutile. Elle avait éduqué son fils en vue d'en faire son bâton de vieillesse et l'avait découragé dans la poursuite de ses études, arguant qu'il pouvait vivre du patrimoine que lui avait laissé son défunt mari. Elle avait suffisamment déprécié les amies avec lesquelles il avait essayé de construire un couple pour qu'il s'installe dans un célibat résigné. Sur le plan financier, David a réussi à prendre son indépendance, mais son erreur a été de s'établir dans le voisinage de sa mère, lui offrant ainsi une vue permanente sur ses activités qu'elle ne manque pas de critiquer autant qu'elle le peut, se sentant abandonnée par son vieux garçon.

David dépérit, épuisé par la révolte et le découragement. Il couve une rage sourde et désespérée qui se traduit en lamentations plaintives incessantes. Si seulement sa mère pouvait le comprendre ! Si elle pouvait accepter la valeur de son projet ! Il serait tellement heureux si enfin, un jour, une fois, elle pouvait le regarder comme une personne valable. Son bonheur dépend de ce regard, qui ne vient pas, qui n'est jamais venu et qui, malheureusement, on s'en doute, ne viendra jamais.

Quand nous étions petit, c'était vrai, notre bonheur dépendait de nos parents et de notre entourage. Le bébé commence sa vie dans une grande dépendance. Sa satisfaction réside essentiellement dans l'apaisement de ses besoins vitaux, tant physiques que psychiques. Ses nécessités affectives sont simples et relativement faciles à combler, son bonheur dépend à l'évidence des autres.

Mais aujourd'hui ? L'autre peut nous aider, nous soutenir, nous encourager ou nous admirer, mais ne peut pas nous rendre heureux si on ne le veut pas, ou si on n'y parvient pas soi-même. Sa gentillesse y contribue, sa joie nous enthousiasme, son amour nous aide, mais il ne correspond jamais exactement ni durablement à ce qu'on imagine nécessaire à notre bonheur.

L'amour inconditionnel n'existe qu'entre une mère et son bébé.[7]

Nous sommes des êtres éminemment relationnels et pourtant, construire notre bonheur ne dépend que de nous-même. Les circonstances douloureuses nous bousculent un jour ou l'autre, les difficultés se présentent sur notre route, mais la manière dont on les surmonte ne dépend que de nous. Les gens heureux n'ont pas toujours une vie plus facile que les gens malheureux. C'est essentiellement la manière dont ils s'adaptent aux circonstances qui fait la différence.

Tous les couples ont des problèmes de couple : ils portent sur l'éducation des enfants, le partage des tâches ménagères, l'usage de l'argent, l'équilibre entre vie professionnelle et familiale, l'intrusion de la belle-famille, la communication et la sexualité... Les uns en font un *casus belli* récurrent, les autres s'y adaptent avec philosophie. Certains s'obstinent pour avoir le dernier mot, d'autres sourient en reconnaissant que « ma femme et moi, on n'est jamais vraiment d'accord sur la manière d'éduquer les enfants... Ça fait vingt ans que ça dure... » ou « Ah, mon mari et sa mère, c'est tout un poème ! » Et on ne va pas se gâcher la vie pour autant !

7. Bien entendu, les pères peuvent aussi aimer inconditionnellement leurs enfants, bien que, traditionnellement, l'amour des pères soit plus un amour qui cadre, qui apprend les limites, qui stimule et pousse l'enfant vers la vie réelle, hors du nid. Les deux parents peuvent parfaitement endosser ces deux fonctions, ensemble ou alternativement, selon leur tempérament ou leur présence aux côtés de l'enfant.

On se fait des films

Tout ce que nous voyons n'est qu'une ombre
projetée par les choses que nous ne voyons pas.
MARTIN LUTHER KING

Elle râle, elle râle… Ça fait au moins trois jours qu'elle râle ! Quand j'essaye de me rapprocher, elle est glaçante. Quand je fais mine de l'ignorer, je vois ses reproches à chaque regard. Je ne sais plus comment m'y prendre et je sens que son attitude ne m'y aide vraiment pas. C'est dur d'aller vers quelqu'un qui tire une tête pareille ! J'ai juste envie de la planter là !

Mais la nuit, quand elle se blottit au bord du matelas, en me tournant le dos, je sens combien elle est malheureuse. Je pense même qu'elle pleure doucement, mais je ne sais si je dois faire un geste vers elle ou au contraire la laisser tranquille.

Je me sens un peu coupable. D'ailleurs, je crois qu'elle fait tout pour que je le sois ! Mais je n'ai rien fait de mal, moi ! Si au moins elle m'expliquait ! Je n'y comprends rien. Je pourrais le lui demander, évidemment, mais je sais ce qu'elle va me répondre : « Si tu m'aimais, tu comprendrais ! » C'est ça le pire, c'est que je suis censé deviner ! Mais je ne suis pas dans sa peau, moi ! Je suis un mec, et les femmes, c'est si compliqué !

L'amour ne rend pas devin ! Notre partenaire est comme il est, bien différent de nous. On comprend un peu ou pas tout et, pour le reste, on a le choix d'en tenir compte ou non. Si on souhaite être compris, on a tout intérêt à donner notre mode d'emploi, plutôt que de continuer en vain à espérer être deviné.

C'est plus agréable quand il devine ? Oui, c'est vrai, mais c'est aussi adorable quand on voit qu'il a enregistré et qu'il tient compte de nos demandes, même s'il ne les comprend pas.

La plupart du temps, on imagine être perçu par autrui comme on se perçoit soi-même de l'intérieur. Or on est souvent loin du compte. On est timide, par exemple, mal à l'aise ou peu sûr de soi, mais on est perçu comme hautain, peu intéressé ou snob… Ce malentendu est évidemment la source d'une mauvaise communication : on réagit très différemment à l'égard d'un snob ou d'un timide ! Et le timide, caché dans son costume de snob, n'en est que plus incompris… Mais qu'est-il finalement ? Est-il mal à l'aise ou hautain ? C'est une surprise souvent perturbante de découvrir comment on est perçu par autrui. C'est tellement différent de l'image qu'on a de soi. Doit-on en conclure que personne ne nous comprend ? Ou qu'on a une idée fausse de soi-même ? Qui a raison ?

Eh bien, ça dépend ! La réponse est double : ça dépend du nombre d'avis concordants et du trait de caractère dont on parle.

– Plus il y a de gens qui s'accordent à penser qu'on est agressif, par exemple, plus cette opinion est crédible. Même si on refuse ce diagnostic, il y a de fortes chances qu'il soit fondé. Si on le nie, on se renfermera un peu plus dans un triste sentiment d'être incompris. En revanche, si une seule personne nous trouve agressif, on peut imaginer qu'elle est particulièrement susceptible ou qu'on a été agressif seulement avec elle. On a le choix d'en tenir compte ou non, et de rester vigilant avec les autres.

– L'agressivité est un trait de caractère qui se définit dans le cadre d'une relation, c'est le second critère qui nous aide à choisir si on tient compte de ce que pensent les autres ou non. Peut-on définir seul si on est gentil ou méchant, agressif ou cordial ? On n'est jamais gentil tout seul ! (Si ce n'est avec soi-même, ce qui n'est déjà pas mal !) Peut-on persister à croire qu'on est cordial quand tout le monde s'accorde à nous dire le contraire ? Ce sont effectivement des caractéristiques de personnalité qui ne se définissent que perçues par autrui. On n'est pas hautain seul dans sa chambre ! Alors qu'on peut se déterminer ordonné, courageux ou paresseux, en dehors de toute relation.

En conclusion, si on veut persister dans son enfermement nombriliste, il suffit de ne jamais tenir compte de ce qu'on nous dit et n'écouter strictement que soi-même. Si on préfère se perdre, autant alors s'abandonner aveuglément aux jugements des autres et ne plus s'écouter. Les deux pistes nous gâchent la vie avec une égale efficacité !

Les gens ne se montrent à nous que sous un certain jour. Ils ne dévoilent qu'une toute petite partie de leur personnalité, volontairement ou non, et se méconnaissent souvent eux-mêmes !

C'est un peu comme si on ne les voyait que par quelques petits trous taillés dans un écran derrière lequel ils se cachent. Ne nous apparaît que la petite facette qu'ils nous montrent inconsciemment ou la facette que nous percevons tout aussi inconsciemment, puisque nous sommes soumis à notre propre cadre de référence qui opère une sélection dans nos perceptions. Ils n'ont probablement pas conscience qu'on ne perçoit d'eux que ce petit bout de leur personnalité et se croient donc compris. Nous ne sommes pas non plus conscients de ce qu'ils perçoivent de nous, puisque l'écran nous masque également à leurs yeux. Les perceptions sont donc parcellaires et nécessitent d'être interprétées, ce que nous faisons en fonction de critères personnels (notre propre expérience, nos besoins, nos références affectives et émotionnelles, etc.)

Leurs intentions nous échappent et vice versa. Les raisons de leurs comportements nous paraissent illogiques et réciproquement. Leur cohérence nous semble obscure et inversement. Nos interprétations sont donc souvent erronées et les leurs également. On projette sur le reste de l'écran ce qui nous semble donner cohérence à ce qu'on perçoit et eux aussi. On se fait des films dans les deux sens. Quel cinéma !

Se comprendre mutuellement est une sensation merveilleuse de plénitude et harmonie. Par bonheur, sur certains plans et dans une certaine mesure, cette compréhension mutuelle existe, même si elle est partiellement fictive, et elle est un des fondements des relations heureuses. Mais cette connivence a ses limites, elle est parfois très illusoire, et source de malentendus et de déceptions.

Cinq femmes gèrent une petite communauté associative. Les réunions du petit groupe sont souvent tendues et les discordances pullulent, malgré leur bonne volonté. La principale source des problèmes est liée aux malentendus qui émaillent leurs discussions. Elles sont tellement investies dans leur association qu'elles n'imaginent pas que les autres comprennent les événements différemment et en tirent d'autres conclusions.

Elles ont donc mis au point un petit exercice, simple et efficace : en fin de réunion, elles s'interrogent mutuellement : « Comment résumes-tu cette réunion ? Qu'est-ce que tu en as compris ? » L'exercice est aussi salutaire qu'amusant parce qu'elles découvrent combien leurs conclusions sont souvent éloignées, alors qu'elles croyaient bien se comprendre.

Un des meilleurs systèmes pour générer des malentendus fait florès depuis quelques années : les communications par sms. Les textos sont extraordinairement efficaces pour filtrer toutes les nuances, afin de vous envoyer un petit message bien sec, qu'on peut à loisir prendre du mauvais pied. Pas de nuances, pas d'intonation, pas de langage non-verbal, c'est le règne de l'immédiat-dépouillé. Les petits smileys tâchent d'y ajouter quelque subtilité, mais c'est bien maigre. On ne voit pas son correspondant réagir, on peut donc continuer à l'aise derrière son petit bouclier virtuel. Évidemment, comme le destinataire a mal compris, il réagit mal ! Ce dont on s'offusque, on l'accuse, on le boude, on le jette, bon débarras. On s'est fait un bon petit film, bien loin de ce qu'aurait produit une vraie conversation de visu.

Les communications par mails sont à peine plus nuancées. Mais le pire, ce sont les messages publiés sur les réseaux sociaux, qui semblent devenus incontournables pour bon nombre d'adultes. Leur usage ne se limite plus à la sphère privée. Ce mode d'expression bref, instantané et sans analyse fait fureur, avec les dégâts que l'on observe tous les jours dans le domaine public, et même dans la classe politique, aux plus hauts niveaux de l'État. La facilité de leur emploi induit rapidité et immédiateté. On ne décante plus, et cette absence de réflexion et de recul crée des carences dramatiques en matière d'esprit critique, d'analyse et de synthèse chez qui utilise quotidiennement ces moyens d'expression. C'est atterrant ! On n'a jamais autant communiqué, mais aussi mal communiqué. Les modes d'expression récents ont élevé au niveau d'excellence l'art de la provocation et du malentendu.

Cependant, on n'a pas attendu leur invention pour se prendre les pieds dans le tapis. Dans la vie de tous les jours et depuis la nuit des temps, on se comprend mal. On imagine sans vérifier, on projette ses propres explications pour donner sens aux comportements de l'autre, sans chercher à comprendre et sans même se rendre compte qu'on projette. On reste accroché à ses croyances et à ses rêves. On interprète avec ses propres références. On croit ce qu'on veut croire. C'est plus confortable, on connaît bien le projecteur !

Mais quoi de plus agréable qu'un bon film ? Où est le problème après tout ? On s'évade, on ne réfléchit pas et on embellit la vie ! En soi, tant que nos projections ne font aucun tort (ce qui n'est pas toujours simple à vérifier), il n'y a effectivement pas de souci à se faire. Remarquons qu'on peut se tourner des petits films intérieurs, qui nous permettent de nous divertir en rêvant, mais qui nous confortent aussi dans nos interprétations de la vie et dans nos scénarios préférés. Ils n'appartiennent qu'à nous, nous font du bien ou du tort, c'est notre affaire.

En revanche, les films, projetés sur l'écran que constitue un partenaire, créent malheureusement méprises, disputes et réactions inappropriées qui ne sont que le reflet de notre vision du monde et correspondent si peu à la réalité !

Il y a d'abord les films comiques, bourrés de quiproquos, où on croit que l'autre a tout compris, on ne vérifie rien, on imagine et on se plante ! Un vrai vaudeville ! Drôle sur les planches, nettement moins dans la vie !

On peut aussi se projeter un petit film fleur bleue, s'imaginer qu'un soir le garçon d'en face viendra nous inviter à boire un verre et alors « il me prendra dans ses bras, il me parlera tout bas et je verrai la vie en rose », etc. On peut rester toute sa vie amoureux d'une ombre qui ne connaîtra jamais notre passion secrète. Ça fait de jolies romances mais aussi de bien tristes vies. Sauf si le fantasme nous nourrit suffisamment et ça, nous sommes seul à le savoir.

On peut aussi se repasser en boucle le film du temps des cerises, du gai rossignol et des amours heureuses.

Alexandre, élégant quinquagénaire, vit une relation frustrante avec Ghislaine, depuis trente ans. Il s'en plaint doucement, se montre embarrassé et raconte combien elle est odieuse avec lui. Elle se moque de ses projets, le flatte en public mais le ridiculise en privé et le dénigre systématiquement auprès de leurs enfants. Depuis plusieurs années, elle ne supporte plus qu'il la touche mais joue au joli couple devant les invités. Elle le traite de radin alors qu'elle n'a jamais levé le petit doigt pour travailler. Bref, Alexandre se plaint calmement de vivre un enfer. Mais il explique avec douceur qu'il patiente, qu'avant leur mariage elle était charmante, qu'elle était si douce avec lui, qu'elle aimait tant faire l'amour quand il a été question de faire des enfants, et que peut-être un jour elle redeviendra comme avant, elle comprendra d'elle-même combien elle a de la chance d'avoir un mari compréhensif et tolérant, et elle lui sera reconnaissante d'avoir été si gentil et si patient.

Il attend qu'elle comprenne par elle-même, mais lui, que comprend-il ? Pourquoi continuer à espérer un changement affectif de son conjoint alors qu'on s'y essaye en vain depuis de nombreuses années ?

Il n'est pas si rare de rencontrer des gens comme Alexandre, qui bien que sérieusement installés dans la vie professionnelle, pensent que la gentillesse est la seule voie vers le salut dans leur vie privée.

On est libre de le croire, la gentillesse est une qualité merveilleuse et on peut en faire son drapeau, c'est un choix de vie. Mais alors portons-le fièrement, presque en militant, et ne nous berçons pas d'illusions. N'oublions pas que chacun voit la vie avec ses propres yeux et une attitude gentille sera peut-être perçue par l'autre comme de la mollesse, voire de la bêtise. La position de martyr accorde une certaine gloire dans la postérité, mais beaucoup d'inconfort au présent !

Espérer un monde idéal, peuplé de gentils, fait partie de nos rêves d'enfants. Qu'il est doux de croire encore au tendre pays des Bisounours ! Cela permet de fermer les yeux et de ne tirer aucune leçon de la vie.

Malheureusement, il y a aussi les films vraiment tristes, ceux qui nous confirment dans notre dépression : les autres ne s'intéressent pas à nous, c'est normal, on n'a rien d'intéressant à raconter. Personne n'a besoin de nous, ils ne nous aiment que parce qu'on est utile. Si on arrêtait de les soutenir ou de leur rendre service, ils nous rejetteraient. S'ils n'appellent pas c'est évidemment qu'ils ne nous aiment pas, surtout ne pas penser qu'ils pourraient être indisponibles ou qu'ils imaginent qu'on est occupé…

Mais la palme de l'horreur revient aux films qui nous font vraiment peur : « J'ai l'impression que tout m'échappe, que je ne suis bâtie sur rien… » Ou « Aaaah si je n'ai pas fait un bébé à 30 ans, c'est définitivement trop tard ! » Ou « Si je me bats pour mes droits, je suis irrémédiablement parti dans la spirale infernale des procès sordides avec des avocats corrompus ! » Ou « Si je décide de quitter ce boulot qui me dévalorise et me déprime, je vais me retrouver sous les ponts ! »

Ces films projettent sur l'écran noir de nos nuits blanches le drame qui adviendrait si on disait enfin ce que l'on pense ou si on faisait enfin ce que l'on veut !

La société adore les films d'horreur. Elle nous les livre quotidiennement sur notre chère télévision et dans les gazettes, et répand de la sorte une vision effrayante de notre monde, qui percole goutte à goutte dans nos esprits engourdis : ne pas laisser les enfants jouer sur le trottoir, ils vont se faire kidnapper ! Ne pas répondre à ce jeune homme qui demande son chemin, il va me voler mon sac ! Ne pas donner une piécette à cette pauvre femme, c'est une arnaque ! Interdisons à nos filles de circuler seules, elles vont se faire violer ! On n'est plus en sécurité nulle part, tout fout le camp, *no future !*

« Tout va mal » est le film préféré des Occidentaux, ils ont bien raison ! Ils aiment aussi « On va droit dans le mur » et « Y a plus de justice ». Ces films sont le produit d'une vision botoxée de notre société, aussi toxique qu'efficace, qui donne plus envie de se flinguer que de se relever les manches : on nous répète à l'envi que le climat se dégrade, la fertilité diminue, l'économie s'effondre, les Chinois nous envahissent et les manipulateurs sont parmi nous, quelle horreur ! La circulation augmente, la pollution aussi, ainsi que les loyers, le chômage, l'immigration, la criminalité, l'extrémisme, la délinquance et la pauvreté, le vrai et le faux dans la même marmite ! On va tous se retrouver aux Restos du cœur !

Pour continuer à se gâcher la vie, évitons de regarder de temps à autre un petit film plus documenté, plus réaliste et plus nuancé, qui nous dirait qu'en regard des temps anciens ou par rapport à la grande majorité du monde, on vit très confortablement, que nos enfants n'ont jamais été aussi bien traités, que le statut des femmes est un des meilleurs jamais connus, que notre espérance de vie est en constante augmentation, que des milliers d'initiatives citoyennes fleurissent spontanément en réponse aux problèmes sociaux et écologiques, que l'air est plus respirable et que les poissons reviennent dans les rivières et les grands fleuves.

Partout sur le globe, des milliers de gens en ont plus qu'assez de se nourrir du courant d'information dépressif dominant qui nous écrase comme un rouleau compresseur qu'on n'essaye même plus d'éviter. Ils créent des centres d'information et des réseaux de diffusion des bonnes nouvelles sur le web. Cherchez, vous trouverez. C'est vraiment réjouissant !

Le monde appartient à tout le monde, mais les créateurs volontaires et optimistes le font tourner. Les consommateurs passifs et pessimistes n'en sont que les spectateurs déprimés.

Regrets, remords et culpabilité

Regretter ce que l'on n'a pas c'est gâcher ce que l'on a.
KEN KEYES

Marc, 36 ans : j'ai trompé ma femme. J'ai honte parce que je l'aime profondément. Ce que je ressens pour Catherine est doux, profond, sérieux, c'est un amour solide que rien ne peut ébranler. Je passerai toute ma vie avec elle, cela ne fait pas de doute. C'est la mère de mes enfants et je l'aime vraiment.

Cela n'a rien à voir avec la folie qui s'est emparée de moi récemment, lorsque j'ai commencé à flirter avec Élise. Au début, c'était juste un jeu pétillant et sans danger. Je dominais parfaitement la situation ! D'ailleurs ce n'était pas la première fois que je jouais à séduire, c'est tellement excitant ! Ça me rassure de sentir que je peux plaire, mais cette fois, je crois que j'ai dérapé. Je ne contrôle plus rien, je suis comme envoûté. Cette relation m'enchante et me torture à la fois. C'est presque comme si j'étais drogué ! Il faut dire qu'Élise y a mis du sien, elle est célibataire et n'a rien à perdre.

Je devrais arrêter mais je l'ai dans la peau. C'est une passion qui me ravage. Je fais très attention à ce que Catherine ne découvre rien, j'efface toutes traces mais je me sens de plus en plus mal. Je n'aime pas l'idée de mener une double vie et en même temps, je découvre que c'est facile.

Catherine, 33 ans : je viens de découvrir que mon mari me trompe.

Marc avait laissé traîner son téléphone et comme j'avais des soupçons depuis quelque temps, j'ai regardé. Le sol s'est dérobé sous mes pieds. Tout ce en quoi je croyais n'a plus aucun sens. Au début il a tout nié en bloc ! C'est idiot, puisque j'avais des preuves ! Ensuite, il a minimisé et expliqué que ce n'était qu'un petit jeu sans gravité, récent et sans lendemain ! Il ment mal, je croyais le connaître et je découvre un lâche et un menteur ! Je l'ai pressé de questions jusqu'à ce qu'il crache le morceau ! Cela fait des mois qu'il a une relation suivie avec cette… cette… je vais dire femme pour ne pas être vulgaire !

J'ai mal au plus profond de moi, mon ventre se déchire. Je me sens trahie, trompée, humiliée et salie. Mes repères volent en éclats, je ne sais plus quoi faire. Je voudrais le quitter, mais nous avons deux adorables petites filles et je ne veux pas qu'elles aient une vie d'enfants de divorcés, ballottées d'une maison à l'autre. Je sais ce que c'est, j'en ai assez souffert dans mon enfance.

Malgré mon immense colère, malgré ma douleur, malgré mon mépris pour mon mari, je dois dire qu'au fond de moi, je l'aime toujours… Ça fait encore plus mal… Je le hais parce que je l'aime !

Marc et Catherine errent depuis quelques mois entre souffrance, colère et larmes, mais ils tentent d'y voir clair, se parlent au-delà des cris de rage et essaient de se comprendre malgré la trahison. Ils apprennent à se dire ce qu'ils ne se sont jamais dit et se regardent comme jamais ils n'avaient ouvert les yeux l'un sur l'autre. Ils ont choisi de se donner un temps pour traverser le champ de bataille sans tout briser. Ils ont essayé de préserver leurs enfants et de ne pas foncer directement vers l'éclatement de la cellule familiale.

Au début, Marc s'est écrasé, comme un coupable, mort de honte, rongé par les remords, vaincu, découvert, humilié et prêt à tout pour récupérer sa femme. Il a mis fin instantanément à sa relation parallèle, qui en avait perdu tout son sel, et s'est totalement investi dans la restauration de son couple. Catherine a exigé des mesures draconiennes, une transparence absolue et un contrôle permanent de ses déplacements. Et Marc s'y est plié. Il était évident pour Catherine que son mari devait payer à hauteur de la souffrance qu'elle endurait elle-même. Cette période a été la plus noire de leur vie.

Ils ont admis avec le temps que ce calcul des souffrances respectives était vain et que jamais ils n'auraient la satisfaction de comptes enfin soldés. Ils ont compris qu'ils se pourriraient la vie, et secondairement celle de leurs enfants, en perpétuant l'inaccessible quête d'une ardoise définitivement équilibrée. Les souffrances de chacun ne sont pas mesurables et ne s'équilibrent donc jamais. Catherine a même été tentée de tromper son mari,

« juste pour qu'il sache ce que ça fait », mais c'était tellement destiné à le blesser qu'elle se doutait que cela ne ferait de bien à personne et certainement pas à elle-même.

Doucement la rage a fait place à la peine, la peine a permis un questionnement moins violent, moins vengeur et plus juste, une interrogation plus adulte sur ce qui avait amené cette crise et sur ce qu'ils voulaient vraiment faire de leur vie propre et de leur vie de couple. Les illusions sont tombées, ils ont petit à petit accepté la réalité de la nature humaine avec ses zones d'ombre, ses démons et ses faiblesses. La seule issue était de considérer les choses avec réalisme, indulgence et amour. Parce que l'amour était toujours là. C'est pour cela qu'ils souffraient tous les deux. Même malmené, galvaudé, bafoué et trahi, l'amour n'était pas mort. Ce qui les avait attirés l'un vers l'autre, ce qui les avait soudés au fil des années, ce lien fort et doux les unissait encore.

Doucement, la tendresse, petite souris timide, se réintroduit dans leurs gestes. Les regards de Catherine se font moins meurtriers et ceux de Marc moins « chien battu ». La dernière morsure de Catherine provoque une vraie colère chez Marc, qui pour la première fois ose sortir de sa pénitence et hurler qu'il n'en peut plus et qu'il ne veut pas être condamné à payer à vie ! Paradoxalement, cette puissance retrouvée rassure sa femme qui peut à nouveau regarder son mari avec un respect qu'elle ne ressentait plus depuis longtemps.

Il est un temps pour la colère, c'est légitime, il faut qu'elle s'exprime.

Il est un temps pour les pleurs et les doutes, les remords et la culpabilité.

Il est un temps, ensuite, pour les explications, la parole qui mord mais aussi la parole qui soigne, puis vient le temps de tourner la page.

Oublier n'est sans doute pas possible. Les partenaires se souviendront toujours de cet épisode douloureux. Mais passer à autre chose, oui, c'est possible. Faire payer le coupable indéfiniment, c'est déséquilibrer le couple dans l'autre sens. La souffrance du fautif qui doit dédommager sa victime devient un jour plus lourde que la douleur du blessé lui-même et celui-ci, en punissant son partenaire, entretient aussi sa propre peine. C'est un mécanisme sans fin qui ne produit que deux perdants.

Chacun peut décider de s'affranchir de son chagrin et ne plus camper sur son malheur. Cette page noire a eu lieu, mais on est libre d'écrire un nouveau chapitre en comprenant qu'au-delà des blessures se profile une nouvelle maturité.

Traîner des remords ou des regrets constitue une bien triste manière de se gâcher l'existence. On ne refera jamais le passé. Ce qui a eu lieu, a eu lieu. Les échecs et les erreurs font partie de la vie. Ce sont parfois de vraies blessures, mais la cicatrisation est entre nos mains.

Les regrets nous rappellent que nos projets n'ont pas tous abouti, qu'on a échoué ou que nos espoirs n'ont pas été rencontrés. On trimballe nos regrets comme une nostalgie d'un passé qu'on aurait souhaité différent, qui fut imparfait mais qui est à jamais révolu. Si on n'arrive pas à tourner ces pages décevantes, elles se transforment en lamentation, en plainte ou en affliction.

Les regrets portent sur des choses qu'on a vécues et qu'on voudrait revivre, ou sur des choses qu'on n'a pas pu vivre et qu'on voudrait rattraper, mais c'est trop tard. On regrette de ne plus pouvoir vivre une période révolue, on regrette d'avoir perdu un objet qui nous était cher, on regrette un choix qui s'est avéré erroné. Les regrets traduisent une tristesse toujours présente. Ils nous rappellent notre impuissance à revenir sur le passé.

Les remords, quant à eux, sous-entendent une culpabilité qui ne s'efface pas. Or, par un glissement de vocabulaire, on a tendance à confondre regrets et remords lorsqu'on dit « Je regrette » pour exprimer qu'on reconnaît avoir eu tort et qu'on s'en veut : « Je regrette de t'avoir fait de la peine » par exemple.

Il ne s'agit pas d'un regret mais d'un remords, puisqu'on exprime sa culpabilité. En anglais, on dit « *I am sorry* », la racine étymologique est commune avec *sorrow*, le chagrin, qui apporte une nuance de contrition dont le regret est dépourvu, contrairement au remords. Si on dit « je regrette de t'avoir confié la gestion de ce dossier » parce qu'on est fâché de la manière dont il a été géré, on accable celui à qui l'on veut faire porter la culpabilité qu'on ne souhaite pas assumer. Dans ce cas, on n'a aucun remords, mais plutôt de la colère.

« Le remords, dit Pascal Bruckner avec pertinence, est un mélange de bonne volonté et de mauvaise foi : désir sincère de refermer les vieilles plaies, envie secrète de se mettre hors jeu. »[8] On s'en veut encore, ce qui est une honnête reconnaissance de sa culpabilité, mais on espère s'en dédouaner en la reconnaissant. Le remords ne se repend pas de la faute, il s'en repaît. On baigne dans une pénitence perpétuelle, une honte hypocrite et stérile parce qu'on ne fait rien, si ce n'est se flageller. Si on ne peut changer le passé, on peut à tout le moins en alléger la charge en reconnaissant ses erreurs, en présentant ses excuses ou en tâchant de réparer. C'est grâce à cette reconnaissance que la personne lésée peut éventuellement accorder son pardon. Le remords s'exprime et se transforme alors en sentiment moral fondateur, qui nous place face à notre conscience. Le verbe se fait acte, crée la concorde et dessine un avenir possible.

La mauvaise conscience n'est pas mauvaise en soi, elle est notre conscience en marche, elle nous pousse à exprimer la vérité qui, si elle est tue, nous ronge en sourdine. La politique de l'aveu est toujours préférable à celle du silence, elle nous évite la prostration et nous permet de faire peau neuve au lieu de macérer dans l'angoisse. Mais elle a aussi ses limites lorsqu'elle

---

8. Bruckner Pascal, *La Tyrannie de la pénitence, Essai sur le masochisme occidental*, Grasset, 2006.

devient une habitude : la dérive de la repentance, c'est « trois *pater* et deux *ave* », *mea culpa* et *amen*.

Sur un plan sociétal, les marches blanches apportent un soutien inconditionnel aux victimes des horreurs de notre société, elles représentent une immense et incontestable solidarité, mais elles constituent aussi une manifestation publique de repentance tout autant que de bonne conscience. Tous unis dans la peine, certes, mais également dans la honte et la culpabilité, qu'on expulse collectivement et on en sort blanchi. Les marches blanchissantes lavent plus blanc que blanc.

C'est encore Pascal Bruckner qui, dans son essai sur la pénitence du monde occidental, dénonce un climat de repentir qui nous invite à nous abriter dans le cocon de la contrition, à ne plus agir et à échapper à nos responsabilités. « Notre désespoir paresseux ne nous incite pas à combattre l'injustice, mais à coexister avec elle. En dépit d'un surmoi intransigeant dont nous nous coiffons en permanence, nous nous délectons de notre impuissance tranquille, nous nous installons à demeure dans un enfer paisible. »[9]

Ces réflexions sans concession reflètent toute l'acuité que requièrent nos conflits intérieurs sur notre responsabilité et notre culpabilité. On a besoin de débats intransigeants pour éviter à notre société de se vautrer dans un consensus mou, la fumette du politiquement correct.

Il est tellement plus confortable de s'accommoder de sa culpabilité en brandissant l'étendard généralisant du « Tous coupables ! », ce à quoi Simone Veil répond, dans sa biographie : « Un tel pessimisme me déplaît. J'ai même tendance à y voir un tour de passe-passe commode : dire que tout le monde est coupable revient à dire que personne ne l'est. (…) La mauvaise conscience générale permet à chacun de se gratifier d'une bonne

---

9. *Ibid.*

conscience individuelle : ce n'est pas moi qui suis responsable, puisque tout le monde l'est. »[10]

La responsabilité collective noie le poisson, autant sur un plan sociétal qu'individuel. Elle est une tentative de blanchiment destinée à nous éviter d'avoir des comptes à rendre à quiconque. On est nul, mais tout le monde l'est, donc ça ne compte pas ! Psychologiquement, cette simplification globalisante nous tire vers le bas et nous conforte dans une discrète médiocrité, qui nous paraît insignifiante puisqu'elle semble partagée par le plus grand nombre. Mais elle constitue un silencieux travail de sape de notre estime personnelle. La responsabilité collective se dilue en une forme de culpabilité morale, quasi métaphysique, qui nous permet de nous dérober à toute responsabilité réelle. Pour la restaurer, culpabilité et responsabilité forment les deux faces de l'examen de conscience qui nous force à reconsidérer notre rôle dans ce qui nous arrive, tout autant que dans ce que nous allons en faire. Il est temps de sortir de l'auto-flagellation stérile et de reprendre les rênes de notre vie.

Pour accéder à cette lucidité, il faut comprendre que la culpabilité se ressent sur deux plans :

- Un plan réaliste et honnête, signal d'alarme moral qui nous rappelle les limites à ne pas dépasser. Cette culpabilité-ci relève de la faute, qui porte tort à autrui ou le fait souffrir. Il n'y a rien de mal à se sentir coupable quand on pense qu'on a mal agi. Il n'est pas inutile de s'adresser des reproches. On devient celui que l'on veut être en prenant conscience de ce qu'on n'est pas. On préserve la droiture que l'on possède en ayant à cœur de ne pas basculer dans la honte lorsqu'on trébuche. Plus ce sentiment est lucide et adapté, plus il est efficace. C'est une alerte, l'expression d'un surmoi équilibré, notre « gendarme intérieur » qui fait correctement son travail.

10. Veil Simone, *Une jeunesse au temps de la Shoah*, extraits d'*Une vie*, Stock, 2007.

C'est notre conscience responsable, une culpabilité éthique, saine et indispensable.

- Un plan plus émotionnel, une brume constante de culpabilité sans tort avéré. On se sent coupable avant même d'avoir fait quoi que ce soit. Coupable d'oser, d'avoir des idées ou de s'exprimer. Coupable de dire Non, ou même Oui. Coupable de s'amuser, de se reposer ou d'avoir du plaisir. Coupable de poser ses limites, de ne pas être celui qu'on attend, de décevoir, de choisir une autre voie, d'être personnel, différent, c'est-à-dire coupable d'exister à sa manière. Sans qu'aucune loi n'ait été transgressée. Sans qu'aucune violence n'ait été perpétrée. Coupable sans crime, si ce n'est celui d'être soi-même. Parce que le programme de la culpabilité est inscrit en nous depuis l'enfance. Il tourne toujours aujourd'hui, sans qu'on ne s'en rende compte. Pour lui, la simple intention inconsciente est un péché. C'est une culpabilité archaïque qui nous empoisonne la vie. Elle alimente nos conduites d'échecs et nos comportements d'autodestruction. On sait que c'est idiot, mais c'est plus fort que nous, on y croit quand même, on s'entête, c'est diablement efficace !

L'origine de ce sentiment permanent de culpabilité, très lié au manque de confiance en soi, plonge ses racines dans l'enfance, largement teintée des attitudes parentales.

Mais il est une influence dont on ne parle pas assez et qui s'étend comme un nouveau *must* de notre époque : la « socialisation » bien trop précoce des jeunes enfants. Je mets des guillemets parce qu'on ne peut pas vraiment parler de socialisation avant l'âge de raison, le passage à l'école primaire. À cet âge-là, l'enfant est mûr pour s'inscrire sans traumatisme parmi ses pairs. On peut espérer qu'il a acquis suffisamment d'estime de lui-même pour pouvoir se situer dans le groupe sans danger de se sentir médiocre.

Mais que peut ressentir un petit bout de 2 ans et demi qui arrive à l'école maternelle, lorsqu'il voit les autres jouer en bande dans le bac à sable ? Est-il capable de penser qu'ils sont probablement aussi débutants que lui ? Aussi incertains, aussi peu sûrs d'eux ? De l'extérieur, cela ne se voit pas ! Même les adultes qui arrivent dans une assemblée pensent souvent que les autres sont plus à l'aise qu'eux-mêmes, alors qu'en est-il à 2 ou 3 ans ? À cet âge, les enfants se comparent beaucoup les uns aux autres, mais n'ont pas acquis suffisamment d'assurance pour nuancer les comparaisons. On peut raisonnablement penser que tous les jeunes enfants qui sont poussés précocement, quelles qu'en soient les raisons, vers une socialisation pour laquelle ils ne sont pas mûrs se sentent dans un premier temps confrontés à leur fragilité et leur solitude, d'une manière qui laissera des traces en terme d'insécurité, ingrédient majeur de la culpabilité. Je reparlerai de ce thème plus loin.

La poudre anti-éléphant

Tiens-toi à cinq brasses d'un chariot, à dix d'un cheval et à cent d'un éléphant, mais pour éviter le méchant, point de distance qui suffise.

PROVERBE INDIEN

Valérie s'épuise à sauver son père d'un mal-être vague, elle cherche à le protéger d'un danger indéfini, au détriment de son propre couple et de ses enfants. Elle se sacrifie pour répondre aux mille revendications de son vieux papa, assis comme un roi sur un trône qu'elle lui a elle-même bâti, année après année, depuis l'enfance. Plus il vieillit, plus il demande et moins cela paraît possible à Valérie de faire respecter des limites qu'elle n'a jamais osé poser.

Un jour, c'est (heureusement) la goutte de trop, l'exigence qui arrive à un trop mauvais moment. Valérie en a cette fois vraiment conscience et armée d'un grand courage, la peur au ventre, avec mille précautions, elle refuse ! « Ah bon, lui répond son père un peu grognon, si c'est comme ça, je vais m'arranger autrement, salut. » « Quoi ?! Je rêve ? se dit Valérie, ce n'est pas possible, c'est trop simple, ça va exploser plus loin, je vais de toute façon le payer au prix fort, vite rappelons-le, non, oui, je ne sais plus… »

Quel drame Valérie essayait d'éviter ? Une colère ? Une dépression ? Un suicide ? Le danger ne serait-il pas ailleurs ? Peut-être dans la douleur de ne plus être son enfant chérie, sa petite fille parfaite ?

L'établissement de nos convictions remonte à bien longtemps, du temps où on croyait tout. On ne savait pas vérifier et notre sécurité dépendait de nos parents. Un enfant peut penser, par exemple, que s'il n'est pas très gentil avec Maman, elle peut en mourir : « Tu vas me tuer ! » disait-elle quand, épuisée, elle n'avait plus que les menaces pour arriver à faire régner l'ordre à la maison ! L'enfant imprime cet anathème au fer rouge dans un coin reculé de son cerveau une fois pour toutes, et il est si gentil et obéissant tous les jours que Maman ne meurt jamais !

Finalement, en choisissant une solution d'évitement pour fuir une difficulté que l'on redoute, on risque de la perpétuer parce qu'on ne la vérifie pas, on ne s'y confronte pas et on ne peut ni découvrir qu'elle est le produit de notre imagination ou de souvenirs infantiles, ni se perfectionner au cas où elle aurait quelque fondement. En évitant un danger chimérique qu'on n'explore pas, on le renforce. Ce n'est pas parce que l'action est difficile qu'on n'ose pas l'accomplir, c'est parce qu'on n'ose pas l'accomplir qu'elle reste difficile.

Par exemple, c'est en évitant de prendre la parole en public, parce qu'on est paralysé par la peur, qu'on persiste à se croire incompétent, ce qui ne fait qu'entretenir le trac. Ce mécanisme simple et extraordinairement contre-productif est un des verrous principaux qui empêche l'évolution : on ne change pas parce qu'on a peur de quelque chose qu'on imagine et qu'on ne vérifie jamais ! C'est un peu idiot, non ?

C'est l'histoire de la poudre anti-éléphant : assis en face de moi dans le train, un vieux monsieur au sourire discret reproduit à intervalle régulier un comportement bizarre qui attire mon attention. Il ouvre une petite tabatière, y prend délicatement une pincée de poudre verte et la jette par la fenêtre d'un vif mouvement du poignet, l'air parfaitement satisfait. Intriguée, je noue la conversation :

– Pardonnez ma curiosité, mais votre petite poudre verte, à quoi sert-elle ?

– C'est une poudre spéciale qui éloigne les éléphants.

– Les éléphants ? Mais Monsieur, il n'y a pas d'éléphant à cent lieues à la ronde !

– Efficace, ma poudre !

Ce charmant doux dingue, qui appartient aux petites histoires que les psys aiment à raconter, ne faisait de tort à personne et certainement pas aux pachydermes ! La vanité de ses comportements se manifestait avec innocence et désinvolture.

Mais vous ? Seriez-vous enclin à vous prémunir contre des dangers inexistants ? Vous vérifiez de temps en temps, non ? Vous osez explorer, n'est-ce pas ? Vous ne craignez pas l'inconnu…

Peur de l'inconnu

L'échec est le fondement de la réussite.

LAO-TSEU

Tous les dangers ne sont pas inventés et tous les dangers ne sont pas vérifiables. Il en est un qui par essence même est toujours repoussé plus loin : l'inconnu.

Lorsqu'un enfant refuse de manger un aliment qu'il ne connaît pas, la plupart des parents insistent : « Mais goûte, au moins ! Ne serait-ce qu'une bouchée, avant de décider que tu n'aimes pas ! » Ils ne veulent pas que leur enfant se prononce sans avoir testé, c'est normal.

Cette exigence légitime est pourtant loin d'être suivie par eux-mêmes face à l'inconnu. Ils n'osent pas essayer ce qu'ils ne connaissent pas. Ils présupposent qu'ils n'aimeront guère avant même d'avoir fait le premier pas. Ils ont peur de se tromper et du ridicule qui s'ensuivrait, peur d'être déçu ou maladroit, débutant, novice ou ignorant… Or on devrait pouvoir supporter une certaine quantité d'incertitudes, la vie est ainsi faite. Mais les adeptes du contrôle ne veulent courir aucun risque. Ils veulent dominer la situation avant même d'avoir essayé et n'envisagent pas d'apprendre progressivement, ni de s'entraîner. Ils rêvent d'être immédiatement compétents, comme si on devait savoir nager avant de sauter dans l'eau ! Tal Ben-Shahar, professeur de psychologie à Harvard, dit très joliment : « Il faut apprendre à échouer si on ne veut pas échouer à apprendre »[11] ! La peur de l'échec empêche la découverte et anesthésie la puissance. Cette crainte est souvent alimentée par l'impression que si on commence, on devra aller jusqu'au bout. C'est un

11. Ben-Shahar Tal, *L'Apprentissage de l'imperfection*, Belfond, 2010.

précepte qui trouve peut-être son origine dans notre éducation : « Si tu commences, tu termines ! » Mais toutes les situations ne nécessitent pas cette sévérité, bien au contraire. On peut ébaucher, expérimenter, constater que ce n'est pas fait pour nous et interrompre, sans que cela ne fasse un drame.

La peur de l'inconnu, c'est l'inquiétude d'être bousculé, de perdre une maîtrise bien plus illusoire que réelle et de devoir improviser. C'est la crainte de se rendre compte qu'on est parti avec une valise d'idées inadéquates et de solutions impraticables. La vie est un voyage vers l'inconnu et nos bagages sont lourds d'inutiles remèdes contre maladies, dangers et contretemps invraisemblables. Des dizaines de kilos d'angoisse. Dans ce cas, autant ne pas partir, ne pas explorer, ne pas avancer. Rester dans nos petites habitudes bien sécurisées. Mieux vaut s'ennuyer chez soi que rire ailleurs.

Et après tout, pourquoi pas ? Où est le problème ? En quoi cela nous gâcherait-il la vie de se méfier de l'inconnu ? Pourquoi ne pourrait-on vivre pénard dans son pré carré bien clôturé ? Avec prudence et sans curiosité pour ce qu'on ne connaît pas, pour l'ailleurs et l'aventure ?

Parce que l'inconnu arrive tout seul ! On ne le cherche pas, l'inconnu, c'est demain. C'est l'incertitude même de l'existence, si vaste et si surprenante. Accueillir l'inconnu, c'est s'ouvrir à la vie, l'accepter avec sa part d'imprévu et ses exigences d'adaptation. L'inconnu, c'est être seul quand on était deux, ou deux quand on était seul. L'inconnu, c'est cet enfant qui nous fait parent, cet exil qui nous fait étranger, cette restructuration qui nous fait chômeur, cette maladie qui nous fait invalide ou ce billet qui nous fait millionnaire !

L'inconnu, c'est le mouvement même de la vie, et craindre l'inconnu, c'est s'asseoir sur le frein.

Avant ou après

Le présent n'est pas un passé en puissance,
Il est le moment du choix et de l'action.
SIMONE DE BEAUVOIR

Avant, tout allait mieux, c'est évident. Avant, les gens étaient gentils, les enfants bien élevés, les étés ensoleillés et les hivers blancs. Avant, les chauffeurs de taxi étaient courtois et il y avait de la place pour se garer. Les professeurs savaient enseigner et les parents éduquer. Avant, Noël était féerique, sans pognon ni alcool, on prenait le temps, les voisins s'entraidaient, on pouvait déposer le lait sur le seuil des portes et les gens étaient honnêtes. Avant, les hommes étaient virils et les femmes féminines. Avant, la vie était belle.

Avant quand ? Avant ! Avant que la vie ne devienne difficile. Mais depuis quand tout nous paraît-il si décevant ? Depuis quand la vie nous pèse-t-elle tant ? Depuis que nous devons l'affronter nous-même… Depuis que nous sommes adulte.

Avant, les fêtes de fin d'année étaient merveilleuses parce qu'on ne devait pas les organiser nous-même, on pouvait aller dormir tard, on recevait des cadeaux sans devoir en faire parce qu'on était enfant, le sapin nous paraissait énorme et on ne se rendait pas compte des tensions entre les grandes personnes. Quand on était petit, on se fichait des embouteillages, Papa s'occupait de la sécurité et Maman des fins de mois difficiles, ce n'était vraiment pas notre problème. On ne savait pas que le Prince n'était pas toujours charmant, ni les amis toujours fiables. On pouvait encore rêver et on ne connaissait de la solitude que l'ennui dans sa chambre. La vie des grandes personnes nous paraissait facile, ils nous semblaient libres d'agir à leur guise, on ne percevait pas le poids de leurs responsabilités, ni leurs tourments d'adultes. On n'avait pas vécu la désillusion, la trahison, l'échec amoureux, ni le doute face aux choix qui engagent.

Le monde a évolué, c'est une évidence, mais avec quoi compare-t-on lorsqu'on se persuade qu'avant c'était mieux ? Si certaines conditions de vie se sont dégradées (par exemple la foi en l'avenir d'un jeune de 25 ans dans les années 1950, liée à son pouvoir d'achat et au faible taux de chômage, comparée avec ce que vit un jeune aujourd'hui), bien des situations se sont améliorées. Mais on n'en parle pas dans la presse, si friande de mauvaises nouvelles. Si les Français sont le peuple le plus pessimiste du monde[12], c'est aussi parce qu'ils ingurgitent les synthèses que leur pré-digèrent les médias contemporains, qui les bassinent avec tout ce qui va mal, ici et ailleurs. Mais comment résister à un tel battage dépressif? Comment ne pas croire à la longue qu'effectivement le monde va de mal en pis ? Si les médias cultivent les mauvaises nouvelles, c'est parce que c'est rentable : on les achète, on les lit et on les regarde. On les déguste avec avidité.

Pourquoi provoquent-elles une telle attraction ? C'est ce que nous allons essayer de décoder au fil des pages. « Nous vivons aujourd'hui dans une société où le déplaisir et l'insatisfaction prévalent, expliquent Ansermet et Magistretti, y compris chez ceux qui ne sont pas soumis à une situation pénible (…) dans la réalité. Ce déplaisir inexplicable, c'est le mal de vivre, la dépression, l'anhédonie[13], le fait de ne pouvoir goûter à ce qui est, à ce que l'on a, à ce qui nous entoure. »[14]

Au cours des millions d'années de préhistoire qui ont forgé notre corps et notre système neurophysiologique, support de

12. Enquête de BVA-Gallup International, publiée en décembre 2011.

13. L'anhédonie est l'incapacité à éprouver du plaisir.

14. Ansermet François et magistretti Pierre, *Les Énigmes du plaisir*, Odile Jacob, 2010.

notre psychisme, l'homme a acquis les outils pour faire face *à ce qui l'entourait*. Aucun support médiatique ne l'informait de ce qui se passait ailleurs sur Terre. Il réagissait au danger qu'il percevait directement, se prémunissait tant que possible contre les catastrophes naturelles qui l'affectaient, essayait de parer aux accidents et d'en protéger sa tribu, souffrait au décès de ses proches et tâchait d'intervenir ou de calmer les agressions et les injustices dont il était témoin. Dès que les problèmes se passaient derrière la colline d'en face, il n'était plus au courant et s'en retournait piéger les mammouths.

Nous sommes des Homo Sapiens, mais notre caisse à outils, malgré sa grande plasticité, est-elle à même d'absorber sereinement la somme incalculable de catastrophes dont on nous informe et auxquelles on n'a pas la possibilité de réagir directement ? Quel impact a sur notre psychisme le fait d'apprendre quotidiennement les malheurs du monde ? Les explosions nucléaires, les tsunamis dévastateurs, les tremblements de terre et les famines à l'autre bout de la planète ? Et la crise, qui touche les uns et terrorise les autres ? Les accidents de la route à mille lieues d'ici et la cohorte des blessés et des morts qu'on ne peut ni aider, ni pleurer ? Tout juste peut-on verser quelques euros pour alléger notre conscience, et ensuite ? On est peut-être obsédé par les horreurs qui menacent l'humanité, mais faut-il pour autant s'interdire le plaisir d'être en vie ? Rester tétanisé, culpabilisé, honteux de sa chance ou gêné de son indifférence ? Oui, avant, tout allait mieux, parce qu'on était enfant et qu'on n'était pas au courant.

S'obstiner à croire qu'hier était meilleur qu'aujourd'hui entretient la tristesse d'être né au mauvais moment et de faire partie d'une « génération sacrifiée », alors qu'il y en a eu à toutes les époques, selon les points de repère envisagés. Quand on croit qu'hier c'était mieux, on envisage le présent avec dégoût et le futur avec méfiance. On se gâche la vie à entretenir sa déception et son regard pessimiste sur notre époque, qu'on considère d'un « à quoi bon » désabusé. « Alors vient la nostalgie, explique le psychologue Jean-Claude Liaudet dans son essai *Du bonheur d'être fragile*: ne supportant pas le présent, nous souhaiterions retrouver le passé et ses « vraies valeurs », mais il a fui, et sa restauration ne peut faire qu'illusion; nous aimerions être ailleurs, sous les tropiques, nous n'y sommes que des touristes. »[15]

Cet examen découragé n'a heureusement rien à voir avec la *retromania*, qui devient un vrai mouvement sociétal, un culte du passé qui s'exprime par la vogue du vintage, le nombre de brocanteurs et antiquaires (typiques de notre Europe occidentale), le retour des idoles des années 1960, 70, 80, etc. Face à une société qui devient de plus en plus complexe et qui évolue à folle allure, les gens ont besoin de se réfugier dans quelques valeurs sûres, celles de leur enfance ou de leurs ascendants. Avec l'âge, cette nostalgie du passé s'explique aussi par la mémoire sélective, qui tente d'adoucir les difficultés du quotidien en ne ramenant au souvenir que ce qui était plaisant. Cela me rappelle avec tendresse la dernière phrase d'une mère âgée, consciente qu'elle arrivait au terme de sa vie, qui s'éteignit en disant à sa fille: « Tu sais, ma chérie, quand on regarde sa vie en arrière, la seule chose qui compte vraiment, ce sont tous les petits bonheurs. » Tâchons donc de les multiplier!

Les uns préféraient hier, les autres attendent demain. Entre les deux, aveugle à la beauté du monde, on trimbale sa misère sur le fil du temps, nostalgique d'un passé embelli et dans l'attente d'un futur meilleur.

Parce que, comme on dit aux enfants: ça ira mieux plus tard! Après, ça s'arrangera, Papa l'a dit! On verra demain, ne t'en fais pas et dors bien!

15. Liaudet Jean-Claude, *Du bonheur d'être fragile*, Albin Michel, 2007.

De nombreux adultes vivent en espérant que, plus tard, ils se sentiront mieux. Alors ils font le gros dos, attendent que ça passe et espèrent qu'après, tout cela ne sera qu'un mauvais souvenir. Pour le moment, ils hibernent, l'été viendra. Ils font ce qu'on attend d'eux, ils vivotent gentiment ou tristement, en attendant la vraie vie.

L'impression que le meilleur va venir plus tard nous vient de l'enfance. Petits, nous mesurions la chance de nos aînés comme autant de privilèges qui nous seraient accordés plus tard : se coucher à neuf heures plutôt qu'à sept, rouler à vélo, avoir un téléphone portable, un brin de liberté, un fiancé… Ça viendra, ça viendra… Mais aujourd'hui, nous sommes adultes, faut-il encore attendre ?

Cendrillon n'a d'autre option que de souffrir en passant la serpillière devant ses sœurs qui s'apprêtent pour le bal. Ce conte cumule deux idées douloureuses et tellement humaines : les autres ont plus de chance que moi d'une part, et en attendant que le bonheur vienne frapper à la porte, je ne peux que continuer ma triste vie en rêvant d'un meilleur futur. Cendrillon ne fait rien elle-même pour que sa vie change, elle a besoin de la fée secourable, c'est nettement plus facile ! Même pour retrouver son prince charmant, elle ne bouge pas un orteil ! Nous, pauvres mortels, nous devons nous passer de la citrouille et nous débrouiller seuls. En attendant, on espère : ça ira mieux après.

Mais n'y a-t-il pas toujours un après ? Un après qu'on trimballe de jour en jour, d'année en année ? Qui donne un peu l'impression de vivre dans la salle d'attente d'un bonheur à venir ? Demain, on rase gratis ! Après, quand on aura le temps, on fera enfin ce qu'on veut, on le sait, on se le disait déjà enfant : « Plus tard, quand je serai grand, je serai libre et personne ne me commandera et je ferai comme j'ai envie. » On est adulte maintenant. « Adulte ? Peut-être, mais plus tard ce sera plus facile. Quand j'aurai moins de boulot. Quand j'aurai un amoureux (un jour mon Prince viendra, hé hé !) Quand je serai mariée et que j'aurai des enfants. Je prendrai des vacances quand la maison sera finie. Je voyagerai quand les enfants ne seront plus dans mes pattes. Je rangerai mes armoires quand je serai à la retraite et je me reposerai… quand je serai morte ! Je serai enfin heureuse… »

Espérons, espérons…

L'espoir fait vivre

L'espérance est un de ces remèdes qui ne guérissent pas mais qui permettent de souffrir plus longtemps.
MARCEL ACHARD

J'avais espéré qu'il changerait, me raconte Françoise, 40 ans, accablée par une rupture récente. Je pensais qu'avec le temps il évoluerait, comprendrait les causes de ses blocages, le pourquoi de ses peurs… J'espérais pouvoir l'aider sur ce chemin… On en a tant et tant parlé, je voulais lui transmettre ma conviction qu'un travail sur lui-même lui aurait permis de s'épanouir. J'avais tellement besoin qu'il puisse me rejoindre dans cette compréhension de la vie. Je sentais une grande richesse en lui, un potentiel qui ne demandait qu'à s'épanouir. Je suis si sûre qu'il aurait été plus heureux, mais il n'a jamais montré d'intérêt pour cette voie. J'ai construit sur l'espoir qu'il changerait.

Françoise me rappelle une autre patiente qui par trois fois est repartie dans une relation passionnelle avec un « paumé ». C'est elle qui finissait par les nommer ainsi, ces amants successifs, mais au début de chaque relation, c'étaient des êtres géniaux, sublimes, mais qui revenaient de loin et qui, grâce à elle, allaient quitter la drogue, divorcer de l'alcool, rompre avec la délinquance ou résilier leur abonnement à la misère.

Est-ce à dire que les gens ne changent pas ? Parfois, mais jamais on ne peut le prévoir et d'autant moins quand c'est notre désir et non le leur. Il est donc inévitablement risqué de construire sur cet espoir.

Je pense aussi à cette femme de 30 ans qui noue une nouvelle relation avec un homme de 50 ans, qui a déjà deux enfants adolescents et n'en veut plus, alors qu'elle espère toujours connaître ce grand bonheur. Elle a fait des études et s'est battue pour se faire une place dans le monde professionnel. Les années passent et l'horloge biologique lui rappelle avec intensité qu'il est temps de fonder une famille, mais l'homme qu'elle aime l'a dit : pas d'enfant. Il l'a dit depuis le début, mais de façon ambiguë tant était grande sa peur de perdre cette femme aimée qui redonnait sens à sa vie, et un joli coup de jeunesse. C'est dans cette petite faille que l'espoir va se nicher.

N'espérons pas que l'autre change, nous n'avons pas ce pouvoir. Il fera son chemin s'il le souhaite, s'il est motivé et s'il en est capable. On ne peut se baser que sur le passé et la réalité du présent, pas sur des espoirs d'évolution, pas sur un futur rêvé. C'est avec le présent tel qu'il est qu'on construit l'avenir, et non avec un avenir désiré qu'on peut bien vivre le présent. Ce serait bâtir une maison sur un rayon de soleil…

Il n'est pas mauvais de temps en temps de remettre en question ces petits proverbes sympathiques avec lesquels on clôt une réflexion, pour éviter qu'ils ne continuent à nous servir d'alibis et à nous conforter dans nos choix erronés. « L'espoir fait vivre » est de ceux-là. La suite de la maxime, qu'on connaît moins, devrait nous mettre en garde : « et l'attente fait mourir. »

Combien de fois n'a-t-on entendu cette petite phrase comme un point final tristounet, qui scellait notre destin de pauvre mortel habitué à l'insatisfaction et nos attentes encore et toujours en attente ?

L'espoir fait vivre. Oui, oui, répond l'autre. Et nous voilà partis avec une vague connivence, boiteuse certes mais partagée, sur les chemins grisonnants de notre vie. Ça ira mieux plus tard. Un jour… On attend. On rêve, c'est déjà ça, mais on n'y est pas.

Est-ce que l'espoir nous fait vraiment vivre ? Parfois, me direz-vous, mais de quelle vie, de quelle qualité sont faits ces jours d'espoir, ces jours d'attente ? On comprend évidemment le poids de cette phrase dans certains cas dramatiques, lors, par exemple, de la fugue d'un adolescent qu'on a l'espoir de retrouver rapidement, mais dans nos vies ordinaires, l'espoir ne nous fait pas vraiment vivre une agréable existence. Par essence même, il nous tire vers quelque chose qu'on n'a pas, qui est à venir, du moins c'est ce qu'on voudrait croire. En attendant, que fait-on de ce qu'on a ? « Le plus grand obstacle à la vie est l'attente, qui espère demain et néglige aujourd'hui » disait déjà Sénèque au Ier siècle de notre ère. Comment jouit-on de notre *aujourd'hui* qui est le seul vrai moment où l'on vit, lorsque toutes nos pensées sont focalisées sur demain ? Comment vit-on notre *ici* quand nos rêves nous tirent vers ailleurs où on ne vit pas ?

De la plus exquise manière, Marcel Proust parle de la douleur de l'attente dans *Du côté de chez Swann* : « Ma seule consolation, quand je montais me coucher, était que maman viendrait m'embrasser quand je serais dans mon lit. Mais ce bonsoir durant si peu de temps, que le moment où je l'entendais monter, puis où passait dans le couloir à double porte le bruit de sa robe de jardin en mousseline bleue, à laquelle pendait des petits cordons de paille tressée, était pour moi un douloureux moment. Il annonçait celui qui allait suivre, où elle m'aurait quitté, où elle serait redescendue. De sorte que le bonsoir que j'aimais tant, j'en arrivais à souhaiter qu'il vînt le plus tard possible, à ce que se prolongeât le temps de répit où maman n'était pas encore venue. »

Espérer c'est être ailleurs, espérer c'est être demain, espérer c'est aimer ce qu'on n'a pas, au détriment parfois de ce qu'on a vraiment, même imparfait. Il ne s'agit pas, comme le suggère une lecture simplifiée du bouddhisme, de supprimer les désirs : si on ne désire rien, on ne souffre pas de l'absence de l'objet de son désir. On est dans l'instant, dans l'être calme et satisfait, etc. Tentation pour certains, c'est une voie paisible, mais ce n'est pas ce à quoi mes propos invitent. Le désir fait partie de la vie, il est beau et sain. Le désir est une excitation vivante qui nous meut et nous émeut, qui est le moteur de bien des changements, qui nous tire vers l'avant, nous nourrit de joie, de force et de créativité. Désirer implique le mouvement, tandis qu'espérer signifie l'attente. Une forme discrète de souffrance passive. Aimer ce qui n'est pas. Se nourrir de vide…

Non, bien souvent l'espoir ne fait pas vivre, au contraire, il nous empêche de vivre ce qui est, la vie comme elle va, avec ses imperfections certes, mais aussi son potentiel d'amélioration.

Espérer c'est regarder ailleurs, c'est dire à aujourd'hui « je préfère demain ».

Espérer c'est le pendant de regretter, qui dit « je préférais hier ».

Dans un domaine particulièrement douloureux, celui de la fin de vie, quand l'être aimé se dégrade irrémédiablement, lorsqu'il n'y a plus de remède, plus de place pour une espérance de guérison fondée, l'espoir plus que jamais nous emmène ailleurs et cruellement nous empêche de vivre en vérité les jours qui sont comptés. On parle d'amélioration (qu'on ne voit honnêtement pas), on parle de demain (qu'on sait impossible), on triche avec espoir, on ment avec amour et on passe à côté de la rencontre vraie, intense et d'autant plus précieuse qu'elle est précaire. L'espoir entretenu d'un demain meilleur empêche de vivre avec justesse un aujourd'hui fragile et fugace. Je parle de l'espoir qu'on porte sur l'être aimé, l'espoir qui aveugle, qui ne laisse plus de place à la franchise dans la relation, qui bien souvent muselle le malade qui souhaiterait être entendu dans sa vérité, reconnu dans sa souffrance et dans son découragement.

Autre chose est l'espoir-désir de vivre, désir de guérir, qui stimule le malade *lui-même* et qui lui donne encore cet élan vital et essentiel, fragile passerelle vers une rémission de moins en moins possible. Dans ce cas bien sûr, nos encouragements sont bienfaisants. Ils lèvent les doutes, apaisent la douleur et soutiennent la rage de vivre, parce qu'ils s'accordent avec l'espoir du malade, vécu en vérité.

Si on n'est pas concerné par cette douleur immense, au creux de notre vie somme toute assez banale, avec ses hauts et ses bas, et ces petites misères fort communes, apprenons à jouir de nos bonheurs imparfaits plutôt que d'attendre des lendemains qui chanteront, peut-être… Peut-être pas…

Comme Tom Hanks, perdu sur son île déserte, qui chaque matin visitait la plage, apprenons à faire avec ce que la marée nous apporte, à mettre la table du jour avec les moyens du bord, mais avec joliesse et créativité. Avec plaisir tout simplement.

Il se moque de moi

La patience est une vertu qu'on apprécie
chez l'automobiliste qui nous suit,
et que l'on méprise chez celui qui nous précède.
ANONYME

Il est une forme de nombrilisme assez amer qui consiste à croire que les actions désagréables des autres s'adressent à nous. Il suffit de se persuader que celui dont le comportement nous déplaît le sait et poursuit néanmoins son action, dans le but de nous énerver et de se moquer de nous.

On rencontre trois types d'attitudes, très liées à la personnalité des gêneurs :

- Lorsqu'on exprime clairement son désagrément, on observe des personnes qui s'arrêtent immédiatement en s'excusant d'avoir été importunes, elles ne s'en rendaient pas compte et ne recommenceront plus. Elles sont parfois assez culpabilisées et on se sent embarrassé de percevoir leur désarroi. On aurait été mieux inspiré de s'exprimer plus tôt et sans énervement. Elles ne vont pas nécessairement reculer ou changer d'avis, mais ce sont des personnes de bonne volonté, avec lesquelles la négociation est possible, et on peut trouver un bon compromis. Ce sont les personnalités les plus fréquentes.
- La deuxième catégorie, un peu moins nombreuse, comprend les gens qui s'en fichent, ils agissent comme ils ont toujours agi et n'envisagent pas de changer d'un iota. Si ça nous dérange, on n'a qu'à aller voir ailleurs s'ils n'y sont pas ! Ils persistent dans leurs comportements, mais ne se moquent pas vraiment de nous, ils n'en ont cure. Ils n'y pensent même pas, ils ne pensent qu'à eux. Ils ne s'inscrivent pas dans la relation, se comportent comme s'ils étaient seuls au monde et se portent très bien comme cela, pour notre plus grand désagrément. La négociation n'est pas possible, ils poursuivent leur route. Le seul vrai reproche qu'on pourrait leur faire, en vain malheureusement, c'est leur égocentrisme aveugle.
- Plus rares, les gens qui se moquent vraiment de nous sont les troisièmes. Lorsqu'on s'explique, ils redoublent de zèle dans les comportements qui nous gênent, pour ne surtout pas avoir l'impression de se laisser asservir par autrui, pour que personne ne gouverne leur vie, parce que s'adapter, ce serait se soumettre ! Comme ils sont incapables de faire amende honorable comme les premiers, ni de passer leur chemin comme

les deuxièmes, ils ne peuvent qu'agresser pour ne pas se sentir agressés. Ils savent qu'ils nous ennuient et c'est pour cela qu'ils continuent. Ils sont agaçants, provocants, voire menaçants. Plus on s'exprime, plus on s'enfonce. Plus on cherche à se faire respecter, plus on leur donne des arguments pour nous contrer. Leur but est de garder la maîtrise de la relation pour ne pas se sentir contrôlés eux-mêmes. C'est sans fin et cela risque de mener vers une escalade symétrique d'agressions croisées.

On rencontre les mêmes comportements partout. Si vous avez déjà pris l'avion, observez l'embarquement des passagers par exemple : il y a une majorité de gens attentifs et de bonne volonté, qui s'installent vite et s'attellent à ne pas gêner les autres, ils correspondent à la première catégorie.

Mais il y a toujours des gens qui dérangent. Ceux de la deuxième catégorie s'installent tout à leur aise, prennent leur temps pour plier leurs vêtements et les ranger dans les compartiments à bagage, sans inquiétude pour la file qui se forme derrière eux. Ils n'y prêtent aucune attention et s'ils en ont conscience, ils n'y voient aucun problème. Ils vivent tranquillement leur petite vie, sans aucun souci des autres.

Ceux de la troisième catégorie, en revanche, le savent et en jouissent. Ils s'étalent à l'aise et vivent un savoureux moment d'importance, grâce au blocage qu'ils occasionnent. Ils se délectent de leur petit moment de puissance ! Pour eux, exister c'est importuner. Heureusement qu'ils sont peu nombreux !

Les mêmes comportements tendancieux s'observent dans la foule, le trafic, les files, les attentes aux comptoirs et toute autre situation où la frontière entre les territoires mutuels est sujette à interprétation et débordement.

Quoi qu'il en soit, pour continuer à imaginer que tout le monde se moque de nous et que nous sommes abonnés à la malchance, évitons surtout d'analyser notre participation, fût-elle passive, à notre propre malheur. Aussi paradoxal cela semble-t-il à première lecture, il est souvent plus confortable de persister à croire qu'on est victime. Cet avantage n'a pas échappé à la masse, qui en a fait un sport national. « Alors que notre société prône le culte du gagnant, la figure de la victime en est arrivée à occuper celle du héros. La médiatisation des catastrophes a révélé que l'unanimité compassionnelle était en train de devenir l'ultime expression du lien social. Et les demandes de réparation auprès des psychiatres et des juristes sont sans fin. Jusqu'où irons-nous dans cette "victimisation" généralisée ? » [16]

Pour compenser la tendance à la passion de la performance, on crée une société où le héros n'est plus le fort, le vainqueur qui surmonte les difficultés et vainc les obstacles, mais au contraire, la victime, celle qui échoue, qui peine et qui est dépassée. Autrefois, les victimes avaient honte de leur condition. Aujourd'hui la reconnaissance de ce statut est devenue un enjeu, donnant naissance à une nouvelle catégorie sociale, qui passe à la télé ! Il ne s'agit pas de balayer toute compassion, mais plutôt d'éviter les abus et les risques que ce renversement fait courir à la société et à la démocratie. Cette apologie des victimes ne sert ni les victimes, ni la société.

Les vraies victimes sont rares. Les enfants le sont, jusqu'à un certain âge. Quel âge ? Cela dépend de tant de facteurs, c'est tellement complexe. Les adultes qui ont vécu un accident, un drame ou une cruauté imprévisible et inévitable aussi, mais où commencent l'irresponsabilité, la négligence, l'aveuglement ou la complaisance ? Impossible de définir en quelques lignes ce qu'est une vraie victime et je souhaite que mes propos ne blessent personne. Ce qui compte, quoi que vous ayez vécu, c'est de reprendre votre vie en main.

16. Eliacheff Caroline et Soulez Larivière Daniel, *Le Temps des victimes*, Albin Michel, 2006.

Le statut de la victime, qui croit qu'elle est victime, offre une illusion de confort : pas de culpabilité puisque ce n'est pas sa faute, pas de responsabilité puisqu'elle ne peut rien y faire, et de la compassion de la part des amis. Les forums de victimes pullulent sur Internet. On y trouve les raisons de sa malchance, on a sous la main une explication facile qui absorbe et camoufle un mal de vivre beaucoup plus profond dont on choisit ainsi de ne pas s'occuper.

Mais tant qu'à se sentir victime, jouissons-en au moins ! Profitons à fond des avantages du statut ! Si on en a les inconvénients, évidents, soyons conscients au moins des bénéfices ! Reconnaissons par exemple que la tristesse ou la rage qui nous étreint pourrait constituer un ersatz de plaisir, qui nous rappelle peut-être une émotion qui vient de loin… N'y aurait-il pas dans cette frustration une impression de *déjà vécu* ? Une petite madeleine au goût amer qui nous rappelle que la vie est toujours pareille et se répète ? On peut alors en conclure que ce qu'on a vécu jadis était assez normal puisque, adulte, on retrouve la même dynamique ! On est à sa place, sa place habituelle, celle de la pauvre victime qui subit l'injustice du monde. Sale petite madeleine !

Mythes indéboulonnables

Car les mythes sont à la religion
ce que la poésie est à la vérité,
des masques ridicules posés sur la passion de vivre.
ALBERT CAMUS

Chaque famille a ses mythes. Des rituels répétés au fil du temps, des traditions qu'on pense intangibles. Les uns délicieux et réjouissants, les autres mortifères, de ceux qu'on fait durer jusqu'à l'avarie, qui assèchent les bonnes volontés et tarissent les patiences. La barre est suffisamment haute pour que l'échec soit assuré, mais le mythe est maintenu. On s'obstine à croire que ça pourrait marcher, que la prochaine fois ça ira mieux. On recommence éternellement en espérant quelque chose qui ne vient jamais. On a alors sous la main tous les arguments pour culpabiliser ceux qui ne s'y moulent pas et gâcher le peu de plaisir qu'ont ceux qui, dignement, tâchent d'y adhérer.

Il existe de nombreuses habitudes usées mais intouchables, à hauteur des ambitions personnelles et familiales des protagonistes. Nous avons déjà évoqué le mythe des jolis Noëls en famille (qui sont parfois jolis dans les jolies familles, heureusement), mais il en est un, tout simple, qui empoisonne au quotidien de nombreux foyers : le sempiternel dîner familial, tous ensemble autour de la table !

On espère que le petit de 4 ans va manger sans en mettre partout et que les enfants ne vont pas nous interrompre ou se disputer, qu'ils aiment tous les choux de Bruxelles ou le foie de veau et que Papa va rentrer à l'heure. On va tous avoir faim en même temps et, si ce n'est pas le cas, on attendra gentiment, sans ennuyer Maman, qui n'est pas stressée dans sa cuisine, qui est disponible d'une main pour les devoirs et de l'autre pour le bain du petit, même si Grand-Mère radote au téléphone. Maman va cuisiner un repas délicieux et équilibré que tout le monde aimera, bien sûr. Et si ce n'est pas le cas, on le mangera quand même sans ronchonner, parce qu'il faut apprendre à aimer et au moins goûter sans faire de chichis. Les enfants débarrasseront spontanément la table et donneront un coup de main à Maman quand elle le demandera. Papa et Maman se retrouveront avec plaisir et seront heureux d'avoir leur famille réunie autour d'eux. C'est un moment convivial, chacun raconte un peu sa journée, c'est intéressant. On aime voir ses parents heureux et détendus, on rit de bon cœur et si le petit renverse sa soupe, ce n'est pas grave, le grand va l'aider et, de toute façon, c'est une nappe anti-tache. Après ce chaleureux moment de retrouvailles, la famille vaque à ses occupations, satisfaite et apaisée.

Ce n'est pas comme ça chez vous ? Oh ! Chez vous, les enfants se disputent à table et Papa rentre en retard ? Et c'est la croix et la bannière pour faire patienter les affamés, parce qu'on attend Papa pour manger, un point c'est tout ? Chez vous, les enfants n'ont pas faim parce qu'ils ont avalé des tartines au choco à 4 heures ou qu'ils détestent les légumes ? Chez vous, ça foire un peu ? Ce n'est pas grave, recommencez, demain ça ira mieux ! Dîner tous ensemble en famille avec des petits enfants, c'est merveilleux ! En tout cas, c'est ce qu'on dit… Chez les autres, il paraît que ça marche… À la longue…

Il y a bien d'autres traditions qui nous empoisonnent la vie, vous trouverez certainement les vôtres, je vous fais confiance. Je vous en cite quelques-unes, au gré de ce que j'entends autour de moi : « Mes enfants seront universitaires », c'est pas mal pour laminer la confiance de celui qui choisit la mécanique ou la danse. « Tu dois honorer tes parents » fait des ravages dans les familles alcoolisées, perverses ou violentes. En puériculture, on a « Il faut mettre les bébés à la crèche dès 3 mois pour qu'ils apprennent à se socialiser », j'en ai déjà parlé. Le vôtre est toujours malade et il pleure beaucoup ? C'est curieux, il est censé se faire des copains pourtant. « Il faut mettre ses enfants dans les meilleures écoles dès la maternelle, c'est tout leur avenir qui est en jeu », même si ladite excellente école est à l'autre bout de la ville, embouteillages et métro, on s'en fiche, parents tendus et enfants crevés, on en rit ! Un petit rigolo auquel on tient fort : « Mets tes pantoufles, sinon tu vas attraper un rhume ! », alors que c'est nous qui nous sentons inconfortables à regarder nos enfants courir pieds nus ! Comme si on attrapait les rhumes par les pieds ! C'est juste destiné à enquiquiner nos enfants, à exercer un pouvoir supplémentaire sur eux sans aucun fondement

Ex : Mythe de "Noël" en famille

véritable, alors qu'il y a tant d'endroits où l'on devrait agir avec plus de justesse.

Aucun de ces mythes n'est obligatoire, et si, malgré de nombreux essais, on n'obtient pas ce dont on rêve, c'est que les exigences ne sont pas appropriées. Changeons notre fusil d'épaule, créons des alternatives, retrouvons souplesse et inventivité.

Clôturons avec ces jolis mythes le tour d'horizon de quelques idées fausses et nuisibles qui nous gâchent la vie, pour nous pencher sur l'art de souffrir en silence et de ne surtout rien y changer.

→ 6 cellule familiale repose sur le mythe de l'apparence reine et toute puissante.
Il suffit d'y paraître (ex : maître dans cette cellule) il suffit d'apparaître et aussi : cela suffit... (aucun ne était + q' ça)
+ q' quoi ? Une image qui sauve une construction vraisemblable autour d' projet parental (1 famille heureuse, aimante entre ses membres, brillante : une famille qui réussi, et cela quoi qu'il arrive)
Semblant - 1 semblant de famille, 1 semblant d'Amour, 1 semblant de grandeur partout.

Chapitre 2
Immobilisme têtu et attentes vaines

Elle marchait, et si elle marchait c'était parce que l'âme, lorsque l'inquiétude la travaille, exige le mouvement, ne peut tenir en place, car lorsqu'elle se tient immobile la douleur se fait terrible.

MILAN KUNDERA

L'obstination prend des formes discrètes lorsqu'elle se traduit par une résignation figée, un attentisme inutile, un espoir vain ou une paralysie têtue. Rien ne bouge, aucune action en vue, on se cramponne en silence, on attend un déclic qui ne vient pas, on n'ose pas essayer, on subit sans agir, on se baratine pour se justifier de ne rien faire, on remet constamment tout en question sans jamais rien décider, on se vautre dans la paresse, on se met des bâtons dans les roues, on refuse la moindre prise de risque, on vit en sous-régime, on remet toujours à plus tard, on croit dépendre et on se coince, bref, on a toutes sortes de bonnes raisons de ne rien changer à sa misère. L'immobilisme ou la résistance qui nous nuisent s'opèrent bien souvent à notre insu. Pas toujours involontairement ni inconsciemment, mais disons… subconsciemment. Ce chapitre est une invitation à en prendre conscience.

La bernique

La résistance est le péché de l'intelligence.
Sôren Kierkegaard

Vous connaissez tous ces petits crustacés coniques très solidement accrochés aux rochers et aux coques des bateaux. Ce sont les berniques, comme les nomment les Bretons. Ils sont battus par les flots, supportent les courants froids autant que les tempêtes, sans broncher. Ce sont de petits êtres obstinés, qui s'accrochent de toutes leurs forces et ne bougent pas, c'est leur manière de vivre : résister pour exister. Ils ne peuvent faire autrement. Nous, si. Mais nous jouons parfois à la bernique. Nous aussi, nous pouvons rester accrochés, contre vents et marées, à notre inconfort, nos idées, nos symptômes, nos certitudes ou nos principes. C'est comme ça et pas autrement. Ne rien entendre, ça perturberait. Ne pas réfléchir, ça affaiblirait.

La bernique est le symbole de l'immobilisme obstiné. La bernique résiste avec entêtement, ou subit avec résignation, c'est à peu près pareil.

On fait la bernique :

- quand on se dit qu'on ne va quand même pas laisser ce jeunot nous expliquer comment le monde fonctionne, que ce n'est pas à un vieux singe qu'on apprend à faire des grimaces. On sait, nous !
- quand, vieux singe, on met ses mains sur les yeux, sur les oreilles, mais pas toujours sur la bouche !

- quand on ne perd pas son précieux temps en discussion, quand on ne fait pas de compromis, on ne se remet pas en question, on ne va quand même pas dire amen à tout !
- quand on subit en silence, sans agir et sans bouger.
- quand on écoute sans écouter, quand on réfléchit sans réfléchir, quand on croit changer sans vraiment changer.
- quand on se plaint pour se plaindre, pour qu'on fasse attention à nous et qu'on refuse d'envisager le moindre changement.
- quand on est convaincu d'avoir raison, contre tout bon sens.
- quand on résiste à l'idée même de penser autrement, quand on refuse d'examiner les pensées d'autrui.
- quand on hésite éternellement, sans jamais rien décider.
- quand on s'arrange pour que les portes soient fermées, qu'on ne puisse voir la lumière, ni entendre le chant des hommes…

Il n'y a rien de mal à faire la bernique. Tout le monde se fiche des berniques. Elles vivent parmi les moules, bien campées sur leur rocher. Elles ne bougent pas, ne choisissent pas, n'explorent pas, ne créent pas, elles sont figées. Tant pis pour les berniques. Elles n'avaient qu'à pas. Nous, on peut.

On peut changer d'avis, on peut réfléchir, on peut évoluer, on peut agir. Parfois on essaye, on dit oui, mais…

Oui mais…

La réalité, quelle qu'elle soit,
est bien plus belle que l'illusion…
Sacha Guitry

« Tu veux bien ranger ta chambre ? » « Oui mais je termine d'abord mon jeu. » Ce *oui mais* là, on le connaît, on sait combien il est proche du non !

Mais celui qu'on se dit à soi-même, bien au chaud dans les profondeurs de nos petits dialogues intérieurs ?

– Tu vas t'y mettre ?
– Oui mais pas pour le moment.
– Tu sais pourtant ce que tu devrais faire ?
– Oui mais c'est difficile.
– Commence déjà.
– Oui mais pas tout de suite.

Ou bien, lorsqu'on doit annoncer quelque chose à quelqu'un :
– Bon, tu vas le lui dire ?
– Oui mais j'ose pas…
– Mais tu sais bien que tu n'as rien à craindre !
– Oui mais il me fait peur…
– Allez, vas-y, c'est le moment !
– Oui mais je suis pas sûre…

On y pense, on va le faire, on s'en donne l'illusion, on voudrait bien, mais on n'ose pas, on ne le fait pas, on ne s'y met jamais et on reste encore et encore assis sur son rocher à subir la marée. Parce que « oui mais = non ».

On se berce d'illusions et de fausses promesses, on joue à faire comme si on voulait, mais en fait, on ne veut pas vraiment. Ce n'est pas encore le moment d'agir, on n'est pas allé au fond de sa frustration, on n'est pas convaincu qu'on doit changer. On résiste à tous les arguments, on pense qu'on ne peut pas y arriver et qu'on n'a d'autre solution que de subir ou de se résigner.

Un collègue bienveillant nous montre une piste qui résoudrait peut-être notre problème ? Oui mais on ne l'écoute pas vraiment, on conteste trop vite et on évacue l'option.

Un ami nous pousse à réfléchir autrement et à agir ? Oui mais c'est trop dangereux, on devrait bouger, sortir de nos certitudes, de nos schémas de pensée, aller vers un terrain inconnu, risqué, fatiguant, et on reste au chaud à couver nos convictions.

Quelqu'un éclaire la situation d'une idée nouvelle, un autre angle de vue ? Oui mais on a chaque fois des contre-arguments, comme si on avait déjà tout examiné et qu'on savait qu'on était enfermé, sans solution, à vie.

Avec *oui mais*, nous éliminons les solutions imparfaites, les pistes originales, les voies innovantes et les propositions créatives qui nous demanderaient de nous mouiller, d'accepter de lâcher un peu de lest, d'envisager des aménagements auxquels nous n'avions pas pensé, qui comportent quelques défauts peut-être, mais qui sont possibles ! On préfère les solutions faciles, celles qui commencent par un déclic, celles qui ne font pas mal ou celles qui n'ont aucun inconvénient…

Frédéric, la cinquantaine bien établie, vit une relation amoureuse très perturbée. Sa compagne exige plus qu'il ne peut donner. Elle veut absolument qu'ils vivent ensemble et fondent une famille. Frédéric n'en veut plus, « il a assez donné », il ne souhaite qu'une chose : une relation agréable, sans prise de tête, où chacun garde son territoire propre, ce qui n'empêche pas de partager de nombreux moments de plaisir et d'entraide. Mais l'intensité des retrouvailles après les dizaines de ruptures qui ont émaillé leur relation lui fait chaque fois douter de sa décision d'y mettre fin. Quelques jours.

Bien vite sa compagne regagne du terrain, refait des projets, prend des décisions qui les impliquent tous les deux et Frédéric se sent à nouveau pris au piège. Il n'arrive pas à poser les limites, il dit oui mais pense non, et cette ambiguïté suffit à son amie pour s'engouffrer dans de convaincants discours et autres plans sur la comète. Jusqu'à ce que Frédéric n'en puisse plus et rompe définitivement. Quelques jours.

Sa compagne, dans d'intenses souffrances, le bombarde alors de messages jusqu'à usure de sa faible résistance, comme s'il n'attendait que cela, tout en affirmant le contraire. Il ne supporte pas qu'elle ait mal, se sent coupable et le cycle recommence.

Cette histoire, si douloureuse et si humaine à la fois, illustre la difficulté de prendre une vraie décision. Frédéric dit *oui mais*, il ne se décide pas (enfin, à ses yeux, il se décide chaque semaine) parce qu'il a besoin d'être sûr. Sûr de ne pas se tromper, de ne pas le regretter ensuite et de ne pas faire mal à son amie. Ces certitudes, il ne les aura jamais. Et paradoxalement, il fait bien plus souffrir sa compagne et lui-même aussi, en distillant le supplice dans la durée, interminablement, plutôt qu'en tranchant une fois pour toutes : en rompant vraiment ou en s'engageant vraiment…

En matière humaine, il est rare de se trouver face à une décision exempte de la moindre incertitude. Les situations existentielles sont toujours complexes, il y a souvent des zones d'ombre, des désagréments ou un prix à payer, ainsi va la vie. On ne peut jamais éliminer complètement le doute, si ce n'est de manière illusoire. Le doute fait partie de l'existence humaine. Il faut avancer malgré le doute.

Alors, plutôt que d'en faire un empêchement irrémédiable, l'acceptation de sa présence normale en réduit considérablement la portée. Ce n'est plus un frein, ni une source de culpabilité. Au lieu de considérer le doute comme un brouillard qui obscurcit la vue et empêche les décisions, on le met dans un petit cartable avec lequel on chemine. On sait qu'il y a une part d'incertitude, mais elle est là, à sa place dans notre mallette qui pèse juste le poids de l'impondérable.

Il existe, en revanche, en particulier dans notre vieille Europe qui apprécie le ferment de l'esprit critique, une dérive intellectuelle qui porte le doute aux nues et fait du « Oui mais » le mécanisme d'une dissertation plus méprisante qu'innovante.

Certaines personnes sont incapables d'approuver simplement une idée. Leur liberté d'esprit n'est plus une forme de vigilance en éveil qui secouerait les affirmations pour en faire tomber les approximations, elle devient au contraire un mécanisme automatique de contestation de toute idée, par principe. « La passion critique qui avait pour fonction de délivrer l'individu des préjugés est devenue le préjugé le mieux partagé, dénonce encore Pascal Bruckner. Mais au-delà d'un certain seuil de vigilance, la raison se transforme en scepticisme destructeur. Quand le doute devient notre seule foi, il met à dénigrer toute l'énergie que mettait la foi jadis à vénérer. »[17] Ces sceptiques se font l'avocat du diable et dénigrent systématiquement, ce qui empêche l'avancée du moindre débat. Leur esprit critique n'est plus une émulation mais un frein aux idées nouvelles.

Laisser pourrir

Si tu ne peux venir à bout de tout,
ce n'est pas une raison pour abandonner tout.
Proverbe arabe

Alexia a l'art de laisser les situations pourrir, à croire qu'elle en tire une certaine jouissance ! Elle répond tard à ses mails, écoute rarement les messages laissés sur son répondeur et ne lit pas ses textos. Or ces moyens de communication sont indispensables à sa profession, d'autant plus qu'elle invite ses clients à les utiliser. « Bonjour, vous êtes bien au bureau d'Alexia, je ne suis pas disponible pour le moment, mais laissez-moi un message », mais ils restent fréquemment sans suite. « Je vous envoie le dossier fin de semaine », mais dix jours plus

17. Bruckner Pascal, *La Tyrannie de la pénitence, Essai sur le masochisme occidental*, Grasset, 2006.

tard, toujours rien en vue. On tâche de l'appeler directement, mais elle est bien souvent aux abonnés absents. Le ton monte, les messages sont de plus en plus agacés et subitement, comme l'invitée qu'on n'attendait plus, elle se manifeste in extremis avec quelques gentilles explications dont elle dit elle-même qu'elles n'excusent rien, mais rodée par l'expérience, elle rattrape la sauce en quelques propos anesthésiants.

C'est « l'effet bombe à retardement ». On laisse une situation se détériorer, on entend le tic-tic qui annonce l'explosion et au dernier moment, on fonce comme un héros pour désamorcer la bombe. Plus longtemps on laisse brûler la mèche, plus le sauvetage est excitant. On devient pompier de son propre incendie ! C'est comme une drogue, on a besoin de sa petite dose d'adrénaline. Faire gentiment son travail dans les délais est définitivement trop fade. On se shoote à l'illusion d'être indispensable en rattrapant les catastrophes qu'on a soi-même créées, mais à force de tirer sur la corde, vient un jour où elle se rompt et la bombe nous explose en plein visage. Tout n'est pas réversible ni rattrapable, le client, le conjoint ou l'ami en a assez. Le charme n'adoucit plus l'irrespect, les excuses sont usées et l'efficacité de dernière minute n'efface plus l'exaspération ni les délais dépassés, bye bye !

Avec le même scénario, il est aussi possible de se gâcher la santé, ce n'est pas difficile. On se contente de « malbouffer », de trop travailler, de rester assis devant son bureau toute la sainte journée ou bien de courir comme un fou poursuivi par le stress, de boire, de fumer, etc. Tout le monde connaît la formule : il suffit de ne pas entendre les signaux d'alarme que le corps nous envoie. On évite tous les dépistages, on ne se pèse jamais, on ne prend pas sa tension, on joue à l'aveugle à rendre jalouse une autruche et on ne réfléchit surtout pas au caractère irréversible de certaines dégradations, ça nous ferait peur et ça gâcherait le barbecue.

« L'effet boomerang » est une version plus ludique : il s'agit d'envoyer valser les problèmes ailleurs en faisant semblant d'ignorer qu'ils nous reviendront un jour ou l'autre. Payer les factures de ces fichues administrations ? Et pourquoi donc ? Lire les rappels et les mises en demeure ? Trop énervant... Et un jour, les huissiers sont devant la porte, c'est trop injuste !

Ne pas dire, ne pas agir, ne pas chercher de solution, même partielle, sont autant de stratagèmes passifs qui ne font que repousser le problème, avec en prime l'aggravation liée au temps qui passe. Laisser pourrir une situation revient à s'obstiner dans un aveuglement passif, immobile, vain et souvent dangereux.

Attendre l'aval de l'autre

Aucun être ne peut en sauver un autre.
Il faut se sauver soi-même.
HERMAN MELVILLE

Ô que c'est agréable de se sentir approuvé ! Ce besoin a été un élément moteur de grande importance durant toute notre enfance : plaire à nos parents, être encouragé par l'institutrice ou soutenue par nos copines. Les petites filles en particulier sont sensibles au regard des autres. La période œdipienne des filles est plus complexe que celle des garçons, ce qui explique un plus grand besoin d'être approuvées et de se rassurer les unes les autres.[18] La cour de récréation bruisse de leurs jeux compliqués : « T'es mon amie, t'es plus mon amie, tu sais ce qu'elle a dit de toi ? Elle, je ne l'aime plus, c'est de nouveau toi mon amie », les

18. J'ai longuement expliqué cette période dans *La Manipulation ordinaire*, pages 213 à 217.

fillettes rompent, recollent, éloignent les rivales, manœuvrent et se rassurent. Pendant ce temps, la plupart des garçons se battent ou rigolent. Ils aiment être admirés, adorent être des héros, mais il s'agit plus du plaisir d'être le plus fort que du besoin d'obtenir l'approbation des autres.

À l'âge adulte, cette différence se fait toujours sentir. Est-ce vraiment l'apanage des femmes ? Est-ce psychologique, éducatif, culturel ou génétique ? Peu importe finalement. Attendre l'aval de l'autre reste pour beaucoup d'entre nous une excellente façon de ne pas bouger et d'en faire porter la responsabilité à l'autre. Ne pas assumer complètement son désir, souhaiter qu'il soit partagé, vouloir décider et agir avec l'autre, voilà le problème.

Je dois absolument faire un grand nettoyage de la maison, il n'y a plus de place pour quoi que ce soit. On entasse et on ne s'y retrouve plus. Le problème, c'est qu'il faut commencer par le garage, qui est plein à ras bord, il faut évacuer et trier afin de faire de la place pour le reste. Il faut décider quoi faire de ce qui s'y trouve. En ce qui me concerne, il n'y a plus grand-chose qui m'intéresse, on s'en passe depuis des années. Mais je veux que mon mari et moi on se mette d'accord. Il dit qu'il s'en fiche, qu'on peut tout bazarder, mais ça ne va pas ! C'est trop simple, je veux qu'il fasse ce nettoyage avec moi. Je veux au moins qu'il regarde et décide avec moi ce qu'on fait de chaque objet. Le problème, c'est qu'il rentre tard, il est souvent fatigué et le week-end, il fait du sport ou se repose. Et puis il s'occupe un peu des enfants et du jardin. Il n'a pas vraiment le temps, j'en suis consciente, et il ne me contrariera pas, il est gentil, mais je veux qu'on s'entende. Je veux qu'il soit d'accord avec moi. J'en ai marre de ce bazar qui encombre toute la maison et nous paralyse… Cinq ans que ça dure !

Bon courage Madame, on se retrouve l'année prochaine ?

Gérard et Colette ont décidé de se séparer. Ils ont un petit garçon de 10 ans et Colette retarde sans cesse le moment de lui annoncer le divorce, car qu'elle attend que son mari la soutienne dans cette démarche difficile. Elle voudrait qu'ils en parlent ensemble à leur fils, mais Gérard vit ce départ comme une trahison et n'a aucune envie de s'adapter au désir de sa femme. « C'est elle qui veut le divorce ? Et bien qu'elle assume ! » Colette se rend bien compte qu'en tardant à parler à l'enfant, elle va finir par le mettre devant le fait accompli sans qu'il puisse s'y préparer. Prendre la décision de la séparation était le maximum qu'elle se sentait capable d'assumer seule, mais pour tout ce qui concerne leur fils, elle ne peut se passer de l'aval de son mari. En attendant, l'enfant souffre d'une tension familiale énorme qu'il ne comprend pas, ce que Colette interprète comme les conséquences de la fuite de son mari.

Quelques mois plus tard, la situation perdure en se déplaçant sur d'autres supports : Colette et Gérard vivent séparés, l'enfant est en garde alternée, mais tout semble paralysé. Bien que libérée de son mari, Colette ne l'est pas de son besoin d'être soutenue et approuvée. Elle ne prend aucune décision pour améliorer le quotidien de son fils sans l'aval du père, et Gérard tient là la preuve qu'il souhaitait : à ses yeux, sa femme est une gamine qui ne sait pas se débrouiller sans lui…

Le supplice de l'écartèlement

Ce que nous appelons angoisse est toujours en relation avec un passé qui n'est plus et un futur qui n'est pas encore.
KARLFRIED DÜRKHEIM

J'aime passionnément mon amie, raconte Margot, homosexuelle de 30 ans, et je me sens vraiment bien en sa compa-

gnie, mais je ne me décide pas à vivre avec elle. Je me sens super angoissée. J'aime beaucoup mes parents. Ma mère est tout pour moi. Ils sont formidables, je n'ai rien à leur reprocher, ils m'accueillent à bras ouverts chaque fois que je séjourne chez eux. Je m'y rends sans mon amie, je ne veux pas leur faire ça. Ils ne pourraient pas l'accepter. Ils disent qu'ils souhaitent mon bonheur et qu'ils voient bien que je ne suis pas heureuse dans mon homosexualité. Ils m'expliquent que ça va passer, qu'il faudrait juste que je regarde un peu les hommes. Ils ne comprennent rien, mais ce n'est pas leur faute. Je les adore. Je ne veux pas leur faire de mal, alors je ne réponds rien, je ne leur raconte rien. Je redeviens leur petite fille, celle qu'ils aiment. Mais après quelques jours, mon amie me manque terriblement et je retourne auprès d'elle. Elle souhaiterait rencontrer mes parents, elle pense que s'ils nous voient heureuses ensemble, ça les rassurera, mais je ne veux pas, ce serait trop dur pour eux. Ils savent que je préfère les femmes, mais je crois que c'est plus facile pour mes parents de ne pas le voir. Mon amie souffre, mes parents souffrent et finalement moi aussi je souffre…

Margot ne veut rien perdre, mais malheureusement ce non-choix l'amène malgré elle à ne rien gagner et à ne rien vivre. Incapable de choisir, elle est figée d'angoisse. Son combat est double : à l'avant-plan, il est évident qu'elle est écartelée entre sa compagne et ses parents. Elle les aime et ne veut déplaire à personne. C'est précisément ce souhait – ne pas déplaire – qui l'angoisse, parce qu'il cache, à l'arrière-plan, un autre combat, plus intime et moins conscient, qu'elle se refuse à envisager : ses parents ne l'acceptent pas comme elle est et elle lutte entre le désir éperdu de les glorifier de son amour idéalisé et la nécessité d'ouvrir les yeux sur leur étroitesse d'esprit qui lui interdit d'acquérir sa liberté d'adulte. C'est la quadrature du cercle. Margot sait, sans vouloir le reconnaître, que pour pouvoir se réaliser, elle va perdre ses parents.

Construire sa vie comme elle l'entend n'est pas facile parce qu'elle va devoir s'arracher à eux. C'est particulièrement douloureux dans certaines familles, où faire un choix non prévu au programme est sanctionné par le rejet. Voler de ses propres ailes devient dès lors un vol sans retour. C'est un déchirement.

Dans la vie de tous les jours, de nombreuses petites décisions sans la même gravité peuvent être génératrices d'insatisfaction par absence de positionnement clair.

Chloé a confié la rédaction d'une proposition de conciliation en vue de son divorce à un notaire, en souhaitant être tenue au courant de chaque étape, mais visiblement elle ne s'est pas fait bien comprendre par celui-ci, qui envoie de temps en temps un courrier à la partie adverse sans lui en parler. Elle reconnaît que ce sont essentiellement des courriers sans conséquence, qui servent surtout à faire avancer l'affaire, mais ce n'est pas ce qu'elle souhaite. Elle envoie alors un mail à son notaire, sans beaucoup d'efficacité, ce qui ne fait qu'entretenir son énervement (et peut-être aussi celui du notaire). Elle n'ose pas en faire plus, de peur de se mettre le notaire à dos. Bref, elle n'arrive pas à se décider et à adopter un positionnement clair.

En simplifiant un peu, ces situations se résument en trois couleurs, comme les feux de signalisation routière : feu vert, feu orange et feu rouge. Les deux pistes stables (rouge ou vert) s'excluent l'une l'autre. C'est l'une OU l'autre. Feu vert, on dit oui, feu rouge, on dit non. Entre les deux, le feu orange clignotant : l'écartèlement du non-choix, position très inconfortable. Il vaut mieux choisir une voie et abandonner l'autre, même si aucune n'est parfaite (ce qui est presque toujours le cas, sinon on n'hésiterait pas !). L'abandon d'une des deux voies est parfois une souffrance, lourde ou passagère, mais elle est largement compensée par les bénéfices d'avoir choisi l'autre, complètement.

Dans l'exemple, Chloé doit choisir : soit tout vérifier parce qu'elle estime que c'est justifié et dans ce cas elle exige clairement que les courriers lui soient soumis avant envoi, soit elle fait confiance à son notaire, n'y pense plus et cesse de s'inquiéter. Rester « un pied dedans, un pied dehors » gâche tout, sauf pour ceux qui aiment se tracasser.

La tour aux portes fermées

Si loin que vous alliez, si haut que vous montiez,
il vous faut commencer par un simple pas.
François Cheng

Vous est-il déjà arrivé de vous trouver coincé dans une situation d'inconfort qui vous paraissait inextricable ? Une situation qui dépend d'un ensemble de circonstances entremêlées. Sur un fond dépressif, jetez quelques complications, ajoutez un brin de découragement, embrouillez le tout par un raisonnement vaseux et vous avez les principaux ingrédients d'un enfermement en vase clos. On se retrouve dans une tour très haute, avec des portes verrouillées, mais par laquelle sortir ? Chaque porte a besoin d'une clé, mais le problème c'est que la clé de la première porte est derrière la deuxième ! Et pour ouvrir celle-ci, il faut une clé qui se trouve derrière la troisième, dont l'ouverture dépend de la quatrième et ainsi de suite, c'est un piège sans fin.

Je dois sortir de cet enfermement, me dit Alice, je ne trouve pas de travail, donc je n'ai plus de sous, donc je n'ose plus sortir parce que ça coûte, donc je ne rencontre plus personne, donc je déprime, donc je n'ai plus l'énergie d'envoyer des CV, de toute façon, me présenter dans cet état ne servirait à rien. Je me sens moche mais je ne vais plus chez le coiffeur parce que je n'ose plus dépenser un euro, je ne m'achète plus aucune fringue, ça n'aide pas mon moral. Je dois me déplacer en transports en commun, ce qui me déprime encore plus et prend un temps fou, parce que ma bagnole est en panne, mais je n'ai pas le premier sou pour la faire réparer. Je pourrais la vendre et cesser de payer l'assurance en vain, mais alors, je n'ai vraiment plus rien et on pourrait me proposer un job pour lequel il faudrait une voiture. J'aurais alors les sous pour la faire réparer, mais pour ça il faut d'abord trouver du travail. Je sens que je suis dans une spirale descendante, mais je ne sais pas par quel bout commencer, tout est intriqué.

C'est un vrai guêpier, effectivement. Dans quel ordre faire les choses ? Chaque action n'est possible que si la précédente est effectuée. On est coincé, alors on attend. Et on déprime. Ça dure depuis longtemps et ça fait de plus en plus mal. Plus notre énergie baisse, plus on se sent coupable d'immobilisme et plus ce sera difficile de s'y mettre. Mais nom d'un chien, par où commencer ?

Il n'y a pas de bon ordre. Il n'y a pas de piste claire, de *storyboard* en plans séquences, avec une progression logique. Il faut juste enlever les briques du mur, une à une, de-ci, de-là, juste là où c'est possible. Une brique à la fois. Un peu de tout, rien d'organisé, mais de petites actions qui affaiblissent le mur, une lettre par-ci, un coup de fil par-là, une étagère rangée, un dossier liquidé, une facture payée… Des petits trous, des fissures et, petit à petit, le mur disparaît de lui-même, pffft, il se transforme en poussière. Plus de mur, plus de portes, plus de clés. Tout le champ des possibles.

Risque zéro

Le risque zéro, dans son énonciation, est une absurdité, puisque son effectivité annulerait la réalité même de ce dont il est question.
Anne Dufourmantelle

Ne jamais rien entreprendre tant qu'on n'a pas toutes les cartes en main ! Ne rien commencer dont on ne puisse contrôler l'évolution. Ne jamais s'engager sans porte de secours. Pas d'avion sans parachute, ni de pantalon sans bretelles. Jamais sans mon filet !

L'Histoire nous montre qu'aucune époque n'a probablement été plus sûre que la nôtre et pourtant nous souffrons d'une inquiétude grandissante et ne tolérons plus le moindre risque. Le principe de précaution est devenu la norme. On est sur-assurés, bardés de contrats couvrant de vrais risques dont les dommages sont effectivement impayables (incendie, accident grave, invalidité) mais nous assurant aussi contre des caprices ou des incidents mineurs (changement de dates de vacances, vol de bagages, bris de verre et j'en passe et des plus futiles). Plus aucun achat d'appareil électroménager, parfois superflu et peu utilisé, qui ne soit accompagné de sa garantie légale, à laquelle le vendeur nous invite à en souscrire une seconde, plus complète. Plus de promenade à vélo sans casque et bientôt tous les piétons porteront une veste fluo. Plus de retard de train sans possibilité d'obtenir un remboursement, plus d'erreur humaine qui ne soit couverte par une assurance ou la possibilité d'un procès en dommages et intérêts. Les États-Unis nous en montrent de nombreux excès et chez nous, on commence à se retourner contre l'État ou Dieu sait qui, lorsque la pluie fait déborder les rivières ou le vent déraciner les arbres.

Dans le cadre de ce livre, il ne m'appartient pas d'en juger le bien-fondé mais plutôt de m'interroger sur l'impact de cette évolution sur nos comportements, la société n'étant finalement que le reflet des mentalités de ceux qui la composent.

L'émergence d'une technologie de plus en plus performante a créé, parallèlement aux progrès évidents qu'elle a générés, une illusion de contrôle et de domination du monde. Les prouesses techniques se sont accompagnées de l'idée que tout était possible, prévisible et gérable. *Everything is under control!*

Sur le plan humain, il n'en est rien. Cette sécurité absolument indispensable pour l'équilibre d'un bâtiment ou le lancement d'un satellite est pernicieuse et illusoire pour un homme. Le risque zéro auquel on aboutit est mortifère : il sous-entend que l'homme est à la fois infantile (c'est un jeune fou qui prend des risques inconsidérés) et immature (il ne s'en rend pas compte et il faut le protéger de gré ou de force contre lui-même). C'est une entreprise d'infantilisation à l'échelle internationale, qui touche autant la sphère domestique que sociale et qui génère une crainte diffuse discrètement paralysante.

Le mythe du risque zéro joue sur nos peurs enfantines et les besoins de sécurité qui y sont légitimement associés. Il nous affaiblit, prétendant qu'on ne peut ni prévoir le danger, ni faire face à ses conséquences. La vie serait pleine de risques que notre inexpérience ne pourrait assumer sans police d'assurances, sécurité antivol, contrat bétonné, garantie anticorrosion, date de péremption, crème anti-âge et autres boucliers et paratonnerres.

On a parfois un peu trop tendance à chouchouter son enfant intérieur. On écoute ses émotions et on se laisse gouverner par ses peurs. L'enfant intérieur, c'est l'empreinte du passé, la trace émotionnelle de notre compréhension du monde qui vient de nos jeunes années. Cette empreinte qui s'exprime spontanément, laissons-la vivre aussi longtemps qu'elle ne génère que du plaisir sans conséquence grave : pour la fête, les surprises, le rire, les câlins… Mais ne laissons pas ce petit bonhomme émotionnel prendre les commandes pour les décisions plus complexes, qui doivent être gérées en adulte responsable et lucide.[19]

Quand tout va mal, l'enfant intérieur a fort tendance à reprendre les commandes, c'est alors l'émotionnel qui dirige. Dans cet état, on a du mal à considérer l'ensemble des éléments à prendre en compte pour se sortir du mauvais pas. Quand tout va mal, quand on est sur sa petite barque dans la tempête, il faut tenir la barre, en adulte. Il ne faut ni paniquer ni abandonner, il faut juste garder le cap, avec volonté et raison. C'est difficile, mais c'est possible. On avance lentement, mais sûrement. On doit traverser l'orage, c'est ce qu'il y a sur notre chemin, c'est risqué, mais c'est la vie.

Vivre, c'est risquer. Risquer sa vie. Pas dans le sens de risquer de mourir, mais de risquer de vivre avant de mourir. D'expérimenter tout ce qui nous tient à cœur et qui est à notre portée.

Essayer, c'est risquer de se tromper.
Entreprendre, c'est risquer d'échouer.
Acquérir, c'est risquer de perdre.
S'engager, c'est risquer de s'ennuyer.
Tendre la main, c'est risquer de s'impliquer.
Aimer, c'est risquer de souffrir.
Se marier, c'est risquer de divorcer.
Avoir des enfants, c'est risquer d'être dépassé.
S'affirmer, c'est risquer le conflit.
Résister, c'est risquer la rupture.
S'opposer, c'est risquer le rejet.
Pleurer, c'est risquer de paraître sentimental.
Décider, c'est risquer de décevoir.
Espérer, c'est risquer d'être déçu.
Faire confiance, c'est risquer d'être trahi.

---

19. C'est le sujet de mon second livre : *l'Emprise familiale*, Ixelles Éditions, 2011.

Affirmer, c'est risquer de manquer de nuances.
S'exprimer, c'est risquer d'être critiqué.
Parler, c'est risquer de bredouiller.
Manger, c'est risquer de grossir.
Faire du sport, c'est risquer de se blesser.
Courir, c'est risquer de tomber.
Marcher seule, c'est risquer de se faire accoster.
Jouer, c'est risquer de se salir.
Rire, c'est risquer de paraître idiot.
Sortir, c'est risquer d'avoir froid.
Oser, c'est risquer de rater.

Or vivre, c'est oser et ne pas oser c'est déjà perdre.
Oser, c'est prendre le risque d'échouer, mais aussi d'en rire.
Oser, c'est prendre le risque d'essayer et d'apprendre.

Oser, c'est aussi choisir de réussir. C'est l'existence comme elle va. Une succession de risques, petits et grands, qui ne se résument pas en victoires absolues ou en échecs retentissants. La vraie vie est un tissage irrégulier de demi-succès et d'échecs sans gravité, de réussites insignifiantes ou de défaites salvatrices qui s'avéreront plus tard représenter une chance vers une nouvelle voie.

On ne possède jamais toutes les cartes lorsqu'on fait un premier pas. Le risque est inhérent à toute action, parce que la seule carte que l'on ne possédera jamais est celle que l'on découvrira demain.

Procrastination

Remettre, c'est compter sur la générosité
d'un tyran, le temps.
Anne Barratin

Procrastination ! Qu'il est curieux ce mot qui craque comme une noix sous le pied ! Il vient des racines latines *pro* (pour) et *crastinus* (lendemain), qui ont formé *procrastinatio* : ajournement, délai. C'est pour demain, plus tard, tout à l'heure… Ne fais pas aujourd'hui ce que tu peux faire un autre jour ! Et avant de t'y mettre, n'aurais-tu pas une petite chose à faire ?

Si ce terme est emprunté au latin, son usage, en revanche, ne s'est répandu qu'au XXIe siècle, ce qui porte à réfléchir : notre vie s'est-elle compliquée au point qu'on ait recours, bien plus systématiquement qu'auparavant, à ce sursis faussement reposant ? Dans notre société pressée, où les *deadlines* (lignes de mort, rien que ce mot…) nous tyrannisent, à l'heure où on nous enjoint de travailler plus, la procrastination est considérée par certains comme une tare dont on doit à tout prix guérir, alors qu'elle pourrait aussi être considérée comme un art de la paresse ou une philosophie de vie !

Qui ne procrastine pas de temps à autre ? On prend de bonnes résolutions, mais on ne s'y tient pas. On attend la dernière minute pour acheter les cadeaux de Noël, on repousse de jour en jour un coup de téléphone important, on joue encore un petit peu à la PlayStation alors qu'on a un examen à préparer, on termine la bûche de Noël et on fera un régime après les fêtes, on achète des cahiers neufs, on range son bureau, on arrose les fleurs et on taille ses crayons avant de se mettre au travail !

Mais pourquoi diable se gâche-t-on la vie à remettre à plus tard ce qu'on sait qu'on va devoir faire ? Et que parfois même on veut faire !

Est-ce que la tâche nous rebute ? Parfois, en effet. Rares sont ceux qui aiment vraiment prendre rendez-vous chez le dentiste ou payer leurs factures. C'est le résultat qu'on veut, pas l'effort. Faire face à la difficulté d'un coup de téléphone embarrassant ne tente pas grand monde, même si on sait que l'obstacle est bien plus imaginaire que réel. On sait que le soulagement viendra ensuite et qu'en attendant on trimbale son boulet. La plupart des élèves n'aiment pas vraiment étudier, surtout certains cours, mais c'est leur chemin, assez incontournable. On peut facilement comprendre qu'ils préfèrent d'abord passer du bon temps sur les réseaux sociaux. Mais ça n'explique pas tout. La procrastination concerne aussi des activités qu'on a choisies et qu'on aime. Comme quand on se fait un petit café, puis un petit tour au jardin, puis un petit tour sur Internet, puis un petit tour au frigo avant de se mettre au clavier pour écrire un livre de trois cents pages !

Aurait-on peur de l'échec ? C'est probable. Il est moins honteux de faire du rase-mottes aux examens quand on n'a rien fichu, que d'avoir étudié consciencieusement et de passer tout juste ! C'est plus facile d'acheter quelques CD pour Noël parce qu'on n'a pas eu le temps et qu'il y avait foule, plutôt que de s'intéresser vraiment aux goûts de chacun et risquer malgré tout de se tromper. À vaincre sans péril, on triomphe sans gloire, revoilà la peur du risque, mais cela n'explique pas tout.

Aurait-on peur du succès ? Paradoxalement, la procrastination est aussi liée à la peur ou plus exactement au refus inconscient de réussir, c'est-à-dire au besoin, toujours inconscient, de ne pas réussir ! On échoue à passer un obstacle dont la présence nous arrange bien, parce qu'il nous protège de l'étape suivante, de la prise en main de notre vie, ce qui comporte toujours une part de risque. Alors que ne jamais commencer permet de rester à couvert, en terrain connu, dans la sécurité de sa petite vie sous contrôle, même si elle est un peu étriquée. Rester assis dans sa discrète déprime permet de continuer à en attribuer la cause à la difficulté, qu'on n'aborde pas, tellement l'idée même de faire l'effort de marcher en terre inconnue nous paraît pire que de ressasser sa misère. On risquerait de se trouver devant une page blanche, quelle horreur ! On devrait improviser, se mouiller, prendre le risque de se coltiner à la vie.

Aurait-on peur de la monotonie ? C'est possible. Accomplir sa tâche bien à l'aise a la saveur de l'ennui, alors que l'exécuter sous pression, *in extremis*, relève du défi et procure une bonne dose d'adrénaline qui pimente la morosité qu'aurait la vie sans cette intensité.

La procrastination ne porte pas toujours sur des actions qui ont une incidence majeure sur notre vie, heureusement. Parfois, on assume assez bien les grands choix de l'existence, mais on cale sur des tas de petites actions qui, mises bout à bout, sont loin d'être insignifiantes, mais essayons de ne pas y penser…

Comment ça marche ? Nous savons que l'action que nous sommes en train de faire, lucidement, est l'inverse de ce que nous devons faire et nous le faisons quand même. On mange alors qu'on voudrait maigrir, on lit alors qu'on devrait travailler, on traîne alors qu'on est attendu et on donne encore un dernier petit coup de fil alors qu'on est déjà en retard… Pourquoi est-ce si difficile ?

Une expérience célèbre et délicatement cruelle a été mise en scène des centaines de fois, avec des petits enfants, et déclinées sous diverses formes, toutes aussi subtilement sadiques. Elle s'appelle *le test du marshmallow*.

Vous prenez un gentil petit enfant qui n'a pas demandé à jouer au rat de laboratoire, vous l'installez devant une table sur laquelle vous disposez un gros marshmallow bien tentant (ce sont des enfants américains, conditionnés aux marshmallows, chez nous on utiliserait plutôt un Carambar ou un Chokotoff[20]) et vous quittez la pièce après avoir expliqué au bambin que s'il reste assis et ne touche pas au bonbon, il en aura le double quand vous reviendrez. L'enfant, innocent, ne sait pas combien de temps il va devoir attendre (dix à quinze minutes, le pauvre)

20. Vous ne connaissez pas les Chokotoff ? Vous ne savez pas ce que vous ratez !

mais de toute façon, à son âge, la notion du temps est vague. Bien sûr, on l'observe derrière un miroir sans tain et il est filmé, ses efforts courageux pour résister à la tentation seront décortiqués et feront le tour du monde.

Certains enfants sont assez vite incapables de résister : ils restent héroïquement pétrifiés quelques minutes, les yeux fixés sur le marshmallow et tout leur petit visage se crispe sous l'effort considérable qu'ils fournissent. Ils se tortillent les mains comme pour les empêcher d'agir, manifestent une souffrance évidente suivie d'un abandon navré, puis ils tendent la main vers le marshmallow et le mangent, plus ou moins soulagés. Ce sont les futurs procrastinateurs.

Les autres enfants, qui ont attendu de longues minutes, ont tous agi pour se donner les moyens de résister à la tentation : ils ont mis leurs mains sur leurs yeux, se sont distraits, se sont planqués sous le bureau, ont tripoté leurs vêtements, exploré la pièce ou chanté des comptines tout haut. Leur désir n'a pas disparu, mais ils se sont focalisés sur autre chose pour éviter de penser à la tentation.

Ce test s'est avéré de très bonne prédiction dans la maîtrise des comportements futurs. Ces enfants ont été suivis durant toute leur jeunesse et ceux qui avaient pu résister à la tentation avaient de meilleurs résultats scolaires et moins de problèmes de comportement. Si l'intelligence est importante à l'école, elle l'est moins que la maîtrise de soi. Bien sûr, ces expériences ont leurs limites et on peut imaginer de nombreuses autres influences sur le bon développement des enfants, mais ce qu'il est intéressant de retenir, c'est qu'ils avaient acquis dès leur plus jeune âge la capacité de résister à un plaisir immédiat pour un intérêt plus grand.

C'est exactement cette clé qui manque aux procrastinateurs. Ceux-ci n'ont pas formaté leur cerveau à prendre conscience, au moment où ils le font, qu'ils sont en train de donner priorité à un plaisir sans grand intérêt, une tentation, plutôt qu'à la réalisation d'un projet plus intéressant, mais qui demande de la maîtrise de soi, la base de l'autodiscipline.

C'est une impulsion, comme de prendre une cigarette, contre laquelle on doit s'entraîner à lutter, en apprenant à utiliser son esprit, comme on apprend à utiliser un ordinateur : par essais et erreurs. Tout le monde a de temps à autre une tendance à la procrastination, mais ceux qui le reconnaissent et l'admettent utiliseront des moyens efficaces pour parvenir à surmonter cette difficulté.

L'impulsion est naturelle, la maîtriser est un entraînement, un apprentissage. Notre cerveau reptilien, le plus primitif, est efficace pour répondre aux besoins immédiats, ceux qui ont permis à l'espèce de survivre. « J'ai faim, je mange » est instinctif. Repousser la satisfaction d'un désir, parce qu'on a compris qu'une satisfaction plus grande en résultera, n'est pas naturel. C'est une frustration. Il faut apprendre à s'y contraindre. Ce n'est pas une simple question de volonté, c'est le produit d'une éducation, auquel il n'est jamais trop tard de s'atteler, ni de l'introduire dans la formation de nos enfants, qui baignent dans une ère du plaisir immédiat.

En conclusion, nous procrastinons parce que nous n'avons pas appris, enfant, à maîtriser nos pulsions, et que la suite de notre développement ne nous a pas vraiment confronté à la nécessité de l'apprendre par nous-même. Mal entraîné, nous ne résistons pas facilement aux tentations. Et la peur de l'échec (ou de la réussite) fait le reste.

Ça lui ferait trop plaisir

Et pour l'égoïsme primitif, il est clairement établi que ce n'est jamais « moi » mais toujours autrui qui « doit ».
CARL GUSTAV JUNG

On a divorcé il y a plus d'un an, mais on continue à se disputer autant que lorsqu'on était mariés ! Mon ex-mari m'envoie des messages injurieux et je lui réponds sur le même ton. Il me harcèle et cherche à me nuire en ne me laissant pas tranquille. Quand j'ai les enfants, il veut leur parler mais c'est ma semaine, alors je ne décroche pas, ça le fait enrager ! Il veut savoir où ils sont, ce qu'ils font, mais je ne veux pas le dire, ça lui ferait trop plaisir. Il m'a assez fait mal, je ne veux plus lui accorder quoi que ce soit. Les semaines de vacances sont distribuées à l'avance, mais parfois il veut changer. La dernière fois c'était pour que les enfants puissent aller au mariage de sa sœur. Moi, je n'avais rien organisé de particulier, mais je n'ai pas modifié les plans, ça lui aurait trop fait plaisir.

Cette jeune femme a visiblement souffert pour en arriver à un tel refus d'adaptation, mais il lui a fallu un peu d'aide avant de se rendre compte que son obstination, en plus de faire enrager son ex-mari, avait de lourdes conséquences sur elle-même, et plus encore sur les enfants. Pour elle, s'adapter aux demandes de son ex-mari, c'était céder, et donc lui faire plaisir. Ce qui n'était pas complètement faux, mais aussi très étroit comme angle de vue.

Tous les enfants testent le refus d'obéir vers l'âge de 2 ans, l'âge du Non ! C'est l'époque où on comprend le sens de la relation. On *relationne,* si vous me permettez ce néologisme. Le petit enfant savait déjà que l'autre existait en tant qu'individu bien distinct, mais il comprend à cet âge qu'autrui agit sur lui, cherche à l'influencer et à le faire réagir. Il peut donc faire pareil et il ne s'en prive pas, tous les parents se souviennent de cette période. L'enfant s'oppose et cherche les limites. Une nouvelle période d'opposition resurgit à l'adolescence. Les traces de ces époques restent gravées en nous et auront une influence sur la manière dont on réagira en cas de conflit.

Chantal a trente kilos de trop et elle le sait. Son mari, très sportif, n'en peut plus. Le couple est au bord du désastre. Ils ne se parlent quasiment plus, en dehors des disputes répétitives sur le sujet du régime. Cela fait plus de cinq ans que Chantal promet de perdre du poids, mais à part quelques vagues efforts, elle n'en fait rien. Elle voudrait maigrir, dit-elle, elle ne s'aime pas comme ça, sait que ce n'est pas bon pour la santé et comprend son mari, bien qu'il l'insupporte ces derniers temps. Un peu gênée, elle reconnaît qu'une des raisons qui l'empêche de s'y mettre, est que ça ferait plaisir à son mari. Il se montre tellement insistant et culpabilisant qu'elle sent qu'obéir lui ferait perdre les quelques parcelles de liberté qu'elle a encore. Elle a déjà tant obéi à sa mère que son poids est, pense-t-elle, sa seule résistance possible à ceux qui la gouvernent.

La difficulté de Chantal est d'agir pour elle-même, dans son intérêt, sans se soucier de faire plaisir ou de résister à quiconque. Le même mécanisme gâche les relations des parents avec leurs ados, par exemple au sujet des études. Leur enfant, normalement doué, a toujours réussi correctement et, en quelques mois, il change, se laisse pousser les cheveux et les poils dans la main ! Il « n'en fiche plus une » et se ramène avec quelques échecs ! Les parents, consternés, inquiets ou répressifs selon les familles, font de leur mieux pour l'encourager à étudier, l'aident, le soutiennent, le forcent ou le punissent, bref s'en mêlent autant qu'ils peuvent, et de cette manière, malgré leurs bonnes intentions, coincent l'ado dans un piège à ses yeux sans issue : soit il étudie et ça fait tellement plaisir à ses parents qu'il enrage de leur avoir cédé parce qu'il a absolument besoin de s'opposer à eux pour se sentir devenir un peu adulte, soit il tient bon et collectionne les échecs, fièrement ! Les deux voies lui gâchent considérablement la vie, mais ayons un peu d'indulgence. Il est en proie aux tornades hormonales et émotionnelles de cet âge ingrat et encore bien jeune pour y voir clair et surmonter sa frustration. C'est à nous, les parents, de réfléchir et d'agir intelligemment.

L'accumulite

Beaucoup de gens peuvent se passer d'un tas de choses mais ils ne renonceront jamais à en acheter de nouvelles.

ALAN BENNETT

Rien de tel qu'un petit tour de shopping pour masquer sa déprime ou calmer ses angoisses. Le plaisir de l'acquisition s'avère souvent être un agréable antidote aux petits tourments de la vie. On va faire du lèche-vitrines, on fait chauffer la carte bleue, on achète, on possède, on dépense, on compense… Ce n'est pas le plaisir d'acheter un objet agréable qui est mis en cause, c'est l'accumulation d'objets qui ne nous procurent qu'un plaisir fugace, qui s'amoncellent et nous encombrent.

Quand passe-t-on la ligne rouge ? À partir de quand le matériel n'est plus une aide mais un poids, une corvée, un encombrement, un souci ou une source de tensions et de disputes ? À chacun de se poser la question. Souvent !

Certaines personnes croulent sous le matériel, s'endettent au-delà de tout bon sens, vivent dans un capharnaüm inutile, soumis à une compulsion d'achat semblable à la boulimie et ils étouffent sous un fatras d'objets qui n'ont eu d'autre fonction que de satisfaire l'acquéreur un court instant. Ils collectionnent des revues qui répètent inlassablement les mêmes fadaises, des livres qu'ils ne liront jamais ou des produits de nettoyage ou de soins qui encombreront leurs placards. Ils entassent des bibelots à ne plus savoir où les mettre, ils acquièrent des vêtements dont ils ont nul besoin, des accessoires superflus et des outils pour si jamais…

Dans notre vie quotidienne, face à la masse des choses à faire, ne réagit-on pas de la même manière, en amassant tâches et envies dans d'improbables listes de projets à mener ? Un jour, il faudra qu'on s'occupe de tout ça, de toutes ces intentions en attente, de ces pensées qui n'aboutissent pas, ces décisions qu'on ne prend pas, ces désirs qu'on ne réalise pas, ces mises au point qu'on ne fait pas et ces conversations qu'on n'a jamais, tous ces dossiers entamés et non clôturés, qui restent en souffrance…

Comme quoi, par exemple ? Comme ces archives familiales qui doivent être classées ou liquidées, ces actes qu'on devrait poser pour alléger sa vie, ce testament qu'on veut écrire depuis des années… Ou encore cette discussion qu'on voudrait avoir avec son conjoint, son enfant ou sa mère, ces articles qu'on doit écrire, ces photos qu'on veut classer, ce grenier qu'il faut vider, tout ce qui encombre notre esprit, tout ce qui contribue à nous donner l'impression permanente de ne pas être à jour.

Décisions concrètes, rangements matériels, gens à voir ou coups de fil à donner, tout cela pèse lourd. On porte constamment au creux de la tête ces pensées diffuses mais obsédantes : « Il faudrait que je…, je devrais…, faut pas oublier de… » ! Qu'elle est fatigante cette impression nébuleuse d'être débordé par de longues et vagues listes sans fin. Elles nous empêchent de nous sentir serein, encombrent nos insomnies (ou les créent ?) et entretiennent ce sentiment oppressant de ne jamais avoir le temps. Notre cerveau ne peut de toute façon pas garder en mémoire plus de six ou sept petites tâches en attente. Trop de petits *post-it* cérébraux et il sature.

Mais si le nombre des devoirs à exécuter augmente sans cesse, est-ce vraiment parce qu'on n'a pas le temps ? N'est-ce pas aussi parce qu'on n'arrive pas à dire non ? Parce qu'on veut tout faire, ne rien refuser, ne pas déplaire et qu'on n'est pas capable de sélectionner les priorités ? Pourquoi ne pas noter sous forme d'une petite liste claire les principaux points qu'on souhaite réaliser, faire une bonne petite *to do list* efficace dont on raye une ligne après l'autre, au lieu de laisser tourner des idées en rond sans les exécuter, ni les chasser ?

C'est un peu comme ces caisses placées en garde-meuble, ces objets qui attendent et dont on ne s'occupe pas, mais dont on ne se débarrasse pas non plus. Et on paye pour ça !

Les pensées encombrantes, les décisions qu'on ne prend pas et les réalisations qu'on ne fait jamais, c'est un peu notre petit garde-meuble personnel ! On ne s'en occupe pas, mais on ne s'en débarrasse pas non plus. Et on le paye en inconfort, en légère tension permanente, en indisponibilité d'esprit, en absence de sérénité, en stress et insomnies…

Pourquoi accumule-t-on tellement ? Que ce soit des objets ou des tâches, notre vie semble tellement encombrée, tellement compliquée… Est-ce culturel ? Serait-ce lié à notre sédentarité de vieux Européens qui depuis Vercingétorix vivent au même endroit ? Accumuler nous enracine, ce qu'évitent les peuples nomades. Nous avons tendance à prendre, à posséder, à emmagasiner, à accaparer, à entasser. C'est un plaisir qui mérite réflexion.

J'ai organisé de nombreux voyages dans le Sahara, expériences de simplicité et de dépouillement. Or, bien que dûment informés, de nombreux participants ne peuvent s'empêcher d'emmener de gros sacs d'objets inutiles, dont ils auront à porter les kilos superflus dans des conditions géographiques et climatiques difficiles. On peut admettre que l'angoisse de l'inconnu les alourdisse un peu, mais il ne s'agit pas toujours de ces précautions compréhensibles. C'est tout une petite bulle d'Europe qui voyage avec eux. Ils aiment leurs habitudes et emmènent de quoi combler le moindre moment d'inaction ou de calme. Trop de vêtements, trop d'objets de confort, trop de produits de soin, de la nourriture de réserve, mais aussi des livres, des jeux, des appareils électroniques, pour faire face à un éventuel ennui. Pour faire face au vide.

Habitué et tolérant face à ce besoin qui lui est étranger, un ami Touareg me dit un jour, observant nos comportements avec amusement : « Vous, les Occidentaux, vous prenez tout ! Vous êtes très organisés, c'est vrai, mais vous apportez tout avec vous, vous avez de quoi faire face à tout ! Et ici, vous faites pareil avant de rentrer chez vous : vous achetez des souvenirs, vous prenez des cailloux, vous prenez du sable, vous prenez des photos… À quoi tout cela vous sert ? »

Où se situe la limite entre la possession qui nous fait plaisir sans nuisance et la dérive accumulatrice qui gâche une partie du voyage (dans le désert comme dans la vie), peut-être à notre insu ? Quel mal y a-t-il à ramener un peu de sable ou quelques photos ? On prévoit déjà le plaisir de revoir ces souvenirs ou de les partager avec des amis, mais en anticipant on est moins présent. On pense à ce qu'on va montrer à ses proches, on se réjouit de l'effet que nos trouvailles auront sur eux, on oriente notre regard dans ce sens, on sélectionne en conséquence et on se ferme au reste. Ce n'est pas grave, on est libre de vivre un voyage comme on l'entend, mais j'observe souvent que l'obsession de la photo, par exemple, focalise les gens sur ce seul but. Ils voyagent l'œil dans l'objectif, au détriment de goûter aux impressions que seul un peu de calme permettrait de laisser émerger, d'autres sensations, auditives, tactiles, des rencontres humaines, des émotions qui nécessitent un peu de temps pour apparaître, des réflexions méditatives…

Depuis que l'appareil photo est intégré dans les téléphones, cette boulimie est omniprésente. Plus un moment, même assez banal, qui ne soit mis en boîte. On capte, on prend, on fige, on emmène. Et on accumule. Des milliers de photos dans un ordinateur. À quoi ça sert ?

Nous avons à l'évidence une grande difficulté à nous dépouiller, même temporairement, à vivre la simplicité et à faire confiance à notre capacité d'improviser au cas où quelque chose nous manquerait. Nous sommes tellement habitués, dans notre société d'abondance, à avoir immédiatement ce dont nous avons besoin que le manque nous semble intolérable. Notre confort nous a rendu vulnérable. Notre éducation post-soixante-huitarde, et *a fortiori* celle de nos enfants qui se gavent de satisfactions immédiates, génère une incapacité à attendre, à prendre du recul ou à ressentir un besoin sans courir le satisfaire.

Nous vivons dans une société dont la technologie de pointe nous permet de dominer le monde tellement plus que n'ont pu jamais le faire nos ancêtres, mais nous ne mesurons pas assez le revers de notre chance : elle nous fragilise.

La dérive est accentuée par une éducation qui surfe sur la vague de la facilité : finie la frustration !

La profusion matérielle qui nous entoure est une invitation omniprésente pour les parents à combler les désirs de leurs enfants, avant même parfois qu'ils les expriment. Leurs petits chéris sont tellement investis de leur amour et de leur souci de bien faire qu'ils sont intarissablement couverts d'éloges pour leur donner confiance en eux-mêmes. Ce qui crée, en fin de compte, le contraire de l'effet escompté : parvenus à l'âge adulte, ces jeunes se révèlent peu sûrs d'eux et trop gâtés, ce qui les rend incapables de faire des vrais efforts, de surmonter les inévitables frustrations de la vie. Maternés, choyés et encensés durant leur enfance, ils boudent ou démissionnent face à la difficulté ou au reproche. Le monde du travail se trouve devant une génération qui ne supporte pas la critique et qu'il faut sans cesse rassurer, ce qui n'est pas le meilleur moyen pour réussir dans l'entreprise, où la capacité à relever des défis, à reconnaître et rectifier ses erreurs et à se montrer tenace est essentielle.

Des parents francs qui instaurent des limites claires et cohérentes sont beaucoup plus respectés avec le temps que ceux qui cherchent à se faire aimer et se plient à tous les caprices.

Rumination

La mélancolie, c'est le bonheur d'être triste.
Victor Hugo

Râler, ressasser, raconter encore et encore ce qui nous tourmente, ça soulage et ça permet petit à petit d'y voir un peu plus clair, mais c'est aussi le meilleur moyen d'entretenir sa souffrance, voire de l'augmenter. On a besoin de se confier, on se trouve de nouveaux auditeurs, on se conforte dans le bien-fondé de ses récriminations, on trifouille, on gratte ses plaies pour les faire saigner, on tourne en rond, le fer dans la blessure. La messe est dite mais on la réinvente, on imagine d'autres issues, on refait le procès pour se faire entendre, on pend les coupables et on gagne enfin. Puis on atterrit et la vie réelle continue comme elle est, avec ses injustices et ses frustrations, on ne peut rien y changer.

Mais ne serait-il pas doux d'être triste ? N'y aurait-il pas quelque plaisir à la mélancolie ? Quelque complaisance à contempler le passé, voir qu'on n'a pas su en profiter et pleurer doucement sur notre banale petite vie, sur le temps qui passe et tue nos rêves…

Quand je suis mélancolique, parfois à cause de petites blessures anodines, je jouis de ce chatouillement qui me parcourt en haut-le-corps, humecte mon œil et me rappelle que je ne vaux rien pour personne, que je ne suis qu'un pauvre imbécile qui n'inspire que de la pitié et de pâles sourires tristes. Alors, je respire la grandeur et la fierté, ô combien paradoxale, ô combien lyrique, ô combien mélancolique… (Témoignage lucide et désenchanté d'un internaute anonyme)

Toutes les ruminations n'ont pas cette douceur triste, ce spleen romantique…

Après un événement traumatisant, elles servent à remettre nos émotions en phase avec ce qui nous a bousculé, elles nous aident lentement à trouver du sens dans ce qu'on a vécu, elles sont alors constructives. Ces pensées qui tournent en boucle nous sont nécessaires aussi longtemps qu'elles évoluent et doucement se calment. Elles permettent d'envisager des issues et de s'y préparer. Elles invitent à comprendre qu'on exagère, que le drame ne reviendra pas et qu'on peut se calmer. En effet, les traumatismes de la vie bouleversent profondément et remettent en question les repères qui nous servaient de base évidente jusqu'alors. C'est ce qui différencie la rumination stérile, où l'on s'apitoie sur soi-même, et l'indulgence à l'égard de sa difficulté légitime.

Les fondements qui sont bousculés par un traumatisme sont notamment :

- **La croyance en un monde bienveillant** : même si on sait que le monde n'est ni juste ni bienveillant, on se construit souvent sur l'évidence que « notre monde à nous » est aimable et bon : être trahi ou agressé par un proche, un ami ou un membre de sa famille, *a fortiori* par quelqu'un en qui on avait mis sa confiance ou qu'on a aimé, est un traumatisme qui bouscule profondément, au point qu'on peut perdre toute confiance en quiconque.
- **La croyance que ce qui arrive a un sens, qu'il y a une justice** : on accorde volontiers un lien de cause à effet généralement logique entre les événements, on pense globalement que chacun a ce qu'il mérite, de manière à donner sens et cohérence aux

événements. Par exemple, on aime l'idée que si on mange sainement et qu'on fait régulièrement du sport, on vivra plus vieux. Cette idée, statistiquement fondée, est bousculée si une maladie grave lui donne tort, ainsi que la croyance en une espèce de justice divine. On pense que quelqu'un à qui on n'a fait aucun tort ne va pas nous flouer ou se retourner contre nous, sans véritable raison, mais malheureusement cela arrive parfois.

- **L'estime de soi** : un traumatisme qui « nous tombe dessus » sans logique peut affecter profondément notre sécurité de base, celle sur laquelle on s'appuie sans y réfléchir, cette impression de valeur personnelle suffisante pour affronter une vie normale. Ne comprenant pas toujours le sens (parfois absent) de ce qui nous arrive, on a tendance à perdre un peu confiance en la vie et à se culpabiliser, à se prendre pour naïf, aveugle ou pigeon…

Les ruminations qui suivent les événements graves et traumatisants sont le reflet de l'effondrement profond consécutif à l'impression de monde hostile, injuste ou insensé, ainsi qu'à une dépréciation personnelle.

Ces pensées douloureuses et obsédantes servent à rééquilibrer progressivement le chaos qui suit le traumatisme, c'est normal. Mais parfois le disque est rayé et il tourne tout seul.On se répète combien la situation est dure, on a pourtant tout bien fait, on n'a rien à se reprocher, mais malgré nos efforts, rien ne marche, c'est trop difficile, c'est trop injuste… C'est une véritable *auto-plainte*. On se parle et on s'écoute en même temps. On est alors à soi tout seul l'acteur d'un spectacle dramatique et le spectateur affligé. On joue « à guichets fermés » ! On dirait même qu'on a un certain plaisir (plaisir inconscient ? plaisir morbide ? triste plaisir en tout cas) à se repasser les problèmes en boucle, enfermé dans notre univers de difficultés. Personne ne s'intéresse à notre tourment, si ce n'est nous-même. C'est très efficace pour ne rien y changer, personne ne nous bouscule avec une idée de solution, une suggestion ou un encouragement. C'est plus tranquille, on ne doit même pas se justifier, on peut rester dans son marasme. Bien sûr, dans ces moments-là, on est tellement embrouillé et déprimé, qu'on ne se rend pas compte qu'on tourne en rond pour un public qui n'est autre que nous-même. En prendre conscience est très libérateur.

Ruminer enferme, on ne gère plus son esprit, on le subit et cela nous déprime ; c'est une pensée qui entretient la peur et stérilise l'action. Ce mécanisme d'emballement a pour effet de faire écran aux angoisses plus existentielles qui ont été mises en mouvement par les événements difficiles et dont la perception est affolante. J'en parlerai dans la deuxième partie de ce livre.

En revanche, penser et réfléchir sont de saines et salutaires activités cérébrales, lorsqu'elles permettent de réorganiser la réflexion : on série les problèmes, on trie, on accepte l'incontournable et petit à petit on retrouve le besoin d'agir adéquatement là où notre puissance retrouvée a quelque chance d'aboutir.

Parfois, on rumine à haute voix ! On se sent un peu stupide lorsqu'on parle tout seul, mais c'est une bonne façon de s'entendre soi-même. Même si personne ne nous écoute, le simple fait de devoir mettre son trouble en mots force à préciser sa pensée et à sortir du brouillard émotionnel confus. Confier ses réflexions à son journal intime est une autre manière de calmer et d'apaiser la tempête qui nous agite.

Plainte et scénarios obsolètes

Bien qu'on sache qu'en ces malheurs de quelque désespoir qu'une âme soit atteinte, la douleur est toujours un peu moins forte que la plainte, toujours un peu de faste entre parmi les pleurs.
JEAN DE LA FONTAINE

Ma mère me pourrit la vie! se plaint Monique, c'est infernal et ça dure depuis toujours! Elle n'a pas de vie propre, elle vit à travers les autres, essentiellement ses enfants. L'ennui, c'est que je ne suis plus une enfant!

Vers l'âge de 15 ans, j'ai commencé à lui tenir tête et très curieusement, j'ai eu l'impression qu'on entrait dans une lutte de pouvoir, comme si elle était incapable de m'accepter en temps que jeune fille qui prenait progressivement de l'autonomie, qui essayait de trouver ses propres idées. Ça lui était tout simplement insupportable et les problèmes ont commencé: le contrôle de mes sorties, de mes coups de téléphone, je suis sûre qu'elle lisait mon journal intime. Elle s'est mise à freiner toute velléité de m'épanouir, de devenir femme, elle critiquait mon maquillage qu'elle trouvait vulgaire, mes petits copains qui n'étaient jamais assez bons pour elle…

Aujourd'hui, j'ai 40 ans et elle est toujours là, à me culpabiliser, me critiquer, toujours en douce, pour ne jamais devoir se dire qu'elle exagère. Non, elle a toujours raison, ne se remet jamais en question malgré mes nombreuses tentatives d'explication. Personnellement, je ne lui veux aucun mal et ne souhaite qu'une seule chose: maintenir une relation agréable avec la grand-mère de mes enfants. Je n'ai épargné ni mon temps ni ma salive dans ce but, je lui ai expliqué le plus clairement possible, je le lui ai écrit aussi, gueulé parfois, mais toutes mes tentatives échouent, parce que dès que je baisse la garde, elle s'engouffre à nouveau dans la faille de ma vigilance !

J'en pleure parfois de désespoir parce que c'est ma mère, je n'en ai qu'une. Mais j'en arrive à la conclusion que jamais je n'arriverai à vivre une relation simplement agréable avec elle. Elle ne supporte pas mes choix de vie parce qu'ils la renvoient aux siens, dont elle souffre à l'évidence. Elle est la marâtre de Blanche-Neige, elle me glisse ses pommes empoisonnées derrière ses sourires faux, elle ne m'accepte pas comme je suis. On dit que les contes de fées qui tiennent la route au cours des siècles sont la traduction de dynamiques relationnelles courantes. Devrais-je comme Blanche-Neige m'enfuir au fond des bois ?

Symboliquement, peut-être. Il est clair que cette femme est au bout de tout ce qu'elle a pu essayer pour vivre la vie qu'elle a choisie, tout en restant proche de sa mère. Bien qu'elle ait fait son chemin, construit une famille, elle n'a pas encore coupé le cordon sur le plan psychologique. Elle espère toujours être appréciée, mais cela s'avère impossible. Sa mère est elle-même mal dans sa peau et n'a pas fait le deuil de l'enfant idéal qu'elle avait rêvé avoir : un enfant conciliant, parfaitement conforme à ses vœux et suivant la voie prévue pour lui. S'obstiner à lui plaire est vain et douloureux. Il ne lui reste qu'à s'en plaindre…

Mais à quoi cela sert-il de se plaindre ? Il nous arrive tous de nous plaindre de temps à autre et on sait combien ça soulage. Un temps…

Se plaindre est une manière d'attirer l'attention de nos interlocuteurs sur nos difficultés et d'espérer de la compassion, afin de se sentir reconnu dans notre souffrance, quelle qu'en soit la nature. Se plaindre peut aussi ressembler à un appel du pied et une demande d'aide. Mais on constate souvent que cette aide, si elle arrive, n'est pas volontiers acceptée par le plaignant aussi longtemps qu'il ne se sent pas reconnu. Si la solution arrive trop vite, il n'aura pas l'impression qu'on l'a suffisamment compris, pas plus qu'il n'aura reçu la dose de compassion à laquelle il aspirait. Une solution claire et rapide donne l'impression que le problème était simple et que la plainte n'avait donc pas vraiment de fondement. Ce n'est que lorsque la personne en difficulté se sent reconnue dans sa souffrance qu'elle est à même d'écouter un conseil pour l'aider à s'en sortir.

Mais parfois, c'est comme un puits sans fond, on a beau aider quelqu'un en péril, rien n'y fait. On devrait comprendre alors que la douleur n'est pas uniquement liée au problème du moment, mais qu'elle a des racines qui se nourrissent d'un passé meurtri et non conscient.

Léonie a un amoureux. Elle a aussi un mari qu'elle n'aime plus et qui lui fait peur, et deux enfants. Son mari ne l'aime plus non plus et le lui fait bien sentir. Et tout le monde souffre. Léonie pourrait tout recommencer avec son nouvel ami, plus doux et plus aimant, un homme qui lui convient, mais elle n'en fait rien. Léonie ne peut pas être heureuse, elle a peur de la vie, peur du changement, peur du bonheur, elle ne sait probablement même pas ce que c'est, le bonheur.

A-t-elle jamais été vraiment heureuse ? Elle ne s'en souvient pas, elle pleure beaucoup, elle pleure comme l'enfant qu'elle a été, elle pleure sur un passé de tristesse, elle pleure comme sa mère pleurait, épouse malheureuse, comme aujourd'hui Léonie. Sa mère a fini par quitter son père, ou l'inverse, on ne sait plus, mais elle n'a jamais montré le moindre bonheur, n'a jamais rien reconstruit et a entretenu l'image d'une vie qui n'était qu'un long sacrifice.

Léonie a un amoureux qui l'aime et l'attend. Mais il faudra bouger, il faudra oser, il faudra bousculer, organiser et lutter. Cesser de faire comme Maman, cesser de pleurer sur un passé qui est passé, calmer l'enfant triste, petite Léonie jamais consolée qui gouverne encore la grande Léonie adulte, la grande Léonie si triste et pourtant aimée d'un homme qu'elle aime.

Courage Léonie, ne reproduit pas la vie de ta mère, ne pleure plus sur ton passé, regarde vers l'avenir, regarde vers le possible, regarde vers l'amour. Retrousse tes manches et agis !

Léonie est empêtrée dans la fidélité involontaire à un scénario familial qui a été la toile de fond de son enfance. Pour s'en débarrasser, elle est obligée de mettre sa mère en question, de comprendre que cette triste plainte n'était pas la seule option et que sa mère lui a montré un modèle de vie bien amer. Toutes les fidélités ne sont pas bonnes à entretenir !

Nous avons vu combien les idées fausses qu'on s'obstine à croire en dépit de tout raisonnement peuvent nous gâcher la vie, ainsi que la passivité entêtée ou l'immobilisme vain. Qu'en est-il de nos comportements actifs ?

Chapitre 3
Actions irréfléchies et répétitions compulsives

La vie n'est pas un problème à résoudre,
mais une réalité dont il faut faire l'expérience.
SÖREN KIERKEGAARD

On s'énerve, on râle, on répète cent fois la même chose, on se fâche, on insiste, on force, on s'épuise et on s'entête en pure perte.

On court comme une poule sans tête, impulsivement. On agit sans réfléchir, mécaniquement. On avance sans savoir où l'on va et sans prendre le recul nécessaire, aveuglément.

On rend service inutilement, on croit devoir faire des choses que personne ne nous demande, on cherche un niveau de perfection inatteignable, on fait des efforts quotidiennement pour être à la hauteur d'on ne sait quoi et on finit par déprimer.

Bref, on dysfonctionne, on se sabote ou bien on agit de façon inappropriée. Nos actions n'aboutissent pas au but souhaité, ce qui ne fait qu'augmenter notre frustration.

Pourtant, à l'origine, aucun de nos comportements ne nous paraît inadapté. Ils sont destinés à provoquer une réaction chez notre interlocuteur ou à produire un résultat. Ce sont des actions spontanées, mais la spontanéité est-elle toujours un bon guide ? On agit souvent impulsivement, comme on l'a toujours fait, mais on n'est plus des enfants ! Un adulte se trouve souvent face à des situations complexes qui nécessitent un peu plus d'analyse que celles que les enfants ont à gérer, et l'impulsivité, la spontanéité et l'habitude ne sont plus des références suffisantes.

Ces moteurs génèrent des comportements qui nous paraissent normaux mais qui s'avèrent inefficients. Ils nous gâchent la vie, cela nous fâche, mais malgré tout on les répète en boucle. On s'obstine, une fois de plus !

Examinons ensemble comment des actions apparemment anodines se transforment en auto-sabotage. Mais avant, interrogeons-nous : comment déterminer si une action est efficace ? Et, le cas échéant, à qui ou à quoi sert-elle ? C'est loin d'être évident.

La stratégie du colibri

L'inutile et le superflu sont plus indispensables à l'homme
que le nécessaire. Le chant du merle est inutile,
la rose est superflue. Le travail est nécessaire…
RENÉ BARJAVEL

Un incendie ravage la savane desséchée, répandant son souffle âcre et brûlant sur la faune affolée. Dans un grondement assourdissant, les buffles fuient les premiers, écrasant leurs jeunes veaux dans une panique aveugle. Les girafes survolent la plaine de leur élégant galop. Les zèbres et les gnous, fraternellement mêlés, ferment la marche, ignorant la course effrénée des tout petits, au ras du sol, rongeurs, reptiles et batraciens qui payeront un lourd tribut au feu autant qu'à la cavalcade.

La plus douce des girafes ralentit et, du haut de ses six mètres, observe le manège d'un petit colibri qui va collecter une goutte d'eau dans la mare aux hippopotames et vient la déverser sur les flammes, puis repart vers le marigot et revient vers le feu avec son précieux fardeau dans son bec, des dizaines et des dizaines de fois, au risque de se brûler les ailes. « Mais que fais-tu donc ? demande la girafe, tu ne penses tout de même pas que tu vas éteindre l'incendie avec tes petites gouttes d'eau ! » « Je fais ma part » répond modestement le petit colibri sans ralentir son battement d'ailes.

Ce courageux petit colibri a-t-il la moindre chance de voir son effort couronné de succès ou est-ce une goutte d'eau dans la fournaise ? S'agit-il d'une action altruiste ou un combat inutile ? Y croit-il seulement lui-même ? Est-ce un oiseau pétri d'orgueil, qui fait discrètement la leçon aux balourds égocentriques qui se sauvent sans demander leur reste ? Ou au contraire, fait-il partie de ces héros discrets, petite pièce d'un réseau de solidarité où si chacun faisait sa part, le monde tournerait mieux ? On a envie d'y croire et pourtant on sait tous qu'il n'éteindra pas le feu, ni ne convaincra le reste des troupes…

L'action du colibri, à quoi sert-elle ? À éteindre l'incendie ? On en doute. Ce serait le cas si tout le monde faisait pareil (et encore… mais c'est une légende !) Le problème est que tout le monde ne l'imitera pas, on le sait. Pas cette fois en tout cas. On peut espérer en revanche que la girafe racontera l'histoire et fera des émules. L'action courageuse du colibri sera peut-être un modèle pour une autre occasion. C'est avec les petites rivières qu'on fait les grands fleuves. Aujourd'hui, il est certain qu'elle fait du bien au colibri lui-même. Ce soir, il s'endormira du sommeil du juste en pensant : « J'ai fait ma part, je suis un bon colibri. » Il se considère modestement comme un maillon d'une chaîne de solidarité, où chacun peut apporter sa petite contribution.

Était-ce utile ? L'avenir le dira.

Était-ce plaisant ? Incontestablement pour le colibri, puisque cela donne du sens à sa vie. Qu'en sera-t-il de ses relations sociales avec le reste de la faune ? En fera-t-on un héros ou un donneur de leçons ? On verra… Ce qui est évident, c'est que le colibri n'a pas l'impression de se gâcher la vie et, en considérant qu'à cet égard il est son propre baromètre, on peut en conclure que c'est vrai.

L'art de se gâcher la vie dans l'action consiste à persister dans des démarches qui n'aboutissent pas au but escompté et qui sont déplaisantes, soit pour soi, soit pour les autres.

Chère sainte Rita, madone des causes désespérées ! Elle ne doit vraiment pas craindre la solitude, elle aura toujours un fan-club bien fréquenté. Un cortège de petits colibris, une multitude de jeunes épouses épuisées par leur belle-mère mêle-tout ou par un mari qui n'y comprend rien, des amoureux de l'ordre excédés par le fouillis d'un conjoint, des armées d'hommes qui n'arrivent pas à comprendre la complexité des femmes, des hordes d'adultes essayant de vivre leurs choix sans déplaire à leurs parents, des foules de victimes expliquant patiemment à leur bourreau qu'il doit cesser de les martyriser, des lutteurs certainement, des plaintifs aussi, des aveugles assurément, mais aussi des gentils paumés, des braves obnubilés, des courageux épuisés et des rameurs qui rament encore et encore, jusqu'à la gloire ou jusqu'à la mort…

Qu'est-ce qu'une cause désespérée ? Qu'est-ce qu'un combat inutile ou un effort vain ? Le bon sens nous dit que parfois, le jeu n'en vaut pas la chandelle. L'énergie dépensée est disproportionnée par rapport au gain, qui bien souvent n'est pas obtenu.

C'est le propre de certains acharnements qui encombrent les tribunaux. Chacun défend les causes qui lui tiennent à cœur, mais les témoins de ces combats risqués qui paraissent perdus d'avance restent perplexes : que vaut-il mieux, la justice ou la paix ?

Et dans notre propre vie ?

– Pourquoi répéter cent fois la même chose à celui qui ne veut entendre ?

– Pourquoi s'évertuer à se faire aimer de personnes qui ne nous apprécient guère ?

– Pourquoi vivre comme si les journées comptaient plus de vingt-quatre heures ?

– Pourquoi recommencer un régime tous les lundis matins ?

– Pourquoi éternellement renouveler le jeu, si on n'a pas la chandelle ?

Peut-être parce que c'est le jeu qui donne du sens à notre vie…

Certains jeux sont totalement vains, sans aucun espoir de victoire, mais dans la quête du Graal, est-ce la coupe ou la recherche qui nourrit ? Ce qui compte n'est peut-être pas de gagner mais de participer ? OK, aussi longtemps qu'on ne se leurre pas et que le combat n'est nocif ni pour soi, ni pour l'entourage. L'intérêt n'est alors pas le but, mais le chemin. Ou le plaisir de relever un défi. Mais gare aux actions vaines et nuisibles, épuisantes, culpabilisantes ou même contre-productives. Le but n'est jamais atteint et la lutte fait du tort. Nous en verrons de nombreux exemples au fil des pages.

Je le savais !

La crainte du danger est mille fois plus terrifiante
que le danger présent ; et l'anxiété que nous cause
la prévision du mal est plus insupportable
que le mal lui-même.

Daniel Defoe

Virginie est persuadée que son mari la trompe. Elle sent le risque chaque fois qu'il déjeune avec une collègue, que son portable vibre ou qu'il s'isole pour téléphoner.

Elle a pâti toute son enfance de savoir que son père trompait sa mère et d'observer celle-ci souffrir en silence. Virginie harcèle son mari : « Tous les hommes trompent leur femme ! Toi aussi, tu vas me tromper, j'en suis sûre ! Et celle-là, elle te plaît, non ? Arrête de la regarder comme ça ! À qui tu parles sur Facebook ? » Elle l'espionne, lit ses mails et ses messages dans son portable, écoute aux portes, arrive à l'improviste au bureau et l'interroge sur ses fréquentations. Plus elle le soupçonne, plus il essaye de lui échapper. Il l'aime, mais a de plus en plus de peine à accepter cette surveillance et essaye donc de se ménager des plages de liberté. Son épouse s'inquiète dès qu'elle découvre une zone floue dans son emploi du temps. Elle le presse alors de questions et l'exaspère tellement qu'un soir, après une réception professionnelle un peu arrosée, il termine la soirée dans les bras d'une stagiaire !

Le lendemain, son comportement est si curieux que Virginie le soumet à un véritable réquisitoire et il finit par avouer. « Je le savais ! Tous les hommes trompent leur femme ! Ma mère me l'avait bien dit ! » La prédiction s'est réalisée.

Une *prophétie autoréalisatrice* est une prédiction qui induit des comportements qui risquent de la valider : on crée ce que l'on craint.

Dans la société, ce phénomène s'observe souvent, d'autant plus qu'il est renforcé par l'effet de masse. Si on annonce largement une pénurie d'essence, elle aura lieu parce que les automobilistes vont se précipiter à la pompe et les millions de réservoirs pleins à ras bords vont épuiser les réserves, sans même qu'une réelle pénurie n'ait eu à le faire.

En psychologie, les prophéties autoréalisatrices sont sous-tendues par une conviction émotionnelle, parfois bien inconsciente, qui induit des comportements tels que la crainte prend forme, ce qui permet de ne pas la remettre en question.

Si on est persuadé, par exemple, qu'on ne vaut rien et qu'en conséquence personne ne peut nous porter de véritable intérêt, on risque de mettre inconsciemment en place des comportements méfiants si un individu s'intéresse à nous : on ne peut y croire, cette amitié ne peut être désintéressée, il doit bien y avoir une intention malveillante. On installe alors une barrière de suspicion et finalement on obtient la preuve de ce qu'on croit : « Personne ne m'aime vraiment. »

Dans un autre registre, si on est convaincu que « les jours sont trop courts », sans vraiment réfléchir à la bêtise de cette assertion, on maintient, en pilotage automatique, un train de vie qui entretient cette plainte, comme si elle était inévitable. Maintenir la plainte semble plus nécessaire que de remettre son rythme de vie en question.

Cependant, il est heureux de constater que le mécanisme fonctionne aussi dans un sens très positif : si on est convaincu d'être aimé où qu'on aille, même à l'improviste, on arrive chez les gens avec une décontraction et une bonne humeur telles que souvent les portes s'ouvrent, les sourires accueillent, les copains se rendent disponibles et ajoutent un couvert, quelle que soit l'heure. La conviction d'être bienvenu se renforce au fil des expériences. Ça vaut la peine d'essayer, non ?

Thierry est un jeune architecte fraîchement diplômé, à la recherche de son premier emploi. Il rêve de travailler dans un des meilleurs bureaux d'architectes au monde, dans la Mecque de l'architecture contemporaine : Barcelone. Il n'a ni contact sur place, ni lettre d'introduction et pas un sou en poche. Mais il a l'audace de la jeunesse et la conviction que lorsqu'on veut, on peut. Il lui paraît insensé de renoncer à un rêve sans même essayer. Il décide donc de joindre l'utile à l'agréable et s'offre comme vacances d'été bien méritées la traversée de la France et des Pyrénées à vélo! Deux mois sur les routes ne lui font pas peur, dormir dans les granges non plus. Il ne se décourage pas lorsqu'on lui vole vélo et bagages sous son nez alors qu'il se restaure sur une place de village. Il met ses derniers sous vaillants dans le rachat d'une bécane et poursuit sa route jusqu'à Barcelone, où il se présente en short et en sueur, mais confiant et souriant, au bureau prestigieux vers lequel tous ses efforts sont tendus: «Bonjour, je suis architecte, je viens de terminer mes études, je ne parle pas espagnol, mais je viens de Bruxelles à vélo pour travailler chez vous!» Estomaqués, les trois principaux associés ont immédiatement offert une chaise à ce cycliste épuisé, et dans la foulée, un bureau et du travail. Accessoire et temporaire pour commencer, mais c'était un pied dans la maison. Cinq ans plus tard, il y travaille toujours.

Cette histoire est vraie et son caractère spectaculaire ne doit pas masquer l'essence de son succès. Thierry ne savait pas s'il réussirait, mais il avait foi en lui et n'avait pas peur. Ni d'échouer, ni d'être rejeté, ni de déranger. Il ne se préoccupait pas de ce qu'on penserait de lui. Il n'était pas encombré par tous ces freins qui empêchent d'aller simplement chercher ce que l'on veut vraiment. Il savait ce qu'il voulait et était convaincu qu'il pouvait essayer. Il n'avait rien à perdre et au pire, il aurait au moins de belles vacances. Sur son vélo, il savait parfaitement où il allait et avait cent fois visualisé son arrivée, très positivement! Il ne fonçait pas tête baissée, le nez dans le guidon!

Le nez dans le guidon

À force de sacrifier l'essentiel pour l'urgence, on finit par oublier l'urgence de l'essentiel.

EDGAR MORIN

Clara est épuisée, elle a trois enfants en bas âge et n'arrive pas à gérer le quotidien. Elle s'agite comme une bille dans un flipper, s'énerve au-delà de toute mesure et est parfois tentée de se débarrasser de ses enfants en les confiant un week-end aux grands-parents, sans jamais oser passer à l'action tellement cette envie la plonge dans un gouffre de culpabilité.

Son mari travaille beaucoup et rentre tard, ce qui laisse Clara seule face à la tâche. Elle doit combiner ses activités de maman avec sa vie professionnelle qui, bien que moins lourde que celle de son mari, la stresse énormément : surcharge de travail, délais à respecter, dossiers le soir au domicile... Jamais elle ne se repose.

Clara veut tout bien faire, elle jongle avec des horaires de dingue, fait des courses alimentaires régulières, conduit ses enfants dans deux écoles différentes et aux activités parascolaires plusieurs fois par semaine avec des trajets insensés. Elle gère un agenda compliqué et entretient elle-même la maison parce qu'elle ne supporte pas d'avoir une femme de ménage dans les pattes ! Tout l'énerve, elle crie sur ses enfants, dort mal, court toute la journée et n'a plus une once de disponibilité pour son mari qui s'éloigne de plus en plus...

La vie compliquée qu'on s'applique à mener nous empêche le moindre moment de repos, de réflexion et de recul. On pédale tous les jours, sans s'arrêter pour réfléchir. Comme le lapin d'*Alice au pays des merveilles*, on est toujours en retard, on court derrière le temps, on est débordé par tout ce qu'on doit faire, les journées sont trop courtes ! Toute notre société fonctionne sur ce modèle, presque comme si c'était valorisant de manquer de temps. Cela signifie qu'on est quelqu'un d'important, de très sollicité ! Et comme tout le monde court autour de nous, on ne voit plus combien c'est malsain. Il devient gênant d'être disponible, d'avoir le temps ou de faire la sieste...

Les générations ont changé, les femmes travaillent, la vie de famille a dû se réorganiser en fonction, mais on est loin d'y être parvenu avec bonheur et sérénité. La plupart des gens mènent une vie trop remplie, trop compliquée et trop stressante. Ils sont tendus, fatigués, frustrés et anxieux, voire en *burn out*.

Les enfants suivent inévitablement le même chemin : dès l'âge de 3 mois, ils vont à la crèche, puis à la maternelle, comme si ces deux premières étapes étaient obligatoires.

Bien sûr, ces institutions sont une providence pour les mamans qui travaillent et ne peuvent pas trouver d'autres solutions, mais ni la crèche, ni l'école maternelle ne sont indispensables. Il n'est pas vital d'y mettre vos enfants si vous préférez vous en occuper vous-même ou les confier à un proche de la famille.

La crèche n'est pas un lieu de socialisation comme on aime à le répéter, peut-être pour se déculpabiliser : elle est une réponse, la moins mauvaise possible, au travail des femmes. La réalisation professionnelle des femmes est un vrai bonheur pour nombre d'entre elles et assurément un bienfait pour la société, mais c'est aussi souvent la conséquence d'un besoin financier qui s'est imposé pour faire face à une vie de plus en plus lourde matériellement.

À l'âge de la crèche, les bébés ne se socialisent pas beaucoup, en revanche, ils sont souvent malades et pleurnichent parfois seuls dans leur coin. L'école maternelle non plus, aussi sympathique soit-elle, n'est pas obligatoire et ne devrait pas être considérée comme une préparation à l'école primaire. Trop de parents se sentent rassurés quand leur enfant sait déjà lire avant d'y entrer. Tant mieux si l'enfant découvre l'écriture spontanément comme un jeu, mais il n'y a aucun bénéfice à lui apprendre à lire si tôt s'il ne s'y met pas tout seul, au contraire.

Dès l'âge de 6 ans (et souvent bien plus jeunes, parfois à 2 ou 3 ans !), les enfants ont de nombreuses activités parascolaires. Leur intérêt n'est pas toujours contestable, mais trop c'est trop. Certains enfants ont des agendas de ministre et les parents jouent au chauffeur tout en râlant d'avoir une vie si compliquée. Trop d'occupations stresse toute la famille et rend la vie épuisante, au risque de perdre tous les bénéfices escomptés par les activités choisies. Trop de courses en tout sens, trop de trajets, trop de complications et aussi un surcoût non négligeable.

J'ai accompagné de nombreuses familles dans ces réflexions destinées à restaurer une vie équilibrée et saine, et les parents se sont parfois rendus compte qu'à peu de chose près, le salaire de la mère, souvent plus modéré que celui du père, était presque englouti par tout ce qu'il fallait mettre en œuvre pour qu'elle puisse travailler et donc faire garder et occuper ses enfants : crèche, gardienne, babysitting pour enfants malades, nounous après l'école, trajets nombreux (nécessité d'avoir deux voitures parfois), activités parascolaires (et tous les équipements nécessaires), stages de vacances (une bonne douzaine de semaines à combler par an !) sans compter les jouets destinés à compenser les absences parentales et les nombreuses visites chez le pédiatre pour ces enfants surmenés.

Non, il ne s'agit pas d'une plaidoirie pour les mères au foyer ! Je suis moi-même une maman qui a travaillé et qui travaille encore, mais je reçois trop souvent en consultation des mères épuisées, des pères aussi, proches de l'accident physique ou psychique, pour lesquels un examen concret de leur vie les amène à l'évidence qu'il faut tout remettre en question.

Il est utile de s'arrêter et de reconsidérer sa vie en prenant un sérieux recul. Un grand zoom arrière, qui nous permet de remettre à sa juste place ce qui aujourd'hui nous paraît indispensable, alors qu'avec la distance, beaucoup de choses deviennent dérisoires. Cela nous aide à revenir à l'essentiel.

La manne de repassage

Le maximum de simplicité va avec le maximum
de difficulté quant à soi-même.
Être simple n'est pas simple, voilà la gageure.
Georges Perros

– Tu es censé faire la vaisselle, mais ça traîne toujours dans l'évier !

– Je sais que c'est ma responsabilité, mais alors laisse-moi la faire à ma manière, quand ça m'arrange !

– Oui mais alors je ne peux pas utiliser correctement la cuisine et ça me dérange !

– Si ça te dérange, fais-la toi-même !

– Oh, ça c'est un peu facile !

– Non ! Ça n'est pas facile du tout, tu n'es jamais contente ! Il faut toujours que ce soit fait comme tu veux et quand tu veux !

Si le ton était léger, j'aurais parfois envie de rire en écoutant des couples se disputer en consultation pour des questions de ménage ! Parfois, j'entends des mères surchargées se désoler de ne pas avoir assez de temps à consacrer à leurs enfants parce qu'elles ont encore deux ou trois mannes de repassage en attente !

– Trois mannes ! leur dis-je, mais qu'avez-vous donc à repasser ?

– Ah, mais moi j'aime que tout soit bien propre et en ordre !

– Je comprends, mais qu'y a-t-il dans vos trois mannes ?

– Oh, ce ne sont encore que les dernières lessives, mais moi, je repasse tout ! répond-elle fièrement comme s'il s'agissait d'un engagement moral.

– Tout ? Même les draps et les chaussettes ? Et les sous-vêtements ?

– Oui, évidemment, même pour les enfants, c'est important qu'ils soient bien habillés !

Ce ne sont pas des mères au foyer qui me parlent comme ça, celles-ci ont fait un choix qu'elles assument comme elles l'entendent ; ce sont des femmes qui travaillent, qui jonglent avec des horaires de dingue, qui courent toute la journée et qui ponctuent toutes leurs phrases du mot « vite » : « On va vite chez le dentiste, prends vite ton sac de gym, je vais vite me brosser les dents, je donne vite un petit coup de fil », bref, des femmes qui compriment deux vies en une ! Que de tracas pour ce sacro-saint ménage ! Que de prises de tête pour des histoires de vaisselle ou d'aspirateur ! Que d'embrouilles pour de la poussière ou des faux-plis ! Cela en vaut-il vraiment la peine ? Ce ne sont que des soucis ménagers, mais ils empoisonnent la vie.

Je leur demande ce qui est vraiment prioritaire dans leur vie : « Mes enfants ! Mon couple ! » Et aussi l'amour, la santé, l'amitié… Toutes sont d'accord pour défendre ces priorités, mais que voit-on ? Des tensions récurrentes pour des histoires de nettoyage ou de rangement, des femmes obsédées par des piles de linge un peu brouillonnes ou des traces de gouttes sur les verres !

Il y a pire encore : les travaux ! Je ne connais pas un couple qui n'ait traversé une période de construction ou transformation sans de nombreux énervements, alors que le projet est quasiment toujours une envie conjointe et un désir de bonheur. On peut comprendre que le caractère définitif des décisions impose des discussions où chacun a son mot à dire, mais de grâce, est-ce que la forme d'une poignée de porte ou la nuance d'un carrelage valent une scène de ménage ? Prenons un peu de recul : est-ce vraiment essentiel ?

Si la réponse est : « Oui, c'est absolument important, c'est vraiment mon plaisir et pour moi, l'important se niche dans les détails. La beauté des objets, la décoration, c'est ma passion ! », alors pas de problèmes, continuez sur cette voie et amusez-vous bien !

Mais si la réponse est non, alors, de deux choses l'une :

– Soit on reconnaît en son for intérieur que ce sont des petites armes destinées à culpabiliser l'autre, des excuses bienvenues pour ne pas se consacrer à l'essentiel, pour continuer à se plaindre, pour exercer une pression sur l'entourage, et on n'a pas vraiment l'intention de changer. Dans ce cas, bonne continuation !

– Soit ce n'est vraiment pas important, ce qui est essentiel, c'est de se faire plaisir et de s'occuper du couple, des enfants et de soi-même, alors on s'organise autrement !

Premier conseil : simplifier, simplifier, simplifier !

On ne peut gérer une vie professionnelle, une famille et un ménage sans lâcher du lest. Les choses doivent être bien faites, sans plus. Inutile de vouloir tout faire parfaitement.
Le mieux est l'ennemi du bien. On applique la règle des 80/20 : cette règle bien sympathique démontre que, globalement, on a besoin de 20 % d'énergie pour atteindre 80 % du résultat. Ce n'est déjà pas mal ! Pour couvrir les 20 % manquant à la perfection, il faudra encore déployer 80 % d'énergie ! Cela en vaut-il vraiment la peine ?

Deuxième conseil : dé-ga-ger !

Désencombrer les placards, vider les garde-robes trop pleines, se débarrasser du superflu. On ouvre l'armoire à vêtements et on bazarde tout ce qu'on n'a pas porté les deux dernières années. Si on n'a pas mis ces vêtements, c'est que chaque fois que l'occasion s'en présentait, on a préféré une autre tenue et ça ne changera sans doute plus. Hop, des sacs pour les bonnes œuvres.

Idem pour l'électroménager qu'on n'utilise jamais, les nappes, les vases, la vaisselle superflue, les jouets oubliés, les vélos trop petits, les médicaments périmés, les flacons de la salle de bains, les boîtes à chaussures de vieux courriers inutiles ou de photos qu'on ne triera jamais et tous ces objets reçus qui encombrent nos étagères, prennent la poussière et alourdissent le travail du ménage ! Si quelque chose a vraiment de la valeur, on le met dans un dépôt-vente. Et les souvenirs ? On les garde dans son cœur !

Pourquoi un tel dégraissage ? Parce que chaque objet amène quelques soucis d'entretien ou de réparation, il occupe un espace qu'on nettoie, qu'on chauffe et qu'on paye et ce sont tous ces petits gestes mis bout à bout qui nous pompent du temps, de l'argent et de l'énergie. Mais aussi juste pour découvrir cette agréable sensation d'espace, de frais et de lumière. Calme et apaisement garantis !

Troisième conseil : ranger

Les objets qu'on a vraiment choisi de garder, parce qu'on les aime beaucoup ou qu'ils nous sont vraiment utiles, doivent avoir une place logique et connue de tous. Rangés au bon endroit, leur usage est simplifié. Ils doivent être à portée de main pour qu'on puisse les utiliser facilement et tous les membres de la maison doivent en connaître la place et s'habituer à les y remettre. C'est fini les « Mamaaan, où sont mes bottes ? »

Un petit truc : garder l'objet en main tant qu'on ne l'a pas mis à sa place. Ne pas le déposer n'importe où pour le ranger plus tard. Ainsi, on ne fait qu'une seule fois le geste du rangement.

Quatrième conseil : organiser

Prendre des décisions de gestion quotidienne, logiques, cohérentes qu'on ne doit pas remettre en question à chaque application.

Les membres de la maison s'accordent sur « qui fait quoi ». Au sein du couple, une difficulté est liée au caractère interchangeable des fonctions. Depuis que les femmes travaillent à l'extérieur, les hommes sont invités à participer aux tâches ménagères et aux soins des enfants, mais les rôles ne sont pas souvent bien définis et certaines femmes espèrent que leur conjoint sente qu'elles ont besoin d'aide ici ou là, qu'il devine qu'il est temps de faire une lessive parce que le petit va partir en stage la semaine prochaine, etc. Si changer la poubelle est une corvée qui n'est spécifiquement attribuée à personne, il y a de fortes chances que tout le monde pousse pour tasser le contenu en espérant que le suivant soit celui qui sera obligé d'agir ! Une bonne répartition des charges, en fonction des talents, des disponibilités et avec logique (par exemple celui qui cuisine fait aussi les courses), est une mesure préventive qui peut éviter quelques divorces !

Si les enfants sont jeunes, ce sont les parents qui décident avec bon sens. Les enfants plus âgés et de bonne volonté peuvent avantageusement participer à des petites réunions fonctionnelles de répartition des tâches. Ensuite, on s'y tient sans discuter. Un grand tableau sur le frigo déjoue bien des disputes. Si les décisions prises s'avèrent intenables ou non suivies, on refait un débat familial et on rediscute. Mais pour le bonheur général de la famille, on s'engage à ne pas rechigner chaque fois qu'on doit se mettre au travail.

Cinquième conseil : déléguer

Si les membres de la famille sont trop occupés par leurs fonctions prioritaires (métier, études, etc.) ou si les charges ménagères incontournables leur mangent le peu de temps qu'ils ont pour des loisirs sains ou du repos nécessaire, on délègue. On utilise les services d'aide à domicile, de nettoyage, de livraison de courses, de repas préparés, etc. En cette matière, tout existe. Mais tout se paye, me direz-vous ! Pas sûr… Avec un peu de créativité, des relations de quartier et quelques amis, on peut trouver des solutions gratuites ou bon marché, du covoiturage, des achats groupés, du bénévolat ou du troc, bref de l'entraide.

Allez, le week-end prochain, on retrousse ses manches et on désencombre sa vie ! On n'en a qu'une et elle vaut bien mieux que des disputes pour de la vaisselle sale ou du linge en attente !

Je lui ai dit cent fois

Il y a bien des façons de passer à l'acte : se taire en est une.
JEAN-BERTRAND PONTALIS

– Je ne supporte pas que mon mari téléphone au volant, ça me fait peur. Je lui ai déjà dit cent fois d'arrêter, c'est épuisant !

– Et il change ?

– Non ! justement ! J'ai beau le lui demander, il recommence chaque fois !

– Pensez-vous que ça va marcher à la cent unième fois ?

– Heu… non !

– Alors, pourquoi continuez-vous à lui répéter la même chose si c'est sans aucun effet ?

Cette épouse a-t-elle d'autres solutions ? Elle pense que non. Quel intérêt a-t-elle à répéter sans cesse un système inefficace ?

Dès qu'il prend son téléphone, ils savent tous les deux ce qui va se produire, le scénario est écrit : il résiste, elle souffre, ils soupirent, elle se plaint, il lève les yeux au ciel, il se justifie s'il en a encore le courage :

– Je t'ai déjà dit cent fois que je n'ai jamais provoqué le moindre accident en téléphonant ! Je suis concentré, c'est toi qui me déconcentres ! Fiche-moi la paix quand je conduis !

Elle s'explique si elle en a encore la force :

– Je sais que tu n'as jamais provoqué d'accident, peut-être que ce n'est pas rationnel, mais je t'ai déjà dit cent fois que ça

me fait peur et je voudrais vraiment que tu tiennes compte de moi et de mes émotions.

Ils tournent en rond, dansent la valse des couples qui s'enquiquinent, se chamaillent et s'usent consciencieusement. Ils arrivent chez leurs amis excédés, tirent la tête tout le dîner et rentrent chez eux frustrés, pour dormir dos à dos.

Peut-être qu'ils aiment se disputer ? Grands dieux, non ! diraient-ils, ça nous épuise !

Mais alors pourquoi ne changez-vous pas ?

–Parce que quand je conduis, c'est moi qui décide, dit Monsieur !

– Parce que je n'arrive pas à calmer ma peur, dit Madame !

– J'en ai assez que ma femme me dicte ma conduite, dit Monsieur !

– Je ne veux plus me soumettre à l'autorité de mon mari, dit Madame !

Laissons ces champions de la guéguerre lutter pour avoir le dernier mot, reproche contre reproche dans leur escalade symétrique, ils ne sont pas encore prêts à envisager d'autres stratégies.

Et vous, comment vous y prendriez-vous pour vous faire respecter dans ce cas-là ? Comment pourraient-ils s'y prendre ?

– Par exemple, Madame pourrait demander, sur un ton calme et décidé, l'arrêt de la voiture séance tenante et en descendre dès que le téléphone sonne, au risque du ridicule et de quelques kilomètres à pied. Ça passe ou ça casse, mais ça a le mérite d'être clair !

– Madame pourrait décider de prendre sa propre voiture : tu viens chérie ? Non, mon amour, je prends ma voiture, tu pourras téléphoner à l'aise ! Mais enfin chérie, ne fais pas l'idiote, tu sais bien que je ne provoque pas d'accident ! Ça n'a rien à voir mon lapin, tu le sais bien toi aussi, mais si tu ne me respectes pas, je me respecte toute seule !

– S'ils n'ont qu'une voiture, Madame peut aussi laisser Monsieur aller seul chez les amis, de cette façon au moins, elle adopte un comportement conséquent.

– Elle peut aussi annoncer un deal : téléphone en voiture = raviolis en conserve : non-respect contre non-respect ! C'est clair, c'est annoncé, on s'y tient calmement. Le problème de cette voie, c'est qu'elle n'est pas vraiment pacifiante et qu'elle fait du tort aussi à celle qui l'impose, mais elle est cohérente et radicale.

– Elle pourrait, à l'inverse, découvrir l'efficacité du renforcement positif : mon chéri, quel bonheur ce trajet sans téléphone, tu m'as fait un plaisir fou, bravo ! Ça me donne envie de refaire ton tiramisu préféré ! Un peu lourd ? Peut-être, il en existe des versions plus subtiles : se montrer gentiment admirative et particulièrement agréable durant les trajets sans téléphone, l'air de rien… À chacun sa stratégie !

– Et si rien ne marche, Madame pourrait accepter une fois pour toutes que son mari est prudent, et que le mieux qu'elle puisse faire est de basculer le siège et d'essayer de s'assoupir, en confiance. Peut-être évitera-t-il de téléphoner, pour ne pas l'éveiller, et aussi parce qu'elle ne l'ennuie plus…

– Il pourrait accepter qu'on ne conduit pas de la même manière selon qu'on est seul ou accompagné et qu'il ne s'agit pas nécessairement de convaincre, ni de comprendre, mais juste d'accepter que sa femme est différente de lui.

Dans le cadre de l'éducation des enfants, répéter cent fois la même chose en vain est une excellente source de tension et d'usure. Les enfants en ont ras la casquette, Maman est au bord de la crise de nerfs, crie et culpabilise ses rejetons, l'ambiance est électrique. Papa rentre et n'a même pas le temps d'enlever son manteau que toute la tribu lui tombe sur le râble. Chéri tu prends le relais, j'en peux plus! Papa j'en ai marre de Maman! Au secours!

Il vaudrait peut-être mieux, pour cette famille épuisée, faire une réunion tous ensemble, pour expliquer le bien-fondé des exigences, s'écouter mutuellement et tâcher de se comprendre, avec bonne volonté. Tester l'éducation participative, essayer une autre stratégie, un autre ton, un autre deal, faire des contrats...

Un truc simple pour arriver à discuter ensemble sans s'interrompre est d'utiliser un micro fictif, par exemple la télécommande ou une cuillère en bois. Ne parle que celui qui tient le micro. Les autres doivent se taire et écouter. Lorsque celui qui a eu la parole a fini, il pose le micro sur la table et le suivant peut le prendre. Ce système a pour but de ralentir le rythme de la discussion, afin d'apprendre à s'écouter vraiment, sans se couper la parole.

J'ai déjà dit cent fois à ma mère de se soigner mieux, me dit Corine, médecin généraliste, sur un ton épuisé. Mon père, lui au moins, écoutait, mais ma mère, c'est comme si elle s'ingéniait à faire exactement le contraire de ce que je lui recommande.

Visiblement, cette dame ne souhaite pas vraiment obéir à sa fille, même si ses conseils sont avisés. Sur le plan de la santé, son attitude peut paraître assez puérile, mais c'est son droit aussi longtemps qu'elle garde la maîtrise de ses pensées. Probablement qu'il se joue entre la mère et la fille une interaction souterraine qui leur échappe, parce qu'elle s'articule d'inconscient à inconscient. Mère et fille ne sont pas en relation sur le même registre, et donc ne se comprennent pas. Faire changer l'autre, le gouverner, même « pour son bien » est une entreprise souvent vouée à l'échec.

La sacrificite

Il n'y a pas de martyrs volontaires. Ceux qui se crucifient ont soin d'enfoncer les clous dans des trous déjà existants.
Paul Masson

Julie peine à se faire aimer. Elle fait pourtant beaucoup d'efforts et se donne sans compter, mais il semblerait qu'elle s'épuise en vain.

Célibataire, elle est encore proche de sa famille d'origine, alors qu'elle a dépassé la quarantaine. Elle prend régulièrement l'initiative de repas de famille, essaye de réunir frères et sœurs, neveux et nièces autour des parents vieillissants, comme si elle n'arrivait pas à dépasser la nostalgie d'une époque révolue.

Lors de ces réunions familiales, c'est toujours elle qui débarrasse la table, comme avant. Elle fait la vaisselle alors que les autres filent au salon et ne s'y installe avec un air de triste reproche qu'à l'heure où les « couche-tôt » lèvent la séance et rentrent chez eux.

Julie se sent toujours à la traîne et, pour se sentir utile, elle se décarcasse pour rendre des services que personne ne lui demande. Son dévouement est facile à accepter mais il est aussi encombrant, parce qu'il crée une dette embarrassante pour l'entourage qui petit à petit s'éloigne.

Elle est souvent en relation avec des personnes un peu paumées, encore plus mal loties qu'elle, qui profitent de sa générosité mais qui ne la tirent pas vers le haut.

Au sein de sa famille, comme personne ne lui demande ces sacrifices, elle attend un peu vainement qu'on lui renvoie l'ascenseur, ce qui arrive rarement. Elle en souffre, sème reproches et plaintes lancinantes mais ne change rien à son scénario. D'ailleurs, elle ne sait pas pour quelles raisons on l'aimerait si elle arrêtait de se rendre utile…

La générosité est une merveilleuse qualité, mais elle a un revers de médaille dont peu de généreux se rendent compte : elle crée une dette de gratitude qui peut peser à la longue. Donner plaît à celui qui donne et à celui qui reçoit, mais celui qui donne devrait se satisfaire de son envie d'offrir, et celui qui accepte, de son plaisir de recevoir. La plupart du temps, cela s'équilibre assez naturellement.

En revanche, les généreux excessifs se sacrifient, donnent et rendent service dans le but inconscient d'être appréciés. Volontairement ou non, ils créent une dette dont ils se serviront plus tard, avec à la clé une déception affichée, voire une rupture, si l'on n'y répond pas. Ils offrent pour être aimés et cet espoir domine le plaisir du don.

Il est normal d'apprécier des remerciements ou une certaine réciprocité, mais il serait plus sage de les considérer comme une cerise sur le gâteau. Parce que la réciprocité n'est pas une obligation, loin de là, et encore moins la symétrie.

La réciprocité symétrique fait partie des attentes qui épuisent les relations et en particulier les couples. « Je supporte ta mère tous les dimanches, alors je ne comprends pas pourquoi tu ne veux pas que la mienne passe les vacances avec nous ! » « Moi j'accepte que tu aies des contacts réguliers avec ton ex, alors tu n'as pas le droit de m'empêcher de voir le mien », sauf qu'avec le premier, il y a des enfants en commun, et que le second est un séducteur insatiable, par exemple, ce n'est pas vraiment pareil.

Les personnes atteintes de *sacrificite* pensent donner sans compter, mais elles comptent néanmoins. Comme la réciprocité est rarement au rendez-vous, elles se considèrent lésées et cette blessure, qu'elles ont elles-mêmes créée, forme le lit de leur déprime et de leurs récriminations.

Le sens du devoir

On dit : esclave de son devoir,
comme on dit : esclave de ses passions.
Ces deux esclavages-là ne sont-ils pas
les plus terribles de tous ?
LOUIS DUMUR

Chaque année, Jacques passe les vacances de Noël dans la famille de son épouse, en Allemagne. Il comprend l'allemand, mais pas suffisamment pour participer avec aisance aux conversations familiales. Il s'y essaye pourtant courageusement, pense devoir rester au salon avec la famille et tout le monde s'astreint à parler clairement, en évitant d'aller trop vite et de rajouter idiomes et argot familial. C'est un peu pénible, mais conscient des efforts faits par sa belle-famille, Jacques ne se sent pas le droit de les quitter, il aurait l'impression de faillir à son devoir de gendre. Les beaux-parents, eux aussi pétris de bonnes intentions et conscients de leurs devoirs d'hôtes, essayent de le faire participer autant que possible, en expliquant le contexte et la cause des éclats de rire. C'est épuisant pour tout le monde !

Un jour, Jacques comprend qu'il n'a aucune obligation de participer à ces conversations, qui finalement ne l'intéressent pas tant que ça ! Il prend un bon livre et se cale dans un coin près de la fenêtre, ravi de son sort. Tout le monde s'en trouve soulagé et la suite des vacances est agréable et légère.

Il faut et *je dois* sont deux bons moteurs pour nous pousser à faire des tas de choses désagréables, mais qu'on croit obligatoires. On peut véritablement se gâcher la vie, jour après jour, en ne recourant qu'à cette obéissance aveugle au devoir ! C'est beau, c'est noble, c'est grave ! Mais c'est lourd, pénible et terriblement ennuyant !

Je dois m'occuper des chats de ma sœur quand elle part au club, je dois dépanner mon voisin qui patauge en informatique, je dois écouter mon père qui débarque chez moi à n'importe quelle heure, je dois aider mon fils de 40 ans qui peine à financer les sports d'hiver de ses enfants, je dois passer Noël chez mes parents, je dois rendre service à ma collègue qui part toujours plus tôt que moi, je dois ramener du travail à la maison le week-end, je dois laver ma voiture, etc. La liste est longue, elle déroule une infinité d'obligations pénibles qui alourdissent nos vies déjà bien assez chargées. On *peut*, si on en a envie, mais *doit*-on vraiment ? Que doit-on vraiment faire ? Que faut-il accepter ? Quels sont nos véritables devoirs ?

Je vous propose un petit exercice qui va vous aider à y voir clair.

- Classez l'ensemble des gens qui font partie de votre vie par groupe (même d'une seule personne). Par exemple : vos parents, vos oncles et tantes, vos neveux et nièces, vos enfants, vos petits-enfants, vos grands-parents, votre conjoint, votre ex, vos beaux-parents, vos beaux-enfants, vos voisins, vos collègues, vos supérieurs hiérarchiques, vos employés, vos clients, vos patients, vos amis, les copains du sport, de la chorale, de la paroisse, les gens de votre immeuble, de votre village, de votre pays, du monde… Vous choisissez les groupes qui ont une existence dans votre vie, comme bon vous semble.
- Pour chaque groupe, demandez-vous quelles sont les vraies obligations que vous avez à leur égard (vos devoirs) et essayez de les distinguer de ce qui n'est pas obligatoire (vos choix libres). Attention, l'un n'est pas toujours l'inverse de l'autre, puisqu'on peut choisir librement de faire son devoir. Voyons donc plus clairement comment les déterminer.

Pour définir nos devoirs, on peut envisager globalement trois niveaux de référence, du plus large au plus personnel :

1er niveau de référence : les lois, les règles et les contrats

Par exemple, la loi nous impose de subvenir aux besoins de nos enfants (subsistance, soins et éducation), aussi longtemps qu'ils ne sont pas autonomes, d'apporter assistance financière à nos parents vieillissants s'ils n'y arrivent plus eux-mêmes, mais pas à l'égard de nos frères et sœurs qui seraient dans le besoin. On a l'obligation légale d'assistance à personne en danger pour tout le monde. On a l'obligation de respecter le code de la route, etc. Pour connaître nos obligations légales, il faut connaître les lois et nul n'est censé les ignorer.

2e niveau : les consensus

Ce sont les règles du groupe, tacites ou écrites, mais claires. Les règlements d'ordre intérieur, les lois du club, les obligations familiales, etc. Ce niveau est déjà plus flou que le précédent. Qui les a imposés ? Sont-ce des règles ou des habitudes ? Doit-on vraiment déjeuner tous les dimanches chez ses parents ? Est-ce une obligation ou un souhait des parents ? (La question n'a pas beaucoup de sens lorsque c'est une joie, évidemment, mais bien lorsque c'est une corvée !)

3e niveau : nos engagements

Rien ne nous l'impose, sauf nous-même. On s'est engagé, plus ou moins formellement à rendre un service, à tenir une fonction, on s'y oblige soi-même et s'y tient. C'est dans cette catégorie qu'on retrouve les obligations morales qui dépendent essentiellement de nos valeurs. Par exemple, lorsqu'on accepte d'être le parrain ou la marraine d'un enfant, cela implique de définir ce que les parents en attendent et décider en toute conscience d'accepter ou non. Si on s'engage à prendre soin d'une personne âgée de son quartier en faisant ses courses, par exemple, on ne peut pas le faire quand ça nous plaît et cesser quand ça ne nous arrange plus, sauf à rompre formellement l'engagement.

Notons que le caractère contraignant de l'engagement est lié au fait qu'il implique d'autres personnes. On peut s'engager seul (à respecter une attitude écologique, à pratiquer un sport ou jouer d'un instrument de musique…) et ne pas respecter ce qu'on s'était promis de faire sans que cela n'implique formellement quelqu'un d'autre. Dans ce cas, on est seul face à sa conscience.

Si on s'interroge sur nos devoirs de cette manière systématique, on se rend vite compte qu'on a bien moins d'obligations que l'on ne croit. Tout ce qui n'est pas obligatoire est un choix. Difficile parfois, mais libre.

Que l'on se comprenne bien : tous les devoirs ne sont pas synonymes de corvées. Certains devoirs sont très agréables à remplir, le plaisir n'est pas le critère. Il n'est pas non plus toujours nécessaire de remplir nos obligations nous-même, on peut aisément déléguer certains devoirs à quelqu'un qui s'en chargera, mais on en garde la responsabilité. Par exemple, on doit nourrir sa famille, mais si on n'aime pas cuisiner, on peut demander à un membre de la famille de passer derrière les fourneaux ou acheter des surgelés ! Si ces options ne nous semblent ni possibles ni souhaitables, il ne nous reste qu'une chose à faire : remplir correctement notre devoir, sans état d'âme. On le fait, et puis c'est tout. Sans râler, sans remettre l'évidencc en question. On se satisfait de l'idée de faire correctement ce qu'on doit faire, sans plus. Et voilà déjà une raison de se gâcher la vie en moins !

Bon nombre de situations, choisies par envie, imposent en leur sein des actions qui ne sont pas régies par l'envie. C'est le cas de nombreux devoirs imposés par les grands choix de la vie : se marier, faire des enfants, et pour les plus jeunes, le choix des études supérieures. Le cadre a été librement choisi, mais il inclut des devoirs. Normalement, l'étudiant choisit ses études, pour aller vers une profession qui lui plaît. Parfois, à tort ou à raison, les études sont imposées par les parents, mais quoi qu'il en soit, au sein du cadre des études un devoir s'impose : étudier ! Rares sont les jeunes qui ont envie d'étudier et malheureusement, c'est souvent ce critère qu'ils écoutent et qui les empêche de s'y mettre du bon pied. Ce n'est pas l'envie qui détermine le moment d'aller s'asseoir à sa table et le temps qu'on y passera, c'est le devoir. Et comme pour toute action régie par le devoir, qui de surcroît n'est ici accompagnée d'aucun plaisir, il n'y a pas à se poser la question du plaisir, on s'organise et on s'y met. Comme un musicien qui fait ses gammes ou un sportif ses entraînements. On vise la ligne d'arrivée, sans s'écouter à chaque pas.

On se simplifie considérablement la vie en déterminant rapidement et avec justesse les actions qui relèvent du devoir ou de l'envie. C'est un petit interrupteur interne, facile à utiliser, qui nous branche sur un état d'esprit cohérent, qui aide à choisir de s'y mettre ou non, et ensuite à ne pas régulièrement remettre nos choix en question, à ne pas râler, regretter ou saboter la tâche.

Tout ce qui n'est pas de l'ordre du devoir est un choix libre, que l'on fait en fonction de différents critères : de plaisir, d'utilité, de valeur…

Cesser d'accomplir ce qu'on n'a pas envie de faire et qui n'est pas un devoir n'est pas toujours facile à assumer ni à faire accepter par les autres, c'est vrai. Tout changement d'attitude aura des conséquences, que l'on peut essayer de prévoir ou non, dont on peut se préoccuper ou non, dont on tiendra compte ou non, c'est notre choix.

Je me souviens d'un dîner qui a eu lieu il y a quelques années chez une amie. On était une douzaine d'invités autour de la table, dont deux amies de l'hôtesse, passablement éméchées. L'alcool leur avait enlevé toute inhibition et elles péroraient à qui mieux mieux, proférant même quelques propos racistes, ce qui dérangeait discrètement plusieurs convives. Crispé à l'idée d'un repas assez désagréable, Albert, quinqua rondouillard, profite du passage de l'hôtesse en cuisine, entre l'entrée et le plat, pour aller l'embrasser et la remercier de sa gentille invitation, en annonçant qu'il préfère quitter l'assemblée pour échapper à ces bêtises affligeantes, en confirmant son affection intacte pour son amie qu'il reverra volontiers plus tard, sans ses bavardes amies. Olé!

Voilà un homme qui assume tranquillement le fait qu'il n'a pas envie de supporter cette ambiance déplaisante et qui ne s'encombre pas d'obligations, qu'en l'occurrence il n'a pas. Annoncé avec franchise, mais aussi avec affection, son départ n'a pas brisé sa relation avec son amie. Ce qu'en ont compris les péronnelles, nul ne le sait!

Pousser les murs

Le temps est la marque de mon impuissance ;
l'espace, de ma puissance.
JULES LAGNEAU

André est pris dans les embarras de trafic, comme chaque matin. Et comme chaque matin, il s'énerve, essaye de dépasser, klaxonne. André déteste les embouteillages, il râle contre le gouvernement qui n'y change rien et, dans sa vie, il agit toujours de la sorte. Quand ça résiste, il pousse et rouspète parce que précisément, ça résiste!

Sabine vit en banlieue et conduit ses enfants tous les matins à l'école en ville. À la question des bouchons, elle répond que c'est le meilleur moment de sa journée! « Les enfants sont calmes, on est tous ensemble, on n'a rien d'autre à faire si ce n'est papoter, c'est le moment où l'on règle toutes les petites affaires de la journée, mais c'est aussi durant ces trajets que les enfants se confient, racontent leurs tracas, leurs difficultés, leurs espoirs. Après, le soir, on peut tous vaquer à nos occupations respectives. Je ne suis pas accrochée au repas de famille, parce que tout le monde sait qu'on aura le temps de parler le lendemain matin. »

Dans la réalité autoroutière comme dans la vie, André et Sabine sont diamétralement opposés. L'un s'énerve parce que la réalité lui résiste, l'autre s'adapte et transforme la difficulté en aubaine. Symboliquement, ils sont tous deux en prison, sans possibilité d'en sortir. Le premier s'agite, tente de pousser sur les murs, secoue les barreaux et crie sa colère, la seconde s'organise pour transformer son enfermement en opportunité.

On peut tous faire pareil dans nos vies. Lutter contre la réalité ou s'y adapter avec bonheur (bien différent de la résignation, qui est un triste abandon, une révolte refoulée, une colère sourde retournée contre soi).

Prenons, par exemple, une tâche fréquente dans la vie des familles nombreuses : les courses au supermarché, avec des enfants. Vous avez déjà tous vu des parents excédés par leurs enfants : « Maman, Maman, je peux avoir ça ? » La mère, fatiguée, ne répond rien. « Maman, MAMAAAN, je veuuux çaaa !! » et la mère se fâche, frappe parfois l'enfant, qui pleure, ne veut plus suivre, et chaque samedi ça recommence. Ou bien l'enfant, échaudé, se sert sans rien demander, la mère doit remettre en rayon et la scène se répète au rayon suivant.

Pourquoi est-ce si difficile ? La mère devrait-elle être plus sévère ? « Tu ne touches à rien, un point c'est tout ! »

Est-ce que cette maman ne mettrait pas la barre un peu haute ? Rêve-t-elle d'amener son petit enfant dans un tel temple de la consommation, où elle-même se sert à loisir et où on sait que tout est calculé pour tenter les enfants, en espérant qu'il marche patiemment à côté du Caddie, sagement concentré sur la calligraphie des étiquettes ? Ne serait-il pas plus réaliste de lui donner une occasion de participer aux achats, en lui permettant par exemple de choisir le paquet de biscuits hebdomadaire ? Ou en lui autorisant de se faire plaisir à hauteur d'un ou deux euros ? Ou, selon l'âge, en lui proposant de composer le repas du soir ? En transformant la corvée en fête…

Dans les difficultés qui nous gâchent la vie, il n'est pas toujours aisé de comprendre où sont les murs et où sont les portes. Souvent, on s'énerve, on s'agite, on essaye un peu tout sans distinguer ce qui est en notre pouvoir (les portes) de ce qui ne l'est pas (les murs).

Dans une relation amoureuse imparfaite, on s'échine parfois à transformer son conjoint, à ne voir que ce qui nous résiste ou nous contrarie et passer largement à côté des richesses du partenaire, parce qu'on les considère acquises et normales. Comme le professeur qui ne souligne que les fautes et considère que les bonnes réponses sont naturelles. Quand on ne pointe que ce qui ne va pas, on s'use et on use les autres. Plus on dépense d'énergie à essayer de repousser les murs, moins on en a pour ouvrir les portes !

La mouche

La raison pour laquelle les mouches peuvent voler et nous pas, c'est tout simplement qu'elles ont une foi parfaite, car avoir la foi, c'est avoir des ailes.

James Barrie

Martin a 50 ans et cherche une femme. Mais pas n'importe laquelle. Martin cherche « la bonne ». Il se lance, assoiffé d'amour, mais sent très vite, trop vite, que ce n'est pas elle, alors il rompt, puis attend qu'elle le rappelle et rouvre ses bras sans difficulté, réessaye, reconnaît qu'il se sent bien avec elle, tâche vaillamment de trouver sa princesse en cette femme qui n'est que ce qu'elle est, et puis rompt à nouveau. Il se sent un peu idiot, se rend bien compte qu'il passe à côté d'une femme agréable à qui il n'a rien à reprocher, alors il tente à nouveau, mais rien n'y fait, ce n'est décidément pas « la bonne ».

Il retourne avec l'ancienne alors, celle qu'il avait tant aimée mais qui lui menait la vie si dure, chat échaudé ne semble rien craindre. Mais les mêmes causes produisent les mêmes effets et il rompt dans la souffrance renouvelée. Il se recroqueville quelque temps sur ses plaies ré-ouvertes et sa naïveté de vieil adolescent, puis revient vers la première, celle qui n'est pas « la bonne » mais avec qui il ne souffre pas. Ça lui paraît du coup un peu fade, rien n'est parfait…

Martin cherche une femme ? Non, Martin cherche une émotion. Une passion. Qu'il a déjà vécue mais qui n'a jamais duré. Qui s'était même pimentée de pas mal de douleur, mais de ce piment-là il n'en veut plus. Il veut juste l'émotion, sans les inconvénients. L'émotion merveilleuse, celle qui fait pousser des ailes dans le dos.

Parce que Martin n'a pas d'ailes dans le dos. Il a beau essayer d'être gentil avec tout le monde, d'être le bon copain, le bon grand frère, le bon ami, le bon samaritain, ses ailes ne poussent pas.

Alors, courageusement, il s'y remet, et cherche encore et encore celle qui lui fera pousser ces ailes. Parce qu'il en est persuadé, Martin, tout le monde a des ailes dans le dos et c'est l'amour qui les a fait pousser. Comment sont-elles venues ? Il n'en sait rien, mais elles sont immenses dès le début pour tenir l'épreuve du temps. Alors, âme en peine, il cherche…

C'est l'histoire de la mouche, qui se dit qu'elle arrivera bien à rejoindre le jardin en traversant la fenêtre. Elle prend son élan et vole droit vers la vitre. Poc ! Un peu sonnée, elle retourne vers le centre de la pièce, fait trois petits tours et recommence, encore et encore, ne changeant rien à sa stratégie. Le soir, elle est morte sur l'appui de fenêtre.

La mouche, c'est l'illustration de l'art de recommencer sans changer. Faire toujours plus la même chose. S'acharner dans une éternelle répétition, en espérant que cette fois, ce sera différent ! Sans changer son fusil d'épaule, sans modifier ses idées, ses croyances ni ses objectifs.

Le perfectionnisme

Qui veut atteindre la perfection
veut marcher sur l'horizon.
PAUL CARVEL

Rien de plus stimulant que de relever un défi de temps à autre. Mais quand on le crée pour devoir ensuite y faire face ou lorsqu'on imagine que le salut dépend du saut parfait au-dessus d'une barre inatteignable, tout en souffrant de stress et d'épuisement, ça pose question ! On s'invente des problèmes pour pouvoir les résoudre. On se bâtit des exigences que personne ne nous impose pour se prouver qu'on est efficace et en tirer un bénéfice narcissique ou une reconnaissance qu'il nous semble que la vie quotidienne ne nous offre plus. C'est l'héroïsme de l'alpiniste qui nous stimule, mais on crée les montagnes soi-même !

Oscar est cadre dans le secteur bancaire. Il arrive le premier dans son département et met un point d'honneur à partir le dernier, imaginant une honte insoutenable au cas parfaite-

ment hypothétique où il serait surpris à partir avant ses collègues. Il révise ses dossiers bien au-delà des exigences de la boîte et ne se sent jamais satisfait. C'est toujours avec beaucoup de stress qu'il les livre au service-clientèle. Pourtant, jamais un dossier n'est revenu pour information supplémentaire ou inexactitude. Oscar est très apprécié de ses supérieurs, il abat le travail de deux employés à lui tout seul et rattrape toutes les erreurs de ses collaborateurs. Il craint en permanence de faillir et de perdre sa place le cas échéant, alors que les rapports de sa hiérarchie sont très flatteurs.

Oscar a une famille et il est censé s'occuper des études de ses enfants, son épouse ayant décidé de reprendre une formation en cours du soir. Malheureusement, cette année encore, les enfants prépareront leurs examens tout seuls…

Oscar adore pourtant ses deux grands ados, mais il ne se rend pas compte combien il est en train de les perdre par absence d'attention. Il travaille pour eux, se sacrifie pour eux, ramène de l'argent pour eux, mais ne les connaît pas. Déçu par son épouse qui ne s'intéresse plus à lui, largué par ses enfants qui ne manifestent aucune gratitude à l'égard des efforts qu'il fournit, il s'enfonce dans la seule voie qu'il connaît et où il peut encore quérir un vague sentiment d'excitation : le travail.

Oscar, comme tous les perfectionnistes, considère ses actions comme parfaites ou ratées. Le problème, c'est qu'il n'est jamais sûr d'atteindre cette perfection. Il met systématiquement la barre trop haute, à la hauteur d'un idéal qu'un humain normal n'atteint jamais. Il refuse toute faiblesse, qu'il considère comme un échec, mais il refuse paradoxalement aussi la réussite, qu'il juge ne jamais atteindre, c'est une quête sans fin.

Un perfectionniste n'est jamais satisfait, il trouvera toujours un détail qui ne lui convient pas, alors qu'un *optimaliste*, comme le développe Tal Ben-Shahar dans son traité sur l'apprentissage de l'imperfection[21], fera volontiers « de son mieux », en essayant, en testant et en s'améliorant. Il y a une belle différence entre l'envie d'être le meilleur, ce qui demande de se comparer aux autres ou à une norme, et l'envie d'aller chercher le meilleur en soi, qui nous pousse à nous améliorer et à apprendre de nos échecs.

Le problème du perfectionniste, c'est aussi qu'il veut être parfait en tout ! Autant dans son travail qu'à la maison, dans chacune de ses activités, même les plus secondaires. Son désir de perfection n'est pas particulièrement lié à l'action à accomplir, mais il obéit plutôt à un programme interne qui impose cette quête, sous peine de faillir, de décevoir ou d'avoir honte… Et cela lui gâche bien sûr la vie ! « On fait les choses parfaitement ou on ne les fait pas ! » Ah oui ? N'est-ce pas mieux, dans certaines circonstances, de faire un bout de chemin sans pouvoir tout accomplir ?

Au point où j'en suis…

Une erreur ne devient une faute que si l'on persiste en elle.
Ernst Jünger

Très efficace petit système pour prolonger son malheur. On a déjà mangé les trois quarts du paquet, à ce stade autant aller jusqu'au bout. Buvons le calice jusqu'à la lie ! On ne se gâche pas la vie à moitié ! On ne va pas capituler aujourd'hui, on veut du retour sur investissement ! On essaye depuis si longtemps, on ne va pas s'arrêter maintenant !

21. Ben-Shahar Tal, *L'Apprentissage de l'imperfection*, Belfond. 2010.

Jeanne a quelques doutes au moment d'épouser Philippe. De façon subtile, à quelques reprises, il a manifesté un énervement excessif à son égard, elle a vu une flamme de colère passer fugacement dans ses yeux. Mais les bans sont publiés, le banquet commandé et les invités prévenus. Jeanne fait part de ses doutes à sa mère qui l'encourage en lui disant que le mariage n'est pas un conte de fées et que son fiancé est un homme de qualité. Bref, ils convolent en justes noces et rapidement Jeanne se retrouve enceinte. Tout se passe bien pendant sa grossesse, Philippe est aux petits soins, très fier de sa future progéniture dont il parle déjà en possesseur : mon fils par-ci, mon fils par-là. Jeanne, réduite au rôle de poulinière, sourit, n'y voyant qu'une fierté qui la réjouit, c'est déjà ça. Mais après la naissance, les choses se gâtent. C'est normal, pense Jeanne, il est fatigué à cause du bébé.

Le temps passe et un deuxième enfant agrandit la famille puis, au point où on en est, pourquoi pas un troisième ? Philippe s'éloigne davantage de sa femme et lui abandonne le foyer et les trois petits mais, au point où elle en est, elle ne voit pas d'autre voie que d'élever au mieux ses enfants. Elle avisera quand ils seront plus grands.

Lorsqu'ils quittent le nid, Jeanne peut enfin s'occuper de cette maison qui en a grand besoin, son mari ne s'investissant plus dans rien. Au point où on en est, se dit-elle, on n'a rien à perdre à remettre un peu de couleur et de fraîcheur dans ces chambres, qui accueilleront bientôt des petits-enfants. L'aîné vient en effet de se marier, les bébés vont arriver. Et si je le quittais maintenant, se demande-t-elle de temps en temps, mais on a déjà passé tant d'années ensemble, on est bientôt grands-parents, au point où on en est, ça ne vaut plus la peine de divorcer…

On a fait tant d'efforts, on a tellement ravalé sa frustration, on ne va pas plier maintenant. C'est la loi du casino : on mise sur le 7 à chaque partie, mais on perd chaque fois. On se dit que la chance va finir par tourner, statistiquement le 7 devrait sortir, donc on continue à miser sur le 7 et on perd encore. Beaucoup d'argent. Alors on entre dans une folie, une rage silencieuse, parce que ce chiffre nous résiste. Ce n'est pas possible, on ne va pas capituler, c'est presque comme si le combat s'installait entre le 7 et nous !

Tant pis pour les joueurs de roulette, mais nous, lorsqu'on sent qu'on fait fausse route, quel choix devrait-on faire : stop ou encore ? On quitte avant qu'il ne soit trop tard ou on persiste encore un peu, au point où on en est ?

Peine perdue

Ma plus douce espérance est de perdre l'espoir.
Pierre Corneille

Christine, célibataire de 40 ans, n'est pas très heureuse mais n'arrive pas à déterminer pourquoi. Elle a en main ce qui lui faut pour mener sa barque comme elle l'entend : elle gagne sa vie en faisant ce qu'elle aime, elle est libre comme l'air mais n'en profite pas.

Elle se sent toujours coupable. De quoi ? De tout et de rien, coupable de ne pas être qui elle voudrait être. Elle a l'impression vague d'être une femme peu intéressante, toujours décevante. Elle ne se sent pas à la hauteur, pas à sa place. Il ne faut pas chercher bien loin pour qu'elle reconnaisse qu'elle ne s'est jamais vraiment sentie à sa place, sa tristesse remonte à l'enfance.

Elle est la benjamine d'une famille de trois filles. Elle sait que ses parents espéraient un garçon. Ses sœurs plus âgées lui ont donné l'impression qu'elle gênait, qu'on n'avait pas besoin d'elle. Les places étaient prises, Christine ne trouvait pas la sienne, c'était peine perdue.

Mais aujourd'hui, seule universitaire de la famille, elle a réussi de belles études. Chaque fois qu'elle a des contacts avec les siens, tout son fragile équilibre s'effondre. Puisqu'elle est célibataire, ses sœurs comptent sur elle pour s'occuper des parents vieillissants. Elle en fait plus qu'à son tour, mais c'est peine perdue, on ne l'aime pas plus pour autant. Elle essaye de partager ses projets professionnels, mais là aussi c'est peine perdue, personne ne s'y intéresse.

Répéter cette expression : peine perdue, peine perdue, fait vivement réagir Christine. Subitement, elle s'entend clairement définir qu'elle se donne de la peine en pure perte ! Un peu abasourdie, elle réalise dans la foulée que c'est ce qu'elle fait souvent dans le reste de sa vie, un peu comme s'il s'agissait d'une programmation inconsciente.

Dans presque tous les domaines, elle se donne de la peine en pure perte. Elle essaye de perdre du poids, mais c'est peine perdue. Elle essaye d'avoir des contrats professionnels plus stimulants, mais c'est peine perdue. Elle voudrait rencontrer un homme, mais c'est peine perdue.

Christine se gâche la vie à répéter un scénario appris dans l'enfance, lui dictant qu'il faut toujours faire des efforts, mais que de toute façon ça ne sert à rien, le bonheur n'est jamais au rendez-vous.

De nombreuses personnes sont conditionnées par des fonctionnements d'origine infantile qu'ils n'imaginent pas à l'œuvre encore aujourd'hui. Ils n'en étaient pas conscients enfants, ils ne le sont pas plus adultes. Ils sont formatés par leur enfance et ne savent même pas qu'ils pourraient vivre autrement.

Chaque enfant a besoin de plaire à ses parents. Mais parfois, il a l'impression d'être décevant, de ne pas être l'enfant chéri que ses parents souhaitent. Il pense parfois, à tort ou à raison, que ses parents préfèrent un frère ou une sœur. Il ne sait pas quoi faire pour leur plaire et la tristesse s'installe discrètement, comme une musique de fond.

Aujourd'hui, s'il n'y a pas eu de prise de conscience majeure, la tristesse est toujours active, l'impression d'être décevant est toujours présente. On est adulte, mais on n'a pas encore vraiment renoncé à plaire à ses parents. On espère toujours être enfin regardé avec admiration, ne serait-ce qu'une fois, une seule petite fois, une minute. S'il vous plaît, regardez-moi, je voudrais voir votre intérêt pour moi, votre fierté, ne serait-ce qu'une seule fois. Ce serait la cerise sur le gâteau, mais c'est peine perdue, le gâteau s'effondre. Il n'y a sans doute jamais eu de gâteau.

Ô qu'il est dur d'abandonner cet espoir. Qu'il est dur de renoncer à ce besoin qui nous tient tellement à cœur. Mais si on ne veut pas entretenir son propre malheur, il n'y a pas d'autre voie que d'entendre ce que cette expression signifie d'épuisement et de tristesse et décider que cette peine-là, on ne veut plus la perdre.

Plus de peines perdues, plus de combats inutiles.

La dépression des courageux

Quand tout est fichu, il y a encore le courage.
DANIEL PENNAC

A priori, personne n'imagine être en train de se gâcher délibérément la vie en entretenant une petite déprime. Pour la plupart des gens, la dépression est un état dont on n'est pas responsable.

Depuis que la médecine et l'industrie pharmaceutique s'intéressent aux états d'âme, la dépression est devenue une maladie. Personnellement, je pense que cette définition est maladroite. À mon sens, il serait plus juste de parler de *détresse psychologique*. Le terme *maladie* avait déjà un sens suffisamment établi et son usage, à l'égard des désordres psychologiques, induit un malentendu désastreux, dont nombre de psys sont témoins à longueur d'années dans leur cabinet.

Cette mauvaise compréhension est liée au fait que ce terme a une acception commune qui sous-entend que « ce n'est pas notre faute ». On n'est pas coupable d'avoir la grippe ou la tuberculose, c'est « la faute » des microbes ou des virus qui nous envahissent. Ensuite les médicaments font leur œuvre et, si tout va bien, on est guéri. Et on voudrait que ce soit pareil pour les troubles de l'humeur.

Avant l'envahissement des psychotropes, on disait déjà, à tort, « ce sont les nerfs ». Les nerfs étaient malades, on parlait de dépression nerveuse, ce qui sous-entendait qu'on n'y pouvait rien. Aujourd'hui, à une échelle quasi planétaire, c'est toujours le même discours. Il s'agit d'un mouvement de déresponsabilisation massive, qui surfe sur la vague de la victimisation générale de notre époque, qu'on pourrait résumer, avec toutes les nuances que chaque histoire personnelle requiert : ce n'est pas ma faute. Cela vient d'ailleurs. Lorsqu'on parle de maladie, on imagine une personne passive qui abrite une maladie dont elle n'est pas responsable, ni dans les causes, ni dans le processus de guérison, alors que si on parle de détresse psychologique, on entend une personne en proie à de douloureuses difficultés, qui font partie d'elle. Ce n'est ni minimisant, ni culpabilisant, mais ça ouvre à la responsabilité d'en sortir.

De manière générale, la médecine a tendance à « maladiser » beaucoup d'états d'âme, en les définissant comme pathologiques, alors qu'ils ne sont qu'un aspect de l'humanité qui est, heureusement, multifacette. Le psychiatre américain Gordon Livingston fait partie du nombre de ceux qui résistent à cette médicalisation à outrance de comportements qui naguère étaient considérés comme des variations normales de personnalité, mais qui aujourd'hui sont diagnostiqués comme maladies : « Un exemple actuellement plus courant d'engouement diagnostique nous est offert par le trouble déficitaire de l'attention chez l'adulte. Désormais, les rêveurs brouillons atteints de procrastination font partie de la nosologie médicale ; on leur administre en plus des stimulants, traitement efficace s'il en est. Tous déclarent se sentir mieux et abattre plus de travail après avoir pris une amphétamine. À cela, je réponds que *moi aussi*… »[22]

Si la dépression est considérée comme une maladie (ce qu'elle serait dans certains cas précis et souvent sous-diagnostiqués, liés à des troubles cérébraux des neurotransmetteurs, notamment la sérotonine), la réponse évidente, pour la plupart des gens, est la solution classique des maladies : les médicaments. Ils soulagent, certes, mais ne négligeons pas le fait que derrière cette réponse omniprésente, il y a des firmes pharmaceutiques dont la solution chimique au mal de vivre est le meilleur fonds de commerce. Sans vouloir bousculer les gens qui ont trouvé leur équilibre grâce au soutien des psychotropes, je pense que la tristesse, la mélancolie, le deuil, le découragement, la nervosité, le stress, l'anxiété, l'affolement et de nombreuses autres manifestations de notre humanité sensible sont des états émotionnels normaux. S'ils sont considérés comme l'extériorisation d'une blessure, d'une épreuve ou d'une vie désorganisée ou dysfonctionnelle, ils restent temporaires, peuvent se surmonter et se dépasser. Ils constituent un signal d'alarme que le psychisme envoie.

---

22. Livingston Gordon, *La Vieillesse vient trop vite et la sagesse trop tard, 30 leçons de vie pour être heureux*, Marabout, 2006.

Nous avons déjà bien trop tendance à ne pas entendre les signaux de notre corps pour ce qu'ils nous disent : on préfère par exemple calmer des maux d'estomac par un antiacide plutôt que de reconsidérer son équilibre alimentaire ou le stress qui en serait à l'origine. De trop nombreuses personnes vont résoudre leurs insomnies par les somnifères plutôt que de s'interroger efficacement sur les causes de la nervosité ou des tourments qui les empêchent de dormir. Il en est de même pour les manifestations psychiques d'une vie malmenée ou d'une souffrance incomprise. Si ces difficultés sont explorées, elles peuvent se résoudre en profondeur par une remise en question dont on sortira bien plus solide qu'après quelques mois ou années sous camisole chimique. À cause de l'atténuation des symptômes, celle-ci supprime souvent l'interrogation sur l'origine du mal-être, ce qui n'invite donc pas à la réflexion sur les voies de reconstruction psychique. Les médicaments régulent artificiellement les émotions désagréables et en conséquence empêchent tout travail d'élaboration émotionnelle de s'accomplir, ce qui ne fait que reporter le problème. Les psychotropes stabilisent l'humeur, mais ne guérissent rien.

Mais quel est le problème ? Pourquoi ne pas faire appel à la chimie pour restaurer une qualité de vie qui était perdue ? Après tout, si ça marche, pourquoi certains psys tirent-ils la sonnette d'alarme ? Pour remplir leur propre cabinet de consultation ? Parce qu'ils veulent garder la maîtrise d'un territoire que grignotent les médecins ?

Je ne peux me prononcer que sur ce que j'observe. Des millions de gens sont soutenus aux psychotropes, sont satisfaits de cette solution et ne demandent pas à la remettre en question. C'est un choix de vie largement majoritaire qui, par principe, doit être respecté.

Le fait que les médicaments agissent sur leur état dépressif ne fait que leur confirmer qu'il s'agit d'une maladie, puisqu'elle se soigne. Les qualifier de malades consiste à les empêcher implicitement de prendre la responsabilité de résoudre eux-mêmes leurs problèmes. Cela contribue à entamer l'estime de soi, qui définit le fait d'être un individu libre et autonome, capable d'affronter et de vaincre l'adversité. Comme cela se produit avec d'autres formes d'assistance, cela les conforte dans leur autodépréciation, leur donne un puissant motif de renoncer à leur autonomie et au sentiment de posséder des compétences. Sur le long terme, les psychotropes sapent la confiance en soi de ceux qu'ils sont supposés aider. Ils les entretiennent dans une dépendance et une impuissance dont ils sont à l'origine. C'est notre détermination à surmonter la peur et le découragement, et à reconsidérer notre vie avec un regard honnête et constructif qui constitue le seul antidote efficace contre notre sentiment d'impuissance face à des émotions importunes.

Certaines personnes sortent de leur état dépressif d'elles-mêmes, d'autres admettent avoir besoin de l'aide d'un professionnel qui les accompagnera dans une prise de recul et une analyse de ce qui leur arrive. Elles sentent que ni le temps, ni les efforts ne leur suffisent. L'habitude est de commencer par consulter son médecin. Si celui-ci reconnaît qu'il ne s'agit pas d'un problème de santé physique et s'il comprend l'intérêt du travail psychologique, il orientera son patient vers un psy en qui il a confiance. Malheureusement, nombre de médecins n'ont jamais mis les pieds chez un thérapeute et connaissent mal cette profession. Ils écoutent leurs patients déprimés avec bienveillance ou impatience, selon leur disponibilité et leur humanité, mais leur réponse se limite bien souvent aux conseils de bon sens et à la prescription d'antidépresseurs. Ils se méfient, malheureusement à juste titre, de la multitude de psychothérapeutes autoproclamés et de l'obscurité qui entoure leur formation, souvent plus que douteuse.

La faune des charlatans ternit la profession et les personnes en souffrance ont parfois du mal à trouver un praticien diplômé, compétent et expérimenté, ce qui ne facilite certainement pas l'accès à cette voie d'accompagnement et de reconstruction. Par bonheur, dans ce brouillard d'incompétence et d'approximation, les personnes les plus motivées se renseignent correctement, interrogent et comparent afin de trouver un professionnel fiable dont l'expérience, la qualité et la déontologie sont dignes de confiance. Il faut un peu chercher, mais ils existent !

On pourrait, en simplifiant un peu, dire qu'il y a trois catégories de déprimés qui consultent les psys, qu'ils soient conscients de leur déprime ou non :

– ceux qui veulent éviter toute intervention pharmaceutique ;

– ceux qui consultent sous psychotropes dès le début ou qui décident d'en prendre en cours de thérapie ;

– ceux qui y ont déjà goûté mais n'y ont trouvé aucun bienfait véritable. Ils veulent s'en débarrasser et entamer un vrai travail psychothérapeutique.

De toute évidence, ces derniers sont encore plus découragés que les premiers. Ils se sentent trahis, ont cru à des remèdes qui auraient dû les guérir et se rendent compte que ceux-ci n'ont fait que masquer leurs symptômes. Ils prennent conscience que rien ne s'est amélioré en profondeur et que ce qui causait leur mal-être est toujours incompris et actif. De surcroît, ils souffrent souvent d'avoir perdu tant de temps.

Dans la deuxième catégorie, ceux qui préfèrent associer médication et psychothérapie, on y observe trois schémas différents :

– Soit il n'est pas question pour ces personnes d'arrêter les psychotropes et il s'avère assez vite que le travail psychique ne peut atteindre le niveau émotionnel, puisqu'il est mis sous contrôle chimique. La pression émotionnelle étant atténuée, l'envie d'évoluer l'est aussi. La thérapie se passe sur un plan plus mental et leur permet d'opérer des réajustements fonctionnels dans leur quotidien, ce qui est une bonne chose, mais elle ne touche pas les couches profondes. Ils repartent assez vite sur leur chemin, sans avoir entamé de vraies remises en question, mais se sentent temporairement en meilleur équilibre. Mis en confiance, ils reviendront peut-être plus tard travailler plus en profondeur.

– Soit ils ont d'emblée le souhait de se libérer des psychotropes et entrent pas à pas dans un travail plus émotionnel, qui leur convient et leur permet enfin de toucher à la source de leur mal-être. Cette libération progressive des médicaments doit toujours se faire sous contrôle du médecin et avec le soutien attentif du thérapeute, parce que l'émergence d'émotions longtemps anesthésiées remue parfois profondément le patient, qui doit réapprendre à se connaître, à exprimer ses émotions ainsi qu'à les maîtriser. Mais au fil du travail, il retrouve son estime de soi, son autonomie de pensée et de décision, et reprend le contrôle de sa vie.

– Soit ils ne supportent pas la lenteur ou le remuement émotionnel de la psychothérapie et décident en cours de travail d'ajouter l'aide des psychotropes. Le soulagement est notoire et bien vite ils cessent la thérapie. Ils ont préféré le contrôle médicamenteux à la remise en question, c'est leur choix. Qu'adviendra-t-il lorsqu'ils se libéreront de la chimie, je ne sais pas, je ne peux qu'espérer que le travail psychique entamé aura planté des racines suffisantes pour que leur bien-être y puise une vitalité qu'il n'y trouvait pas auparavant.

Les personnes déprimées qui s'interrogent sur elles-mêmes et veulent sortir de leur marasme sans médicament sont celles à qui je m'adresse dans le cadre de ce chapitre, ainsi que celles qui portent un léger état dépressif dont elles ne se rendent pas vraiment compte, parce qu'elles compensent courageusement. Elles sont encore inscrites dans le cours d'une vie assez normale, ne sont pas complètement au bout du rouleau mais sentent bien « qu'il y a quelque chose qui ne va pas ». Ces déprimés qui luttent chaque jour contre une déprime dont ils sont à peine conscients font ce que j'appelle la « dépression des courageux ».

Camille marche droit depuis toujours. C'est une bonne mère de famille. Enfant déjà, elle était une bonne fille, ses parents ne tarissaient pas d'éloges, Camille faisait tout très bien, tout pour leur plaire, elle était leur fierté. Elle s'est « bien mariée », a fait de beaux enfants et travaille sagement dans un métier d'aide à l'enfance. D'aide à l'enfance ? Tiens, tiens…

Camille marche droit depuis toujours. Elle ne sait faire que cela, elle n'a jamais appris autre chose. On ne réfléchit pas, on agit, on avance, pas le temps pour le plaisir. Chaque matin, elle se botte les fesses, se-lève-se-lave-s'habille-se-maquille en pilotage automatique et part à la tâche, courageusement, comme un automate. Tout l'équilibre de la famille repose sur ce fonctionnement. Si elle s'arrête, tout s'écroule, pense-t-elle.

Mais intérieurement, elle est épuisée, elle fonctionne sans réfléchir, se sent complètement coincée, ne sait plus très bien si la vie qu'elle mène est celle qu'elle veut mener. Non, elle n'en veut plus, elle n'en peut plus, elle veut que ça cesse, mais que quoi cesse ? Elle n'arrive pas vraiment à comprendre, elle n'arrive pas vraiment à se poser les bonnes questions, elle sait juste qu'elle est perdue et c'est tout. Mais chaque matin, elle recommence, comme un bon petit soldat.

J'en rencontre beaucoup des Camille dans ma consultation. Ces personnes sont à la fois courageuses et déprimées, mais elles luttent si efficacement contre cette déprime constante et discrète, jusqu'à présent en tout cas, qu'elles ne se sont jamais permis de reconnaître cet état dépressif qui couve en sourdine et les affaiblit. Elles minimisent et compensent, se débattent et trichent avec elles-mêmes, elles camouflent leur peine en riant ou s'abrutissent dans le travail, elles s'occupent de plus malheureux qu'elles pour éviter de sentir leurs propres souffrances, tombent et remontent sur leur cheval chaque matin. Elles essayent de bien faire, mais la déprime est toujours présente. C'est comme un brouillard permanent auquel on ne prête plus attention mais qui pollue la vue, comme une odeur qu'on ne sent plus, tellement elle nous est devenue familière. Cet état est arrivé on ne sait quand, depuis l'adolescence ? L'enfance ? Peut-être depuis toujours ? À bas bruit, la tristesse est installée au fond de leur âme, presque comme une amie, une douce habitude…

Mon amie mélancolie ? Une compagne qui nous gâche bien la vie, oui ! C'est le drame de l'enfant doué[23], la tristesse des braves, l'épuisement de l'ex-enfant que nous sommes et qui n'est devenu ce qu'on attendait de lui qu'au prix d'un renoncement à lui-même. Sa vie est une lutte discrète entre ce qu'il est devenu parce qu'il a été formaté en ce sens et ne voit pas d'autre issue, et ce qu'il voudrait être vraiment, c'est-à-dire ce pour quoi il est fait : un être libre, qui ne doit pas endosser la responsabilité de plaire à ses parents, d'être à la hauteur de leurs attentes, de faire le bonheur des autres, de ses enfants mais aussi des collègues, du patron, du conjoint, de Papy-Mamy, de Belle-Maman et du chien ! Ce grand écart entre ce qu'il pense devoir être – un type bien, une chouette femme, conforme à son milieu d'origine, ayant atteint une certaine réussite professionnelle – et ce qui lui conviendrait constitue un combat discret qu'il héberge inconsciemment et qui s'exprime en douce par un épuisement triste. Il rame, harassé, mais inquiet à l'idée de ce qui adviendrait s'il cessait de ramer…

---

23. Miller Alice, *L'Avenir du drame de l'enfant doué*, Presses Universitaires de France, 1996.

Pourquoi ?

Les paradoxes-vérités ont une certaine clarté charmante
et bizarre qui illumine les esprits justes
et qui égare les esprits faux.
VICTOR HUGO

Si vous êtes arrivé à ce stade de la lecture, c'est que l'art de se gâcher la vie vous concerne ! Vous vous êtes peut-être reconnu, mais n'avez pas été suffisamment découragé pour abandonner le livre. Vous avez donc encore un peu d'espoir, on peut améliorer son existence !

S'il suffisait de prendre conscience des mécanismes grâce auxquels on se la gâche, vous pourriez arrêter ici. Or, malheureusement, ce n'est pas aussi facile ; *il n'y a pas qu'à !* Les trucs et les ficelles ont leurs limites, la libération demande une compréhension un peu plus profonde à laquelle vous invite la deuxième partie de cet ouvrage, mais avant de plonger dans les changements de mentalité nécessaires pour vivre plus heureux, on ne peut éluder la question posée au début du propos : pourquoi est-ce si difficile ? Personne n'a envie de se gâcher la vie, alors pourquoi le fait-on ? Y aurait-il des raisons qui nous pousseraient inconsciemment vers le déplaisir, alors qu'on aspire, en toute logique, au plaisir ?

Prenons un moment pour examiner ce paradoxe. Commençons par considérer les **hypothèses psychologiques**.

Après neuf mois de nirvana inconscient dans le ventre de sa mère, le bébé vit son premier grand traumatisme : sa naissance. En effet, on n'oserait plus infliger au nouveau-né les pressions physiques qu'il subit durant plusieurs heures lors de l'accouchement et qui vont parfois jusqu'à lui déformer le crâne. Il est immédiatement plongé dans un environnement qui, comparé à la tranquillité dont il sort, est bruyant, lumineux et agité. Ses sens sont brutalement mis à l'épreuve sans que rien de ce qu'il perçoit ne soit encore attaché à une quelconque signification. Ses poumons s'ouvrent et il crie, premier bruit qu'il émet et qui probablement l'effraye. Son visage manifeste souvent cette détresse des premiers instants, avant que les soins dont on l'entoure ne le ramènent à un état plus paisible.

Les méthodes d'accouchement contemporaines ont adouci certains facteurs mais globalement il n'échappe pas à cette première épreuve : passer du confort absolu de la vie intra-utérine à un monde plein de sensations nouvelles et surprenantes.

La vie commence donc par une détresse, immédiatement compensée. La première impression, désagréable, est suivie d'un apaisement satisfaisant. Ensuite, l'alternance satisfaction/insatisfaction est revécue plusieurs fois par jour. Chaque fois que le bébé se sent inconfortable, on y répond au mieux en le nourrissant, le changeant ou le câlinant, afin de le calmer et de le rassurer. Il découvre comme première expérience de vie cette impression tellement agréable de sortir de l'inconfort. Ce soulagement quotidiennement répété fonde la quête permanente d'une satisfaction qui ne dure jamais. La recherche du plaisir est irrémédiablement liée à la sortie du déplaisir. Cette quête doit constamment être renouvelée parce que, *plus que le confort lui-même, c'est la sortie de l'inconfort qui satisfait.* Ce qui, bien mené, est heureusement aussi un excellent moteur d'évolution. Mais, comme le font remarquer Ansermet et Magistretti dans leur essai sur *Les Énigmes du plaisir* : « On pourrait pousser l'argumentation en postulant que la trace laissée par l'expérience de satisfaction, et l'état somatique qui lui est associé, peut nous pousser à recréer des états de détresse pour reproduire le plaisir associé à l'issue déjà expérimentée. »[24]

---

24. Ansermet François et Magistretti Pierre, *Les Énigmes du plaisir*, Odile Jacob, 2010.

On se ferait peur pour le plaisir de se sentir rassuré ensuite ! Le cinéma l'a bien compris et les médias aussi. Plaisir et déplaisir sont intriqués, on alterne détresse et satisfaction, avec le corps comme théâtre de ce lien indéfectible. Très jeune, l'enfant joue à se faire peur pour le plaisir d'y échapper. Il crée des petites situations de stress, de mal-être ou d'effroi qu'il peut rapidement maîtriser, à son plus grand soulagement. En témoignent, par exemple, le plaisir d'être lancé en l'air et rattrapé, la joie du toboggan, les jeux de cache-cache et plus tard, les jeux « à faire peur », les dessins animés violents dont le plaisir s'explique par la distance rassurante que crée l'écran (les mêmes scènes de violence, vécues « en vrai », seraient insupportables).

Adulte, on joue toujours à se faire peur, même à se faire mal, par les sports extrêmes par exemple, ou les films d'horreur, et peut-être aussi… *par sa vie qu'on gâche !* On se crée inconsciemment des difficultés pour ressentir le soulagement d'en sortir.

Plus longtemps le malaise de l'enfant a été soulagé par ses parents, plus il aura tendance, adulte, à attendre d'autrui la solution à ses problèmes. En revanche, plus les parents lui ont permis de découvrir ses solutions par lui-même, meilleure sera sa capacité à résoudre ses problèmes d'adulte lui-même. Mais quoi qu'il en soit, la sortie du malaise constitue un très agréable plaisir !

On se dispute pour vivre le plaisir de se réconcilier. On fonce dans les problèmes pour le plaisir de les surmonter. Pour revivre encore et encore cette sensation primordiale qui a marqué les premières semaines de notre vie, notre premier bonheur ! C'est pour cela qu'on ose parler d'un « art » de se gâcher la vie. Ce n'est pas vraiment indispensable et on sait assez vite comment l'éviter, mais on le fait quand même. Il doit bien y avoir des raisons !

Mais la complication, qui peut justifier que vous soyez dubitatif, c'est que tout cela se passe sur un plan largement inconscient. Et, on le sait, l'inconscient se met volontiers en conflit avec la conscience ! On peut choisir un amoureux violent par exemple, parce que Papa était violent, alors que notre désir le plus cher est d'échapper à ce climat de terreur que l'on finit malgré soi par recréer dans son propre foyer. On peut désirer donner à ses enfants ce qu'on n'a pas reçu soi-même mais néanmoins reproduire ce dont on a souffert.

« Entre le plaisir et le déplaisir, entre ce qui est conscient et ce qui est inconscient, il y a des retournements, des équivoques, des télescopages, des inversions, des renversements qui ne cessent de brouiller les pistes quand on cherche à trouver la voie de son désir ou à suivre celle qui pourrait mener au plaisir. C'est bien pour cela que le destin des êtres humains est si complexe, que chacun se complique autant la vie, sans raison, se faisant sans le savoir l'artisan de son propre malheur, tout en pensant suivre la voie de son propre bien. Comment se fait-il qu'on puisse constituer soi-même sa propre impasse tout en ayant l'impression d'y être enfermé par une force qui nous dépasse ? » [25] On connaît cette « logique illogique » qui nous habite parfois, cette contradiction qui nous fait faire exactement le contraire de ce qui nous ferait du bien.

Pour nous sortir de ce désaccord, de cette incompatibilité entre ce qu'on veut et ce qu'on fait, on se fabrique des raisons, on en attribue la cause à des événements extérieurs, aux circonstances ou aux autres. On se construit des petits scénarios inconscients pour expliquer l'inexplicable, pour donner raison au fait de ressentir le malaise de la vie. Ce qu'on croit être la cause de notre difficulté n'est que le support à travers lequel s'exprime un inconfort interne qui nous échappe. On donne des valeurs excessives à des petites contrariétés de l'existence pour canaliser et neutraliser un malaise diffus et incompréhensible.

---

25. Ibid.

Les expressions courantes en sont une souriante illustration : il crée une tempête dans un verre d'eau, il se monte le bourrichon, il en fait tout un fromage et finalement la montagne accouche d'une souris ! L'être humain se gâche la vie pour des peccadilles, avec des histoires qui prennent parfois des proportions abyssales et dont il pourrait raisonnablement se débarrasser mais qu'il entretient afin de se créer des supports pour focaliser à peu de frais une insatisfaction sous-jacente. Ses tracas épongent son mal-être, l'absorbent et, en conséquence, le justifient. Il devient, sans aucune conscience, son propre souffre-douleur. Tout est bon pour expliquer son mal de vivre existentiel.

Par exemple, un individu est excédé par les attitudes distraites ou un peu égocentriques de gens qu'il croise dans la rue, dans son voisinage, au sein de sa famille ou au boulot. Cet agacement quotidien prend l'allure d'une obsession qui le met quotidiennement de mauvaise humeur. Il devient misanthrope, de plus en plus désagréable avec ses proches et s'isole socialement, alors qu'il a profondément besoin de se sentir aimé. Il fait exactement l'inverse de ce dont il a besoin et pour éviter de se trouver face à l'absurdité de cette contradiction, il la justifie par les attitudes des autres. Il est fort probable que sa sensibilité trouve son origine, non dans les comportements imparfaits de ses semblables, mais dans une enfance teintée trop largement de non-respect à son égard, blessure dont il n'a pas conscience, source discrète de son éternel mal de vivre.

Examinons maintenant les **hypothèses physiologiques** qui expliquent également ces contradictions apparentes.

Le plaisir se traduit par la production de certains neurotransmetteurs (notamment la dopamine). La sensation agréable qui s'ensuit nous pousse à la répéter pour la revivre encore. On se dope à la dopamine : c'est le *circuit de la récompense*. Mais pour éviter l'emballement, notre corps a mis au point un système de *contre-régulation* qui agit simultanément. Cette compensation est tellement efficace que la dopamine, libérée lors du plaisir, devient de moins en moins opérante ; c'est comparable à l'effet de tolérance lors de la prise de médicaments ou de drogue, qui s'installe avec le temps et qui pousse les toxicomanes à augmenter leur dose. Dans notre cerveau, on constate que le système de récompense diminue d'efficacité, laissant le champ au système d'anti-récompense. La contre-régulation prend le pas sur les mécanismes du plaisir. Elle le domine si bien qu'elle crée un décalage, un effet de malaise semblable à celui du drogué en manque, qui doit très vite trouver de quoi sortir de son mal-être.

On pourrait comparer ce système à celui qui régule la température d'une douche. On veut de l'eau chaude, mais imaginons que, pour éviter les excès de température qui pourraient devenir dangereux, le système thermostatique contienne une sécurité qui envoie de l'eau froide pour empêcher qu'on ne se brûle. Pour des raisons de survie, la sécurité « eau froide » est plus solidement opérante que l'accès à la liberté « eau chaude ». Or, la personne qui prend sa douche sent bien que ce qui lui fait le plus plaisir est cet instant divin où l'eau se réchauffe après un moment un peu froid. Elle va chercher ce plaisir en réchauffant l'eau et le répéter souvent, ce qui est inévitable par le fait que le système va chaque fois contrecarrer en envoyant du froid. Le système replonge de la sorte l'individu dans une insatisfaction, qui va l'inviter à perpétuer inlassablement la recherche de la satisfaction. Par ce processus, la pulsion conduit au déplaisir, alors qu'elle cherche le plaisir ! D'une *pulsion* qui pousse, à l'origine, au plaisir, on passe à un système où la *compulsion* conduit à la répétition d'un scénario qui tend vers un plaisir de plus en plus évanescent.

Cette insatisfaction permanente est l'une des sources du malaise de l'humain.

Les neurosciences rejoignent donc la psychologie. Plaisir et déplaisir semblent indissociablement noués en une danse cyclique et inextricable, une *compulsion de répétition* qui met en jeu un scénario qui nous emporte au-delà du plaisir. On finit par penser qu'on est l'objet d'une malchance constamment renouvelée, alors qu'on répète nous-même les comportements qui nous nuisent. On a beau être l'auteur de cette répétition, on estime la subir, mais on ne veut pas s'en rendre compte. On fait de la répétition un destin.

L'impression que cela échappe en partie à notre volonté s'explique par le fait que la pulsion vise la *satisfaction*, elle ne cherche pas vraiment l'*objet*[26]. La pulsion c'est l'élan, c'est le bonheur de réchauffer l'eau de la douche. Comme toutes les simplifications, cet exemple d'eau chaude et d'eau froide a ses limites, il faut l'entendre sur un plan plus symbolique que réel, mais il illustre qu'on tire plus de plaisir à se réchauffer qu'à avoir chaud. C'est le mouvement qui crée la satisfaction. C'est une poussée constante, vitale, un désir qui cherche un objet qui donnerait enfin satisfaction. Elle n'atteint pas son objet, elle le vise.

L'important n'est pas l'objet, mais la satisfaction. Comme pour un chasseur dont le plaisir est bien plus de tirer un coup mortel que de ramener un chevreuil pour le dîner. La pulsion se fixe sur un objet avec plus ou moins de succès. Le chasseur ne ramène pas la viande pour nourrir sa famille en fonction des besoins, mais il écoute son plaisir d'abattre un bel animal. Tout le monde connaît le plaisir d'acquérir, et parfois bien plus qu'il n'en faut. Le plaisir du shopping n'est pas fortement corrélé au manque de vêtements. On entre dans une librairie alors qu'on a sans doute encore quelques livres à lire. Si l'objet n'est pas prédéfini, on est d'une certaine manière destiné à l'insatisfaction, dans la mesure où on peut toujours imaginer un autre objet qui fournirait encore plus la satisfaction recherchée. C'est le syndrome du supermarché ! La pulsion nourrit le plaisir de remplir

26. L'objet doit être entendu ici comme être ou chose extérieur au sujet.

son Caddie. Sans discipline, si on se laisse aller, on sort avec un charriot trop plein ! Pourquoi croyez-vous qu'on ait inventé le Caddie ? À l'époque où on devait porter ses achats, on avait ses deux bras pour se modérer !

Le véritable objet de la satisfaction reste inatteignable, puisqu'il n'existe pas, il est la pulsion elle-même. Les personnes souffrant d'« accumulite » sont prisonnières de ce système, ce qui les porte parfois à de véritables compulsions d'achat très problématiques.

Ces hypothèses offrent dès lors une perspective intéressante qui redéfinit la notion de plaisir : il s'agit bien plus d'un mouvement que d'un état. Le plaisir est associé à la sortie du déplaisir : *le plaisir est d'avantage lié à l'obtention de la satisfaction qu'à la satisfaction obtenue.* Le meilleur moment, après une dure journée, est l'instant où l'on s'assied enfin dans un fauteuil confortable. Le plaisir atteint doucement se fane, un peu comme un parfum, qui chatouille agréablement nos narines au moment où on le met mais qu'on sent de moins en moins au fil de la journée. Alors que les autres le sentent, et peut-être l'envient ! Comme nous sentons le leur et l'envions ! Ce qui stimule, de part et d'autre, le désir d'acquérir. Et la quête continue...

La société de consommation en a fait son fonds de commerce, en déportant le plaisir de l'acquisition (la pulsion) sur l'objet à acquérir, dont on nous dit que la possession nous garantira un certain bonheur. Aussi longtemps qu'on ne se rend pas compte qu'acquérir est plus satisfaisant que posséder, c'est-à-dire que le mouvement réjouit plus que l'état statique qui, à la longue, ennuie, on continue à acquérir sans fin parce qu'on croit vaguement que c'est la possession qui rend heureux. Cette illusion épuise nos portefeuilles et fait tourner l'économie, jusqu'à l'essoufflement. Arrêtons-nous un instant sur l'expression « pouvoir d'achat » pour en mesurer toute la perversion : elle signifie clairement que l'acquisition est associée au pouvoir... Plus je peux acheter, plus je suis puissant. Ça laisse rêveur...

Cette éternelle insatisfaction se calme heureusement lorsqu'on est certain de vouloir posséder l'objet visé ou l'activité souhaitée d'une manière telle que sa possession ou son accomplissement domine le plaisir de la quête et l'assouvit. Pour dire les choses simplement : on cesse de toujours courir derrière la carotte au bout du bâton lorsqu'on veut vraiment cette carotte-là et qu'on s'en satisfait. Sinon, on continue éternellement à en chercher une autre et c'est une poursuite sans fin.

Les hypothèses émises par les neurosciences et la psychanalyse sont confortées par celles qu'avancent les études paléoanthropologiques : l'homme serait programmé pour survivre, mais pas pour être heureux. Et toc !

Voyons les grandes lignes sur lesquelles reposent ces hypothèses, encore assez récentes. La préhistoire a été infiniment plus longue que l'époque contemporaine. Durant des dizaines de milliers d'années, nos ancêtres étaient des chasseurs-cueilleurs. Ces millénaires de sélection naturelle ont largement forgé notre tempérament, et notre cerveau a très peu évolué pendant ce long et lent chemin vers la civilisation actuelle. Nous portons encore en nous les programmations qui ont été nécessaires aux hommes préhistoriques pour survivre à leur époque.

Il n'est pas difficile d'imaginer que pour se prémunir des innombrables dangers du monde sauvage qui les entouraient, nos ancêtres des cavernes devaient certainement être courageux, créatifs, intelligents, efficaces et capables de collaborer. Mais la protection de la tribu dépendait également de leur extrême vigilance, ils devaient en permanence rester sur leurs gardes, ils étaient probablement méfiants, inquiets et assez stressés. Ils ne comprenaient vraisemblablement que peu de choses à ce qui leur arrivait et vivaient dans un climat d'insécurité constante qui n'invitait pas à l'optimisme. Celui qui prenait la vie à la rigolade avait tôt fait de se retrouver au banquet des ours !

Est-ce que cela prédispose au bonheur ? Peut-on en déduire que les millénaires de sélection naturelle ont donc privilégié, sur le plan neurophysiologique, les fonctionnements qui n'incitent pas à la béatitude ? Nos ancêtres, les survivants, auraient-ils survécu grâce à un circuit de la récompense bien dominé par un système de contre-régulation efficace, qui invite à toujours se réinventer (augmenter la satisfaction) tout en se freinant (attention, pas trop) ? Le moteur de l'évolution serait-il l'inconfort, parce qu'il stimule la curiosité et pousse à toujours aller de l'avant ? À titre d'exemple, c'est la sensation de faim, par le malaise qu'elle génère, qui pousse à sortir de sa torpeur pour aller à la recherche de nourriture. Sans quoi, dès qu'il pleuvait, nos aïeux seraient tous morts d'inanition au fond de leur grotte sans même savoir qu'ils avaient faim et on n'existerait pas !

Malheureusement, ces programmations sont toujours à l'œuvre dans une société qui a bien changé et, l'effort étant nettement moins grand pour aller vers le frigo, la sensation de faim – qui est bien plus forte que la sensation de satiété, survie oblige – a créé des millions d'obèses ainsi que le florissant business des régimes et des produits *light*. « Le fait d'être doté d'un cerveau qui prévoit toujours le pire représentait un atout crucial au Pléistocène, quand il nous fallait nous battre pour survivre. Mais aujourd'hui, c'est devenu un handicap », explique Martin Seligman, pionnier de la psychologie positive.[27] Les gens angoissés ou inquiets n'ont pas un taux de réussite sociale meilleur que les bienheureux. Elle semble bien plus liée, de nos jours, à une bonne intelligence émotionnelle.[28]

27. Cité dans Shorter Laurence, *Le Secret de l'optimisme, Le tour du monde d'un acharné du bonheur,* Lattès, 2009.

28. Goleman Daniel, *L'Intelligence émotionnelle*, Robert Laffont, 1997.

L'art de se gâcher la vie s'expliquerait donc largement par le fait que nos programmations, qui ont mis des millions d'années à s'élaborer par sélection naturelle et se traduire par une chimie complexe dont on commence seulement à comprendre la subtilité, ne sont plus vraiment en phase avec la société contemporaine. Notre cerveau n'est pas complètement adapté à la situation actuelle et les mutations sont plus lentes à se mettre en place que ne l'impose la vitesse d'évolution de nos modes de vie modernes.

C'est une sérieuse invitation à comprendre que le bonheur n'est pas naturel, qu'il est à construire, contre notre nature primitive qui ne nous y inciterait pas. Ceci explique que les recettes du bonheur fassent florès !

La beauté et la complexité du travail de la civilisation, de l'humanisation et de l'éducation résident dans la manière intelligente et complexe grâce à laquelle on va combler le fossé créé par cette inadaptation.

À titre d'exemple, notre cerveau est efficace pour prendre des décisions à court terme, de type « problème-solution ». Durant des millénaires, notre survie en a dépendu. Mais la vie actuelle, par sa complexité, nous impose de réfléchir à bien plus long terme et en envisageant une multitude d'angles de vue. On ne peut plus juste obéir à nos programmations de survie, égocentriques et immédiates.

Mais parfois, on se laisse aller, on n'a pas appris à se maîtriser quand on était enfant et on fait exactement le contraire de ce qu'on devrait faire si on prenait correctement en compte la globalité de nos actions. On procrastine par exemple, parce que notre pulsion instinctive et irréfléchie nous donne envie de faire quelque chose qui nous procure une satisfaction immédiate, car on n'a pas intégré l'effort de dominer ce geste de plaisir facile.

Il me paraît très important de réfléchir aux conséquences de nos modes actuels de consommation et de communication qui prônent le court terme et l'immédiateté parce qu'ils nous entraînent dans cette direction primitive et simple, qui n'est autre que ce que nos cerveaux de l'âge de pierre font le plus facilement. Par un curieux retournement de l'évolution, les progrès nous font régresser…

Aujourd'hui, lorsque l'inconfort ne nous pousse plus vers la satisfaction d'un possible à inventer, il nous énerve et nous frustre, nous cloue sur place ou nous envoie vers des entêtements épuisants. Notre mal-être ne nous pousse pas vers un changement apaisant, parce que dans notre culture, il serait vécu comme une régression, un retour vers une vie simple que la technologie nous a fait quitter. Le changement que notre société propose est du type « toujours plus », plus de consommation, plus de matériel, plus de déplacements, plus d'agitation, ce qui ne va pas dans le sens dont on a besoin pour s'apaiser. On se gâche la vie parce qu'on se la complique.

Notre mal-être ne se conclut pas non plus par l'acceptation, parce qu'il s'inscrit dans une culture qui se gargarise de l'illusion du contrôle qui devrait permettre l'absence d'effort et de souffrance.

Le mal-être n'est alors plus moteur, il n'est que frustration stérile.

Alors si l'absurdité des comportements d'auto-sabotage nous vient de Cro-Magnon, si l'exceptionnel développement de notre conscience nous soumet à un mal de vivre qu'on cherche à absorber en se créant des difficultés artificiellement dans une société qui nous en fournit mille occasions, et qu'en plus la chimie du cerveau s'en mêle, il faudra certainement prendre quelques grandes respirations philosophiques avant de pouvoir se retrousser les manches et cesser de se gâcher la vie !

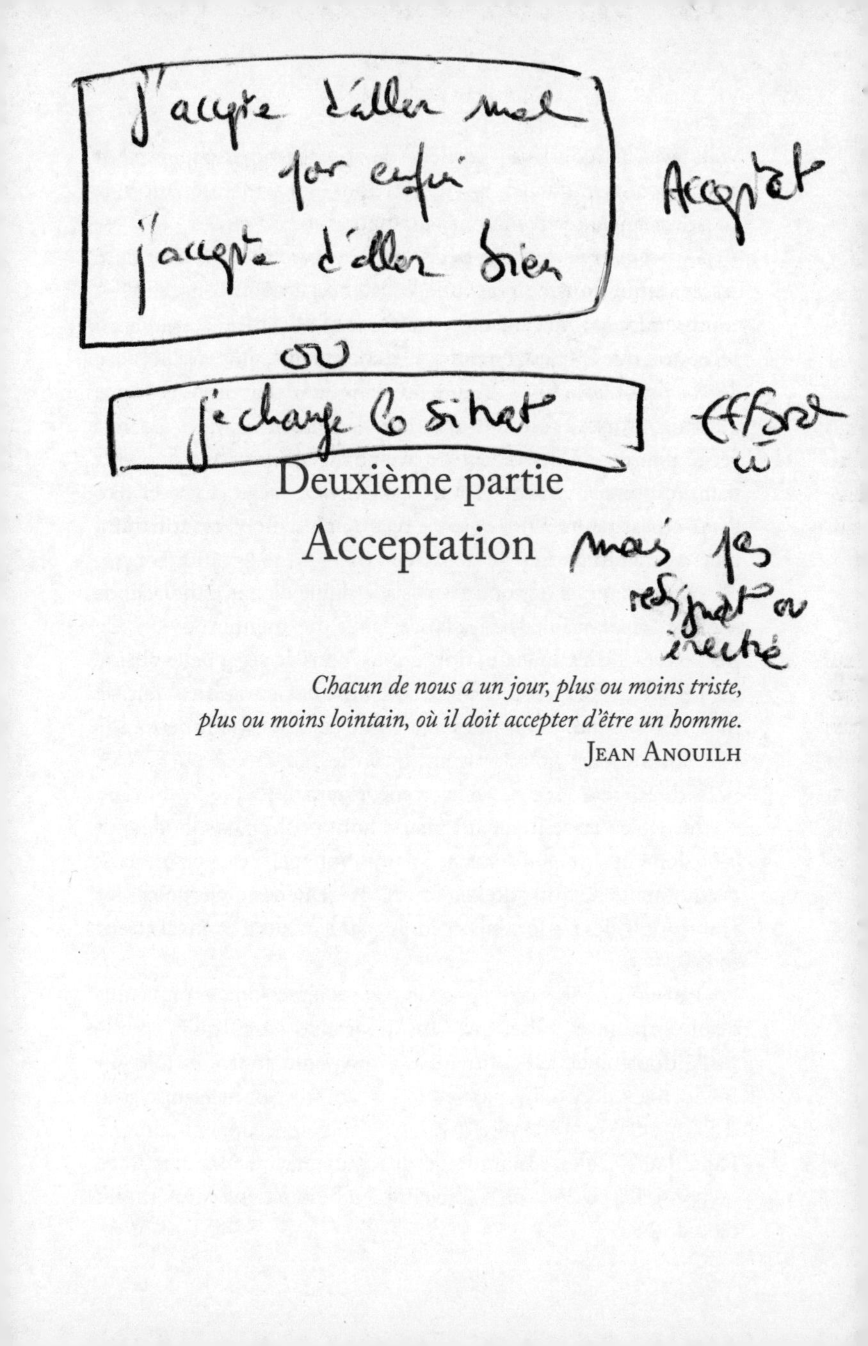

Deuxième partie
Acceptation

Chacun de nous a un jour, plus ou moins triste,
plus ou moins lointain, où il doit accepter d'être un homme.

Jean Anouilh

Vous avez parcouru un florilège de stratagèmes fréquemment utilisés pour se gâcher la vie. Attelons-nous maintenant à la question suivante : comment faire pour que cela cesse ?

Le premier pas est une décision : il faut vraiment *vouloir* faire cesser ce qui nous empoisonne l'existence, en être conscient, en comprendre les mécanismes, pour ensuite décider d'évoluer en acceptant que le changement soit en nos mains, même si la cause de nos problèmes nous semble provenir de l'extérieur. C'est nous qui en souffrons, c'est nous qui devons évoluer.

Je pense qu'à ce stade vous avez bien compris que persister dans l'espoir de changer l'autre est un vœu pieux. Espérer que le monde s'adapte à nos besoins l'est tout autant. C'est frustrant, mais c'est comme ça.

Même si nous ne sommes pas à l'origine de nos ennuis, nous sommes responsables de les laisser nous tourmenter ou non. Ce n'est pas facile à admettre ! Souvenons-nous de cette belle phrase de Jean-Paul Sartre : « L'important n'est pas ce qu'on a fait de moi, mais ce que je fais moi-même de ce qu'on a fait de moi. » Les contrariétés nous arrivent, qu'on les ait créées ou non. À nous de les résoudre ou de les vivre autrement.

La vie se ressent sur un plan émotionnel, mais elle devrait globalement être gérée sur un plan rationnel. Or souvent, dans les moments de difficulté, on est très largement gouverné par les émotions. Elles ne sont plus cadrées par le mental et envahissent tout l'espace.

Le sentiment d'être débordé par ses émotions est à la fois insupportable et nécessaire. Insupportable parce qu'il amplifie la douleur et le sentiment d'avoir perdu tout contrôle sur sa vie, mais nécessaire parce qu'il est comme un bruyant signal d'alarme qui ne s'éteindra que lorsqu'on s'en occupera vraiment. Par ailleurs, il alerte l'entourage, qui soutient, console, encourage ou conseille, ce dont on a souvent bien besoin dans ces périodes de marasme.

L'émotionnel n'est cependant pas toujours un bon guide, même si son influence est souvent bienvenue, voire indispensable. Le rationnel, c'est le tronc de l'arbre, l'émotionnel en sont les feuilles. Le rationnel détermine les grands axes de la vie, l'émotionnel les colore. On dit que le cœur a ses raisons que la raison ne connaît guère. Certainement, mais cela dépend du type de choix à faire. Il vaut toujours mieux garder un dialogue lucide entre le cœur et la tête. Il vaut mieux maintenir cette vigilance parce que l'émotion est souvent largement teintée de nos scénarios d'enfance oubliés mais dont la musique demeure : peur du conflit, peur de l'abandon, sentiment d'impuissance, dévalorisation, victimisation, besoin de plaire, besoin de perfection, besoin de correspondre aux attentes de l'autre ou à la définition du « bon mari », de la « bonne mère », etc.

Vous aurez toujours à assumer les conséquences de vos décisions ; plus vous êtes conscient de ce qui doit régir vos choix, mieux ça ira. Il est donc bien utile de vous interroger sur l'influence de l'émotionnel et du rationnel avant d'agir, lorsqu'une situation vous tracasse, plutôt que de partir bille en tête ou de n'écouter que vos tripes :

- Quelle analyse de la situation êtes-vous à même de faire sur un plan rationnel ?
- Que vous disent vos sensations, vos impressions, vos émotions ?
- Est-ce la tête ou le cœur qui doit s'imposer dans la décision à prendre ?
- Parfois, la situation est complexe, elle mêle le rationnel et l'émotionnel. Tâchez de séparer ce qui relève de l'un et de l'autre.
- Si c'est un choix qui doit se décider rationnellement et que l'émotionnel vous encombre, comment le calmer ?
- Si c'est un choix qui peut se décider émotionnellement, arrangez-vous ensuite pour que le rationnel permette de résoudre les problèmes et trouvez les solutions pratiques pour

que vous puissiez mettre en œuvre ce que vous avez envie de vivre.

Je le répète : cesser de se gâcher la vie est une question de mentalité. Pour jouir d'une vie agréable et accomplie, l'état d'esprit est essentiel.

Changer sa vision du monde requiert une grande lucidité, beaucoup d'honnêteté et un jugement implacable sur soi-même. Il faut cesser de se leurrer, cesser de se plaindre et accepter la réalité. C'est parce qu'on a une compréhension inadéquate de ses propres fonctionnements, des relations interhumaines et de la vie en général qu'on réagit erronément, et aussi parce qu'on est dominé par des émotions qu'on ne comprend pas ou qu'on ne cherche pas vraiment à calmer. Parfois même on sent qu'au fond de soi, on les entretient comme un feu qu'on essayerait d'étouffer d'une main, mais qu'on rallumerait en douce de l'autre.

Les pensées et les attitudes qui gâchent la vie sont comme des mauvaises herbes qui poussent sur une terre ingrate. On a beau les arracher, elles reviennent toujours, ce qui entretient le sentiment d'accablement et d'injustice, ainsi que la déprime et la plainte. Si, en revanche, on modifie la qualité du sol, elles disparaissent petit à petit. C'est en changeant de disposition d'esprit qu'on cesse de se nuire, plutôt qu'en réagissant au coup par coup.

Les chapitres qui suivent forment les fondations d'un nouveau socle et sont destinés à soutenir votre décision de ne plus vous gâcher la vie.

En quoi un volet de réflexions plus philosophiques apporte-t-il des réponses aux multiples manières grâce auxquelles on se pourrit l'existence ? Mon travail de thérapeute et ma vie sociale me fournissent un champ d'observation large et varié du mal-être des hommes : tracas, énervements, ronchonnements, obstinations, colères, blocages, peurs, frustrations, acharnements, déceptions, tristesses, découragements, dépressions, épuisements, etc.

Un livre ne remplace pas une psychothérapie. Celle-ci s'inscrit dans un dialogue avec un professionnel. On y prend le temps qu'il faut pour dénouer les embrouillages, panser les vieilles plaies, déchiffrer les freins et reprendre goût à la vie. Ce travail permet d'arriver doucement à comprendre et gérer ses émotions d'une manière plus choisie. C'est tout un cheminement.

Ce livre a un autre but : je souhaite qu'il puisse vous aider à vous débrouiller tout seul. C'est une aide à la réflexion. Le terreau que je vous propose de développer pour vous débarrasser de vos fonctionnements inadéquats et enraciner de nouveaux comportements est essentiellement un cheminement mental, même si l'émotion s'éveille de-ci, de-là, au fil de la lecture.

Dénoncer seulement les dysfonctionnements qui vous entravent et n'apporter que des solutions « à bon marché » serait de ma part une contribution supplémentaire à l'art de vous gâcher la vie, en vous donnant l'impression que c'est facile !

J'aimerais vous donner deux grandes clés. Simples et puissantes. Elles paraissent évidentes, elles ne sont pas nouvelles, et pourtant elles sont rarement prises en considération quand on est dans l'embarras. Elles sont tout simplement essentielles. Juste deux clés, une dans chaque poche !

La première est la clé de l'*acceptation*, elle ouvre trois portes : l'imperfection, la finitude et la solitude.

La seconde est la clé du *changement*, elle ouvre également trois portes : la responsabilité, la puissance et le sens.

Elles ouvrent à elles deux les verrous qui empêchent l'adoption de fonctionnements justes et efficaces, qui permettent de résoudre les difficultés, surmonter les frustrations et dépasser les déceptions au lieu de les entretenir sans conscience. Elles constituent des outils fondamentaux pour une vie plus légère, plus fluide et plus lucide. Elles permettent de cheminer en souriant, malgré les inévitables aléas de la vie.

Chaque fois que vous avez l'impression de vous gâcher la vie, plongez la main dans une de vos deux poches. Pour choisir laquelle, prenez le temps de vous poser quelques questions :

- Dans quels domaines êtes-vous en train de vous obstiner en vain ?
- Êtes-vous accroché à une **idée** à laquelle vous tenez, en dépit du bon sens ?
- Une opinion qui vous bloque ?
- Une croyance à laquelle vous ne voulez pas renoncer ?
- Une conception à laquelle vous tenez mais qui vous nuit ?
- Une représentation figée de la situation ?
- Êtes-vous crispé ou paralysé, dans une attitude d'**immobilisme** inefficient ?
- Dans une incapacité ou un refus d'agir ou d'entrevoir des pistes qui pourraient débloquer la situation ?
- Êtes-vous en train d'**agir** de manière insatisfaisante ou contre-productive ?
- En train de répéter ce qui ne marche pourtant pas ?
- Quelle porte devez-vous ouvrir ? Est-ce une porte de l'**acceptation** ou du **changement** ?
- La frustration que vous ressentez est-elle de l'ordre d'un inéluctable qu'il faut bien accepter ?
- Ou s'agit-il plutôt d'un possible que vous pourriez changer ?
- Si la situation est plus complexe ou multiforme, quelle est la partie où vous avez des possibilités d'action, et quelle est la partie où vous n'en avez pas et que vous allez devoir accepter ?

Les situations qui vous empoisonnent la vie sont souvent plus complexes qu'elles n'apparaissent à première lecture : il peut s'y mêler du rationnel, du sentimental, de l'émotionnel, du financier, du temporel et des valeurs, bref un vrai capharnaüm !

L'homme fait partie d'un système qui le dépasse, qui va de l'infiniment petit à l'infiniment grand. La vie pourrait être envisagée comme un grand jeu commun à tous les humains, avec des règles terriblement contraignantes, mais aussi d'immenses zones de liberté. Le tout est d'arriver à différencier ce qui est en notre pouvoir de ce qui ne l'est pas. C'est le cœur de la pensée philosophique, tout autant que la préoccupation des psys. L'amour de la sagesse face à la connaissance de la psyché. Tentons quelques ponts entre ces deux voies éclairantes.

Accepter ce qu'on ne peut changer… Rien n'est plus difficile à déterminer ! Que faudrait-il accepter ? Contre quoi devrait-on se révolter ?

L'acceptation sereine de la vie comme elle est, avec ses beautés et ses zones d'ombre, n'est pas une résignation, même si elle passe par des moments d'indécision. La résignation est un abandon triste, une colère refoulée, qui resurgira ici ou là, contre soi ou l'auteur de la frustration. Accepter, c'est consentir. C'est une décision consciente, un acte positif. Pas de « râlerie » refoulée, pas d'aigreur qui nous ronge ni de vengeance qui couve. Il est évidemment plus facile de comprendre pour accepter, mais parfois il faut juste accepter sans comprendre. Accepter, c'est dire un oui franc et assumé à l'existence telle qu'elle est et abandonner plaintes et récriminations.

En psychologie, les limites entre nos zones de pouvoir et d'acceptation sont éminemment personnelles. Doit-on accepter nos émotions ou apprendre à les contrôler ? Doit-on accepter notre sensibilité ou essayer de nous endurcir ? Qui nous dicte jusqu'où lutter ? Qui nous recommande quand nous reposer ? Est-on responsable, par exemple, d'une colère débordante ? En principe, oui. Mais elle est parfois difficile voire impossible à contrôler, elle nous « échappe ». On n'en est pas moins responsable et on aura à en répondre.

Cependant la justice nous apprend que cela se plaide. Les jugements dépendront de la manière dont nos défenseurs useront des circonstances atténuantes, telles que la légitime défense, le crime passionnel, l’intention criminelle ou non, toutes choses nuançant, pour la justice, la responsabilité de nos actes.

Si un jeune de 20 ans tente de tuer son père par exemple, mais qu’on peut déterminer qu’il s’est fait martyriser par celui-ci durant toute son enfance, on aura tendance à atténuer la sévérité du jugement. Mais jusqu’où ? Quelle quantité ou quelle nature d’agressions paternelles justifierait un tel geste ? À partir de quand l’estime-t-on responsable de ses actes ? Laissons aux tribunaux l’art de le définir.

Hors du cadre juridique, nous avons tous à répondre de nos actes. L’irresponsabilité concerne les gens à l’état mental et/ou physique déficient, d’une manière telle qu’il compromet leur possibilité d’apporter une réponse adaptée aux difficultés de leur vie. Mais où se place cette limite entre responsabilité et irresponsabilité ? Sur quels critères juge-t-on ? C’est un débat sans fin, qui introduit parfaitement la première limite à accepter : l’imperfection.

Chapitre 4
Imperfection

Qu'est-ce que la tolérance ? C'est l'apanage de l'humanité.
Nous sommes tous pétris de faiblesses et d'erreurs ;
pardonnons-nous réciproquement nos sottises,
c'est la première loi de la nature.
VOLTAIRE

Que la vie soit imparfaite est une évidence. On pourrait croire que j'enfonce une porte ouverte, pourtant lorsqu'on analyse ce qui nous tourmente, il semblerait que cette acceptation constitue un obstacle majeur sur lequel on trébuche fréquemment.

La question de l'imperfection est absurde en soi parce que, par définition, l'imperfection se définit en référence à une perfection. Or celle-ci n'existe pas ! Aucune existence n'est parfaite. Aucun homme n'est parfait.

Qui pourrait définir la perfection humaine ? Ou qui pourrait définir la perfection de la vie ? Un enfant parfait ? Une société parfaite ? Rien qu'à l'idée, on a déjà des réticences, on se souvient ce que cette utopie a créé dans la tête de quelques fous et autres tyrans.

La perfection n'est pas de ce monde

La perfection des moyens et la confusion des buts semblent caractériser notre époque.
ALBERT EINSTEIN

La vie se déroule sous le règne de l'incertitude et de l'aléatoire, on ne peut pas tout contrôler. Cet état de fait invite à un lâcher-prise grâce auquel on va pouvoir adopter de nouvelles décisions afin que cessent nos dysfonctionnements désagréables. En nous interrogeant chaque fois sur nos obstinations et en les examinant à la lumière de cette imperfection qu'on doit accepter, on arrive à laisser tomber bien des énervements, des acharnements, des frustrations ou des découragements.

Les dérapages ne sont pas toujours intentionnels, les erreurs existent et ne sont pas pour autant des fautes. Les négligences sont souvent liées au caractère faillible des hommes. Ils sont distraits, fatigués, préoccupés, tout cela arrive souvent et on sait qu'il faut passer au-dessus.

L'intransigeance, qui crée agacements et déceptions, sous-entend chaque fois que la perfection était attendue. C'est une double illusion : d'une part parce que la perfection est difficilement atteignable et, d'autre part, parce que son exigence suppose que celui qui la revendique se pense lui-même potentiellement capable de perfection !

Cela ne signifie pas qu'on ne doive pas essayer de tendre vers l'excellence. Il est effectivement aisé, en usant de la belle excuse d'une perfection qui n'existerait pas, de se débarrasser de cette ambition exigeante qui demeure, quoi qu'on en pense, un moteur de ténacité et d'ascension bien nécessaire pour explorer et progresser dans le cours d'une vie d'adulte.

Changer ses raisonnements, abandonner le combat face à une résistance indépassable, passer à l'action malgré un contexte qui ne nous plaît pas entièrement, accepter que la vie ne se déroule pas comme on le veut, sont des attitudes qui ne nous viennent pas volontiers.

L'intégration des limitations que le monde et les gens imposent à nos désirs est un apprentissage qui a commencé, en principe, dès l'âge de 2 ans. Malheureusement, chez nombre de personnes, le deuil de la toute-puissance est loin d'être vraiment intégré ! « Cent fois sur le métier, remettez votre ouvrage » comme le conseille sagement La Fontaine. C'est un travail à perpétuer à chaque étape de notre évolution. Pour peu qu'on le veuille…

Jusqu'où tendre vers un idéal de perfection tout en sachant qu'on ne l'atteindra sans doute jamais ? Comment discerner les limites immuables et celles qu'on pourrait déplacer avec effort et persévérance ? C'est un paradoxe créateur de vie : ce fut souvent la non-acceptation des limites qui a rendu l'évolution de l'humanité possible. Refuser de se laisser limiter est parfois salvateur, ou créateur : « Ils ne savaient pas que c'était impossible, alors ils l'ont fait. » Cette citation de Mark Twain pourrait bien être la devise de tous les autodidactes et de ceux qui, par leur acharnement, ont fait changer le cours des choses.

Napoléon disait qu'« impossible n'est pas français », mais on dit aussi qu'« à l'impossible, nul n'est tenu » ! Vous trouverez toujours un proverbe pour soutenir votre point de vue !

La vie est avant tout un phénomène biologique, au cœur duquel l'homme, cet animal civilisé[29], est soumis aux contraintes de son statut de mammifère. Ce sont les premières limites de ses rêves de perfection. Il s'inscrit dans la nature réelle et concrète,

29. Il serait plus juste de considérer la civilisation de l'homme comme un mouvement, une dynamique, plutôt que comme un état atteint. C'est peut-être le seul vrai travail de l'humain sur le chemin de la vie, travail par essence imparfait et jamais terminé…

avec ses contraintes temporelles, géographiques et climatiques. Or l'évolution de la civilisation nous a petit à petit coupé de nos bases naturelles, surtout depuis la révolution industrielle au XIXe siècle.

C'est un constat dont on nous bassine les oreilles en brandissant les conséquences désastreuses sur le plan écologique et en matière de santé, mais tout le monde sait que la technologie pointue de notre époque, si elle pollue la Terre, sauve aussi des millions de vies. On n'arrête de toute façon pas le cours de l'histoire, même s'il n'est pas vain d'essayer de l'incurver légèrement. C'est le défi principal des décennies à venir. Cependant, ce qui nous intéresse dans le cadre de notre réflexion, ce sont les conséquences psychologiques de cette technologie de haut niveau et son impact sur notre mode de vie.

On baigne dans un monde où tout nous semble possible. Il y a déjà longtemps qu'on n'est plus émerveillés d'avoir de l'eau chaude au robinet et aujourd'hui, le fait de communiquer en temps réel avec quelqu'un qui vit à l'autre bout de la planète en parlant devant une petite boîte nous semble une évidence. Et lui sourire sur écran ne reste surprenant que le temps d'un premier essai. On s'habitue très vite. La technologie soigne nos corps fatigués, répare nos articulations usées et tout le reste de la machinerie humaine. Elle nous a envoyés sur la Lune et c'est grâce aux satellites qu'une douce voix nous indique le chemin pour rejoindre un coin de campagne qui nous est inconnu. La machine sait, et cela ne nous surprend plus.

Les nouveautés qui, hier encore, étaient de la science-fiction s'intègrent aujourd'hui dans notre ordinaire comme des appendices qui nous prolongent et nous facilitent la vie, tout en augmentant notre dépendance et notre désir, plus ou moins chimérique, de contrôler le monde.

D'une part ces progrès simplifient indubitablement notre quotidien et sauvent bien des vies, de l'autre ils créent une illusion qui a des effets néfastes auxquels on s'intéresse trop peu.

Déjà au Ier siècle après J.-C., le sage Épictète disait : « Tu veux que les choses arrivent comme tu le veux et non comme elles arrivent. Résultat, tu te gâches la vie et tu gâches celle des autres, par exemple dès le matin, quand tu te plains que l'on t'a bousculé dans la rue. Comment veux-tu qu'il en soit autrement ! As-tu jamais vu une rue où l'on n'est pas bousculé ? » Bien avant l'avènement de la moindre technologie, l'homme avait déjà tendance à vouloir que les événements lui obéissent. Il veut que les choses aillent comme il le décide ! C'est sa grande force mais aussi la source de ses déceptions et de ses colères.

Ce désir de contrôler son environnement a été une motivation puissante dans l'évolution des civilisations, un moteur de curiosité et de progrès. Alors aujourd'hui, à l'époque où on naît sous contrôle électronique, à l'heure où les enfants sont bercés par une télévision qui les abreuve jour après jour d'une vision du monde aussi artificielle qu'irréelle, à l'heure où ils jouent sur iPad dès 3 ans et ont leur propre smartphone avant leur premier vélo, on ne doit pas s'étonner qu'on veuille plus que jamais que le monde tourne selon nos vœux !

L'immédiateté qu'offrent les moyens de communication actuels réduit considérablement ce temps d'attente qui permet le recul, l'analyse et la synthèse. Internet constitue une mine d'informations et de loisirs extraordinairement riche à portée de main, qu'on consomme sans effort. Tout est au bout des doigts, c'est fascinant. Mais à s'informer de tout, on ne sait jamais rien, nous rappelle le bon sens populaire.

Cette évolution pleine d'intérêts a malheureusement des conséquences alarmantes parce que la réalité du monde, dans toute sa complexité et sa profondeur, ne marche pas selon nos vœux, immédiatement, sans effort et sans analyse. Le monde marche selon son ordre : la nature des choses, le temps qui passe, le rythme des saisons, le rôle du hasard et la complexité des relations de cause à effet, c'est l'ordre du monde et il ne changera jamais.

En oubliant cette évidence, on s'énerve pour rien. On peste contre un idéal qui n'existe pas. « Le monde est plein d'esprits chagrins et furieux qui se plaignent de l'ordre du monde, écrit le philosophe Bertrand Vergely. Pas étonnant qu'il prenne une allure chagrine. Tout le monde se chagrinant du chagrin existant, un vent de chagrin se met à souffler comme une tempête. On a alors des raisons d'être chagrin. Misérables raisons en vérité, la cause du chagrin n'étant autre que nous-mêmes. Seulement, nous ne le voyons pas. Trop empressés que nous sommes de nous dire et de dire, à qui veut l'entendre, que les autres sont responsables du climat haïssable enveloppant le cours des choses. Le monde n'est pas mauvais. Nous le rendons tel parce que nous pestons contre lui. La colère du monde n'a pas d'autre origine que la colère contre le monde. »[30]

Le monde est comme il est et se poser la question de sa perfection est donc absurde. « La perfection n'existe pas ; le comprendre est le triomphe de l'intelligence humaine, la désirer pour la posséder est la plus dangereuse des folies », écrivait Alfred de Musset, il y a presque deux cents ans.

L'acceptation de l'imperfection n'est autre finalement que l'acceptation de notre frustration à trouver l'introuvable, à changer l'inchangeable, l'acceptation de notre impuissance à asservir ce et ceux qui nous résistent.

Juliette et Tom adorent cuisiner et recevoir des amis à dîner. Juliette établit le menu – entrée, plat, dessert – et Tom choisit les boissons pour chaque plat. Ce soir, revenant d'un

30. Vergely Bertrand, *Petite philosophie pour vaincre les jours tristes*, Milan, 2003.

court séjour en Norvège, il ramène un saumon frais et suggère une petite préparation simple et rapide qui fera une agréable seconde entrée pour leurs amis. Bien que d'accord avec la proposition, Juliette est perturbée par le désordre que cela provoque : deux entrées c'est trop, il y a déjà du poisson en plat, tout est déséquilibré ! Quelle boisson proposer ? Comment modifier le menu ? Juliette s'embrouille, restructure, change l'ordre des plats, s'énerve devant un mari amusé mais perplexe, qui tâche de la rassurer. Juliette se crispe et culpabilise Tom. De surprise agréable, le saumon se transforme en pomme de discorde ! Juliette cherche le dîner parfait. Le dîner où tout s'harmonise, les plats, les saveurs, les proportions, les boissons, bref une perfection qui n'existe pas. Ce qui frustre Juliette est double : elle ne trouve pas l'équilibre parfait et croit qu'elle doit le trouver !

Accepter l'imperfection, c'est aussi accepter qu'il n'y ait pas de réponses. Il n'y a pas de dîner parfait. Juliette est confrontée aux mêmes difficultés lorsqu'elle doit choisir un stage de vacances pour ses enfants : celui-ci est très intéressant mais un peu cher, l'autre très abordable mais plus éloigné, le troisième est d'un intérêt moyen mais accepte les plus jeunes et donc la petite sœur, le quatrième correspond au sport préféré de l'enfant mais c'est au cinquième que vont tous ses copains ! Où est le stage parfait ? La difficulté de la jeune maman est qu'elle ne sélectionne pas de critères dominants pour faire son choix.

Lorsqu'on a un objectif, on organise les critères selon une hiérarchie en fonction de cet objectif et les choix s'imposent plus facilement. Par exemple si l'objectif du moment consiste à faire quelques économies, le critère de coût va dominer, les autres suivront sur un plan secondaire. Si, en revanche, on traverse une période où l'on trouve qu'on prend un peu de poids parce qu'on mène une vie trop sédentaire, on choisit tout ce qui nous procure un peu d'exercice physique et on ne rechigne pas sur une demi-heure de marche.

La quête de la perfection, dans certains domaines, est une source de joie, de bonheur ou une nécessité vitale. Notre vie dépend parfois du geste parfait d'un chirurgien, ou le plus parfait possible : le geste optimal. On ne connaîtrait pas l'achèvement artistique des Primitifs flamands ou l'aboutissement sportif des champions olympiques, s'ils n'avaient consacré leur vie à la quête d'une certaine excellence. Et souvent, cette recherche est en soi une grande source de bonheur. De frustration aussi… À chacun de choisir ce qu'il fait de sa vie.

La sagesse nous dit que le bonheur, ce n'est pas d'atteindre le but, mais de parcourir le chemin qui y mène. L'objectif est parfois utopique, mais la recherche passionnante. C'est en marchant qu'on découvre, c'est en expérimentant qu'on grandit. C'est en aimant qu'on apprend à aimer. C'est en faisant des enfants qu'on découvre la parentalité. On n'est jamais vraiment prêt avant.

La vie est comme une piste sinueuse, qui va par monts et par vaux et dont on ne voit jamais qu'un tronçon, jusqu'au prochain tournant. On peut en prévoir quelques pas, mais assez peu finalement. Malgré tout, comme sur un sentier de montagne, on progresse. On marche avec courage et confiance, parce qu'on veut découvrir ce qu'il y a derrière le prochain col. On avance parce que vivre, c'est évoluer. On s'ouvre aux surprises, on accepte l'incertitude de la suite, on sait qu'on ne peut la prévoir avec sûreté, mais on progresse néanmoins, en sachant qu'on ne sait pas grand-chose du chemin qu'il reste à parcourir. L'accepter est source d'apaisement.

J'ai organisé des randonnées dans le désert durant de nombreuses années. Au début de chaque journée, les participants demandaient au chamelier combien de temps on allait marcher. Il évaluait l'étape à sa manière très personnelle et affirmait, péremptoire : « Trois heures ! » et le groupe partait confiant.

Bien sûr, ce n'était jamais trois heures ! Parce que les Touaregs n'évaluent pas le temps en heures, mais en dunes et en vallées, en puits et en oasis… et qu'ils sont plus endurants que nous. On s'arrête là où il y a de l'herbe à chameau, de l'ombre ou à l'abri du vent. Ce n'est pas toujours prévisible, mais dans leur culture, ne pas répondre à une question est un offense.

Donc, pour nous qui vivons en tranches horaires précises depuis la maternelle, une balade de trois heures, c'est cent quatre-vingts minutes de marche ! Et le quart d'heure académique dépassé, les organismes se mettaient à souffrir, les fatigués devenaient plaintifs et les râleurs donnaient des leçons de ponctualité aux chameaux ! Ils s'étaient conditionnés, physiquement et mentalement, pour trois heures et pas plus.

Le jour où j'ai invité les randonneurs à découvrir ce qui se passait lorsqu'ils marchaient sans savoir combien de temps, sans doser leur effort, mais en faisant confiance à leur organisme et aux accompagnateurs qui veillaient sur nous, l'expérience a été très belle. Plus personne ne s'est plaint et les fatigues ne se sont plus manifestées à heure fixe ! Les gens avançaient confiants, dans le respect d'eux-mêmes et avec attention pour ceux qu'ils côtoyaient. C'est une jolie illustration du cheminement de la vie.

La vie n'a pas besoin d'être parfaite pour être merveilleuse. Et puis, que serait une vie parfaite, une vie parfaitement réussie ? Qui peut le définir ? Si par un quelconque miracle, une telle vie existait, serait-elle suffisamment pétillante ? Son excellence contiendrait-elle les stimulations dont nous avons besoin pour avancer ? Ne nous manquerait-il pas quelques obstacles dont nous savons que les surmonter nous rendra plus forts ? Oui, répondront les idéalistes, mais une vie idéale devrait intégrer les difficultés sans lesquelles elle serait fade et dépourvue de défis ! Elle contiendrait les frustrations qui renforcent et les échecs qui rendent philosophes ! Alors à quoi bon se plaindre de la nôtre, puisqu'elle comporte naturellement les ingrédients nécessaires ?

Admettons autant que possible que ce qui nous énerve ou nous déçoit n'a pas beaucoup d'importance. Les contrariétés, les broutilles et les peccadilles sont le poil-à-gratter de la vie. Elles nous affectent parce qu'elles résistent à notre volonté ou ne correspondent pas à nos désirs, mais dès qu'on prend un peu de hauteur, on ne les sent même plus.

Si on peut récupérer énergie et disponibilité en cessant de se disperser dans la gestion des tracas insignifiants ne restent alors que les vraies souffrances dont on s'occupe bien mieux et aussi, heureusement, les beautés du parcours et la douceur de vivre.

Accordez-vous souvent des moments de réflexion, des plages de votre temps où vous cessez toute activité.

- Levez le nez du guidon, prenez du recul et examinez vos difficultés calmement, en triant l'essentiel de l'accessoire.
- La vie ne fonctionne pas comme vous le souhaitez, c'est évident, mais ce qui vous déplaît mérite-t-il d'y dépenser tant d'énergie ? Le jeu en vaut-il vraiment la chandelle ?
- Pensez-vous que dans quelques années vous accorderez la même importance à votre frustration actuelle ? Vue de loin, ne jugez-vous pas votre obstination d'aujourd'hui un peu dérisoire ?
- Vos acharnements sont-ils efficaces ? Vous mènent-ils au but escompté ?
- En quoi vous gâchent-ils la vie ?
- N'est-il pas temps de vous y prendre autrement ?
- Pourquoi continuer à agir d'une manière qui ne produit pas le résultat escompté ?
- Votre vie vaut-elle d'entretenir ces regrets, cet énervement ou cette aigreur ?

- Peut-être qu'en votre for intérieur, vous savez que ça ne marche pas, qu'il est vain d'insister, mais vous le faites quand même… Pourquoi ?
- Quel est votre intérêt de maintenir une idée, une attitude ou une démarche qui n'amène pas au bien-être ? Il doit bien y avoir quelque avantage ?

Réfléchissons un moment à ce paradoxe. En toute logique, si on veut obtenir un résultat particulier (un changement d'attitude chez l'autre par exemple), on va mettre en place un comportement destiné à atteindre ce but. Si à chaque essai on échoue, pourquoi continue-t-on les mêmes tentatives ? Pour une action simple, tirer dans une cible par exemple, si on n'y arrive pas, on change son fusil d'épaule, mais dans la vie, c'est moins évident.

Certains désagréments n'ont pas de solution. Certains conflits n'ont pas d'issue. C'est comme ça. Il faut parfois apprendre à vivre avec un problème insoluble. Le reconnaître en allège déjà un peu le poids. Si mon problème a une solution, je vais la trouver, pas de stress. Et s'il n'en a pas, pourquoi se fatiguer à chercher ? Pas de stress non plus !

> *Je suis harcelée par la publicité au téléphone. Ces appels émanant de call centers me dérangent à toute heure. Je ne veux pas changer de numéro, parce qu'il est connu et en circulation. J'ai essayé de parler aux commanditaires de ces publicités, en vain. J'ai déposé plainte auprès de mon opérateur, sans succès. Je me suis inscrite sur des listes censées filtrer ce genre d'intrusion, mais rien n'y fait.*
>
> *Au début, ce harcèlement m'énervait sérieusement ! Mes efforts pour me protéger restaient vains et cela augmentait encore ma frustration. Un jour, j'ai compris que je n'y arriverais pas et j'ai lâché prise. J'ai accepté mon impuissance et décidé de me laisser aller à exprimer l'humeur du moment, sans aucun effort. Parfois je raccroche sans rien dire, parfois je me*

fâche bêtement et ça me fait du bien, parfois je fais de l'humour débile, je dis que je suis morte, par exemple, n'importe quoi qui me soulage de cette pointe d'énervement, afin de ne pas laisser ce harcèlement avoir la moindre prise sur moi. C'est un problème sans solution et l'humour me permet de ne pas me laisser ronger. Plutôt que d'attendre que l'orage cesse, j'ai décidé de danser sous la pluie !

Dans les conflits qui ne mènent à rien, pourquoi s'obstine-t-on ? N'aurait-on pas un autre but caché derrière cet entêtement inefficace ? Par exemple démontrer combien notre interlocuteur est rétif au changement ? Buté, négligent ou sourd ? Il est souvent plus facile d'attribuer la cause de nos peines à autrui ou au contexte qui nous maintient dans notre statut de victime plutôt que de reconnaître qu'on construit largement nos propres tourments ou qu'on ne fait rien pour les calmer. Difficile de se l'avouer, mais même un bébé qui essaye de faire passer un cube dans un trou rond finit par comprendre que ça ne marchera jamais…

Il n'y a pas de justice !

Nul ne peut atteindre l'aube sans passer
par le chemin de la nuit.
KHALIL GIBRAN

Contrairement au célèbre jeu télévisé, la Roue de la fortune est une allégorie représentant une femme (souvent Fortuna, déesse de la Chance) qui actionne une manivelle entraînant une roue sur laquelle sont accrochés des êtres humains qui, au fil de la rotation, ont tantôt la tête en haut, fiers et heureux, tantôt la tête en bas, dans la souffrance et la détresse. Le caractère aléatoire des événements de la vie est aussi représenté par une femme aux yeux bandés qui distribue au hasard, du haut de son nuage, les chances et les malchances qui s'abattent sur les hommes.

Est-ce à dire que nous sommes abonnés à un cycle de bonheurs et de malheurs ? On le sait, la vie ne nous épargne pas. Elle est souvent belle et joyeuse, mais parfois elle nous fait mal et nous frustre. Elle est témoin de nos succès et de nos joies, mais aussi de nos ambitions déçues et de nos amours mortes. On a des années de vaches grasses et des années de vaches maigres. On connaît la maladie, la fatigue et l'échec, on goûte à la rage et au chagrin et puis à des années plus douces, plus tranquilles et plus prospères. C'est normal. La roue tourne et distribue les plaisirs et les peines, c'est le cycle de l'existence.

N'y aurait-il pas là une vision bien judéo-chrétienne dans son acception la plus auto-flagellante ? Un inéluctable chemin de croix nourrissant dignement tous les pessimismes qui nous engluent ?

Chaque étape de la vie, chaque tranche d'âge apporte quelques épreuves, quelques désillusions et quelques deuils. Les premiers gros obstacles nous paraissent inacceptables, on en veut au monde entier, on se révolte ou on cherche un coupable.

La maturité, l'habitude oserais-je dire, nous apprend que c'est la vie comme elle est, avec ses inégalités, ses injustices et son absurdité mais heureusement, à chaque étape de la vie, ce non-sens devient un peu moins dur à avaler. On apprend, on comprend et on a moins besoin d'attribuer nos difficultés à une cause extérieure, pas plus qu'à nous-même. Parfois, il n'y a pas de cause. C'est la vie, hasardeuse et surprenante.

L'accepter nous la rend déjà un peu plus légère, mais dans une société où on apprend à ne pas montrer qu'on a mal, on finit par se demander si on n'est pas anormal de se sentir seul, triste ou moins heureux que les autres. On ne tient pas à se faire remarquer, à gâcher la fête en révélant ces sentiments honteux, alors on cache sa peine derrière un masque de bienséance ou de joie feinte. On devient complice de la mascarade généralisée, en niant ce qu'il y a d'humain chez les humains.

La vie n'est pas juste. C'est une frustration immense. Le petit Calimero s'en est fait l'adorable étendard et son succès démontre combien les enfants ressentent cette injustice dès leur plus jeune âge. Ils ont besoin de repères et, parmi eux, le sens de la justice est une balise rassurante. Ils se sentent exister à part entière quand le partage entre frères et sœurs leur paraît équitable, une part de gâteau identique pour chacun, pas plus pour l'un que pour l'autre.

Pour ménager leurs enfants, les parents essayent parfois de respecter cette égalité en toutes choses : lorsqu'ils achètent un nouveau vêtement à l'un, ils se sentent obligés d'en offrir un à l'autre, sans vrai besoin si ce n'est d'être loyaux. Ils agissent ainsi pour éviter de frustrer, pour montrer qu'ils aiment autant l'un que l'autre et que personne n'est privilégié. Mais aussi pour éviter la colère de l'enfant qui se sentirait floué.

L'intention est louable, mais malheureusement ils créent ainsi une illusion que l'enfant adopte parce qu'elle est rassurante : le monde serait juste et équitable.

Dans d'autres familles, les parents ne s'encombrent pas de ces compensations minutieuses et agissent en fonction des nécessités, en sachant qu'en fin de compte, l'équilibre sera globalement respecté parce qu'ils portent une attention aux divers besoins de leurs enfants avec un vrai amour pour chacun. Dans ces familles-là, les enfants savent que leur tour viendra, un autre jour, autrement, et ils ne se focalisent pas sur cette sacro-sainte justice. Ils sont rassurés parce qu'ils se sentent aimés au-delà de ces dons et ne développent pas cette obsession d'une stricte équité. Ils sont plus aptes à se réjouir du bonheur de l'autre sans se sentir spolié. Plus tard, ils ne seront probablement pas autant blessés par une impression fréquente d'injustice, qui n'est autre que le décalage entre la vie réelle et leur illusion d'enfant qui a cru à un monde équitable.

Dans la nature, rien n'est équitable, c'est la loi du plus fort. Dans notre culture, en revanche, de nombreux systèmes contrecarrent cette loi naturelle en tâchant de protéger les plus fragiles. C'est ce qui nous civilise et nous humanise. Mais parfois, l'homme est un loup pour l'homme, alors la justice des hommes essaye de trancher, comme Salomon le bébé[31], comme la poire qu'on coupe en deux, avec ce que le bon sens a de sain mais aussi de limité, grâce à un arsenal de lois qui s'adaptent à la société, quand ce n'est pas elle qui s'adapte aux lois.

Parfois l'injustice ne vient pas du fait des hommes, qui font ce qu'ils peuvent, avec honnêteté et courage, pour l'éviter, mais elle vient du sort. L'injustice, c'est le bébé qui naît malformé, c'est la mort subite du nourrisson, c'est l'accident imprévisible, l'enfant qui se fait enlever en plein jour sur le seuil de sa maison, la foudre qui tue le promeneur, l'arbre qui s'abat sur la maison, l'incendie auquel on ne peut échapper. C'est être au mauvais endroit au mauvais moment, c'est tout ce que l'homme ne peut prévoir ni contrôler. L'injustice, c'est le hasard, c'est « Dieu qui joue aux dés » comme dit Einstein avec humour, la faute à « pas de chance », c'est le sort des hommes.

Cette injustice est insupportable. Elle fracasse les âmes.

De tout temps, il a fallu trouver une raison pour que les hommes y survivent. Qu'on les prenne au pied de la lettre ou sur

31. Deux mères se disputant un enfant sont amenées devant le roi Salomon pour qu'il tranche, si l'on peut dire. En fait, une des deux mères avait étouffé son enfant par inadvertance et voulait s'approprier celui de l'autre femme. Salomon ordonna de trancher le bébé en deux et d'en donner une moitié à chaque femme. La véritable mère ne voulant évidemment pas que son enfant soit découpé, alors que l'autre était d'accord, annonça préférer céder l'enfant. Salomon, qui n'espérait que cela, sut qui était la vraie mère et lui fit remettre le bébé.

un plan plus symbolique, tous les grands mythes religieux ont tâché d'y apporter un sens.

Ici-bas, avec les faiblesses qu'on lui connaît, le système judiciaire tâche du mieux qu'il peut de maintenir un peu d'ordre. Les tribunaux s'appliquent à régler certaines injustices, bien codifiées et plaidables, mais c'est bien peu de choses, malgré les moyens mis en œuvre. Parfois, le sentiment d'injustice reste bien vivant.

Les gens qui ont eu affaire à la justice sont loin d'en être tous sortis satisfaits, même s'ils ont gagné leur procès. Le sentiment de ne pas être rencontré dans ses droits, de ne pas être reconnu dans ce qu'on estime être le préjudice subi est fréquent et ne fait qu'entretenir la blessure. On s'attendait à une reconnaissance, on a lutté (et payé) pour la défense de ses droits et on en sort parfois frustré à hauteur de l'effort fourni en vain. « Stricte justice, grande injustice » dit le proverbe, parce que le système judiciaire ne panse pas toutes les plaies, ce n'est pas son rôle.

On dit qu'un mauvais compromis vaut mieux qu'un bon procès, ce qui en dit long sur les limites du système. Lorsqu'on se sent véritablement lésé, le compromis signe d'emblée l'insatisfaction, par son caractère partiel. Mais il a le mérite d'enterrer assez vite l'affaire, on peut tourner la page et passer à des préoccupations plus réjouissantes. Chaque chemin a ses avantages et ses inconvénients, et comporte une grande part d'incertitude.

Au cœur des conflits interpersonnels, la frustration liée à l'incompréhension et à la trahison est toujours très douloureuse. Elle est proportionnelle aux sentiments qui unissaient les protagonistes. Devoir abandonner l'immense besoin d'être entendu et compris, faire le deuil de cette reconnaissance, surtout quand ces conflits s'installent au sein de sa propre famille, de son couple ou avec des amis proches, est un des deuils les plus difficiles à accepter parce qu'il traduit notre inexistence dans le regard de celui qu'on aime. Parfois ce sentiment « d'inexister » abîme notre propre appréciation de nous-même et on s'effondre psychologiquement.

Heureusement pas toujours. Nous pouvons continuer à nous apprécier nous-même. C'est toute notre force mais aussi toute notre solitude.

On entend parfois, à l'occasion de la médiatisation d'un procès par exemple, les victimes déclarer qu'elles attendent que justice soit rendue pour pouvoir enfin commencer leur deuil. C'est extrêmement compréhensible, tellement la reconnaissance publique de la douleur et du préjudice subis aide à tourner la page. Malheureusement, malgré tous leurs efforts, elles ne l'obtiennent pas toujours… Mais il faut clôturer le dossier, malgré tout.

Attendre de la justice une reconnaissance salutaire pour pouvoir enfin commencer un deuil est un besoin légitime, mais c'est une erreur, parce que c'est l'établissement d'une dépendance. Or avancer dans un deuil ne dépend en fin de compte que de soi-même. Que la société reconnaisse officiellement, par le biais de son système judiciaire, l'injustice ou les torts subis représente une aide précieuse, mais elle ne devrait pas empêcher le processus de deuil. Si la reconnaissance est absente, on devra également en faire son deuil, ce qui ne fait qu'alourdir la peine. Mais c'est possible, c'est même essentiel. Ne perdons donc pas trop d'énergie dans cette quête. Elle est justifiée et nécessaire, mais pas indispensable. S'acharner à obtenir reconnaissance à n'importe quel prix, par le temps et l'énergie qu'on croit devoir y consacrer, finit souvent par en annuler tout bénéfice.

En matière affective, cette quête éternelle se transforme parfois en combat de toute une vie. Cela en vaut-il vraiment la peine ?

Dans le cadre de ma consultation, je reçois souvent des adultes qui vivent de lourds conflits avec leurs parents. Tant qu'ils étaient jeunes, ils se sont pliés aux désirs de ceux-ci, ont fait maints efforts pour correspondre à leurs attentes mais, adultes, ils n'en peuvent plus. Ils tâchent de résister, de vivre selon leurs choix, en espérant néanmoins ne pas perdre l'amour des leurs.

Dans certaines familles, c'est impossible. « En dehors de la ligne du Parti, point de salut ! » Si le jeune adulte s'éloigne de ce que ses parents souhaitaient pour lui, s'il prend des orientations qu'ils ne comprennent ou n'apprécient pas – un métier, un conjoint, un lieu de vie, une manière d'éduquer les enfants –, leurs relations se dégradent irrémédiablement. S'installent alors tensions, disputes ou critiques qui mènent à l'épuisement et puis souvent à la rupture. La frustration liée à cette situation de profonde injustice est immense. Elle est proportionnelle aux efforts pour plaire sans pour autant se nier, ainsi qu'à l'amour de ces ex-enfants pour leurs parents qui aujourd'hui les dénigrent. En matière affective, la justice ne peut rien.

Prenez un moment pour réfléchir à tout ce qui, dans votre vie, se résume par la phrase : « C'est pas juste ! » Il est probable que déjà dans l'enfance vous ayez ressenti quelque injustice. Aujourd'hui encore, vous vivez peut-être des situations frustrantes sur ce plan.

- Qu'avez-vous déjà essayé pour obtenir justice ?
- Cela a-t-il été efficace ?
- En quoi cette situation vous gâche la vie ?
- Sur le plan affectif, ressentez-vous de l'injustice ?
- Pensez-vous ne pas avoir été reconnu à votre juste valeur ?
- Vous sentez-vous incompris, rejeté, négligé ou utilisé ?
- Pensez-vous vraiment qu'il soit encore possible de faire ou d'exprimer quelque chose qui vous rendra justice ?
- Si oui, osez, soyez efficace.
- Si non, laissez tomber, cessez de vous épuiser en vain et accordez-vous la médaille vous-même ! Vous savez ce que vous valez. C'est essentiel.

On ne peut se protéger de tout

L'homme a ce choix : laisser entrer la lumière ou garder les volets fermés.
HENRY MILLER

L'injustice s'inscrit également dans les coups du sort. Les assureurs nous assurent pour ce qui est assurable, c'est peut-être mieux que rien, mais c'est peu de chose face aux drames qui parsèment la vie des hommes. Les systèmes d'assurances peuvent soulager un brin les conséquences financières d'une maladie grave, des accidents et des décès prématurés, ainsi que des tornades, tremblements de terre ou inondations. L'indemnité n'est jamais que pécuniaire et l'argent récupéré, s'il éponge un peu le préjudice, ne remplace jamais ce qu'on a perdu. La vraie blessure devra cicatriser toute seule. À nous de nous en occuper.

En revanche, rien ne nous prémunit contre les peines de cœur, un projet qui capote, une entreprise qui échoue, un enfant qui s'en va, un conjoint qui nous trompe ou un ami qui nous trahit. Rien ne peut empêcher le temps de marquer nos visages, ni le chagrin d'assombrir nos hivers. Rien ne nous protège des jours noirs et des nuits blanches, des doutes qui paralysent et du rejet qui tue.

Les difficultés font partie de la vie et la technologie, les assureurs et la justice n'y feront jamais rien. Ou si peu.

Le mythe du risque zéro surfe sur des peurs archaïques et compréhensibles, mais impossibles à calmer totalement. La vie comporte toujours des risques, il faut l'accepter. On peut s'en prémunir un peu, avec bon sens, mais dans notre vie personnelle, courir derrière l'illusion de la sécurité absolue est une quête sans fin. Pour signer un contrat, on nous répète à l'envi qu'il faut bien tout lire, même les tout petits caractères du bas de la feuille, mais dans la vie, on n'a en aucun cas cette garantie ! Quand on fait un choix, quand on s'engage, on ne sait jamais vraiment ce qui va se passer. Il y a toujours une partie incertaine, qui n'apparaîtra que plus tard.

Évidemment, lorsqu'on trébuche, on peut se dire qu'on aurait dû se protéger mieux et il y aura toujours quelque triste sire pour nous signaler qu'on n'aurait pas dû prendre cette voie-là. Rétrospectivement, c'est facile ! C'est une position de charognard qui ricane et juge, en utilisant les dérapages d'autrui pour se conforter dans ses certitudes. Mais quand on se décide, on a rarement toutes les cartes en main. Toute décision comporte une prise de risque et donc nécessite une part de courage. Les commentateurs ont beau jeu de critiquer ensuite. En revanche, il n'est jamais perdu d'en tirer des leçons pour éviter que cela ne se reproduise, c'est tout autre chose.

Au fil des siècles, les hommes se sont construit une vie extraordinairement complexe, passionnément intéressante et d'une richesse prodigieuse, mais ils s'y ennuient souvent, par peur d'expérimenter, d'explorer l'inconnu et de sortir de leur zone de confort. Ils craignent d'y perdre quelque chose. Or ne pas oser, c'est déjà perdre. On vit dans une société allergique au risque et amoureuse du contrôle. On consacre une formidable quantité de temps et d'énergie à promouvoir la sécurité partout. Dans des domaines précis, ce n'est évidemment pas idiot (ceinture au volant, casque en moto, paratonnerre, etc.), mais l'obsession de la sécurité nous force dans sa logique absolutiste à tout anticiper.

Redécouvrons la joie de l'improvisation, le ridicule ne tue pas ! Qui plus est, il est rarement au rendez-vous ! Pourquoi n'accepte-t-on pas d'être simplement débutant ?

Faites-vous confiance : vous avez suffisamment de ressources dans votre caisse à outils pour faire face à l'imprévu. Vous pourrez improviser, vous êtes capable de vous renseigner en route, de chercher des conseils ou de demander de l'aide. Vous n'êtes pas programmé pour tout dominer de A à Z.

Redécouvrez le sel de l'aventure, vous ferez face aux problèmes quand ils arriveront. Ne les anticipez pas tous, ce serait une liste sans fin.

Osez la rencontre avec l'inconnu, ça ouvre les horizons.

Osez aimer sans penser à la rupture.

Osez parler sans craindre les critiques.

Osez avoir des opinions sans penser aux détracteurs.

Osez voyager malgré les microbes.

Osez faire des enfants sans être sûr d'être un bon parent, vous apprendrez en route.

Osez pleurer sans souci de paraître émotif.

Osez vous impliquer sans appréhender de ne pouvoir vous en défaire.

Osez faire confiance sans craindre d'être trahi.

Osez vivre avant de mourir…

Faites confiance à la vie, aux gens et à vous-même. Le pari de la confiance est infiniment plus riche que celui de la méfiance. La méfiance empoisonne la vie. Personne n'est fiable à cent pourcents. Tout homme peut se tromper ou commettre une erreur, mais on peut croire en sa bonne volonté et en sa sincérité. Avec l'expérience de la vie, votre flair s'est aiguisé. Vous pouvez séparer le bon grain de l'ivraie et ne pas faire d'amalgames. De toute façon, il vaut mieux accepter de vivre avec une certaine dose d'incertitude que de s'échiner à l'annihiler.

Un cadavre dans le placard

Quel homme est sans erreur ? Et quel roi sans faiblesse ?

VOLTAIRE

La vie n'est ni juste ni parfaite, et nous les hommes, si faillibles et si vivants, nous ne le sommes pas non plus ! On essaye de faire ce qu'on veut, on se débrouille comme on peut, mais nos désirs et la réalité ne sont pas toujours compatibles. Alors on s'en arrange, avec philosophie, résignation ou médiocrité, c'est selon.

Nous ne sommes pas plus irréprochables que quiconque, nous le savons. Qui ne s'est jamais énervé sur son prochain (ou sur soi-même) pour incompétence, inexactitude, imprécision et toutes sortes d'autres signes d'insuffisance ? Qui n'a jamais un peu menti ou triché avec la vérité ?

On a beau s'accorder sur certaines évidences, par exemple sur le sens des mots, il y aura toujours quelqu'un pour qui « demain » veut dire « un de ces jours, peut-être ». On a beau être entourés d'horloges, dans la rue, au poignet ou dans son téléphone, il y aura toujours quelqu'un pour qui « on se retrouve à huit heures » signifie « quand j'aurai fini mon boulot »… On emprunte un objet qu'on ne rend jamais, on croit savoir et on se trompe, on fait confiance mais on se fait flouer, on évalue mal et on se plante, toutes ces petites et grandes déficiences humaines existent et ne disparaîtront jamais. Par sa nature même, l'homme a des points faibles. Il s'est constitué sous l'influence de multiples expériences qui continuent à le modeler et à bousculer le cours de son existence.

Devenir un être lucide et droit est le travail de toute une vie.

À des degrés divers, on est tous des cabossés de l'enfance. On aborde les situations qui croisent notre route avec pour armes et bagages le produit de notre passé, qui n'a pas toujours été exemplaire, loin de là. Nous avons tous nos boiteries, la route a toujours quelques nids-de-poule, petits ou grands, mais nous devons nous débrouiller au mieux, comme tout le monde. On rencontrera certainement des problèmes en chemin, mais leur accorder trop d'importance nous laisse embourbés et fourbus. Il faut continuer à avancer, malgré les chaos de la route.

Ne serait-il pas finalement plus honnête de reconnaître que, dans un petit coin retiré de notre jardin secret, on cache quelques faiblesses, des petits arrangements avec la vérité et des souvenirs honteux ? On a tous un cadavre dans le placard.

L'y a-t-on mis sciemment ? Savait-on, lorsqu'on visait, qu'on était si peu doué ? Ne nous a-t-il pas fallu quelques essais pour conclure aux erreurs ? Point de victoires sans échecs, point d'omelettes sans casser des œufs…

Avouez que c'est un angle de vue sacrément réjouissant, qui tord allégrement le cou à la culpabilité ! On n'est pas dans l'un de ces concours télévisés – haute cuisine ou recherche nouvelle star désespérément – qui scandent leur leitmotiv rituel : « on n'a pas le droit à l'erreur » ! Dans la vraie vie, avec les yeux ouverts, on a le droit à l'erreur ! Ce n'est pas parce que nos erreurs étaient corrigées en rouge à l'école qu'elles étaient néfastes ou nuisibles. Sans droit à l'erreur, pas d'essai ! Et sans essai, pas de mouvement, pas d'évolution, pas de nouveauté, pas d'adaptation au monde qui change, à l'âge qui avance et à la vie comme elle est.

Parfois on s'engage sans savoir exactement où cela va nous mener. Mais on veut s'engager néanmoins et c'est très bien. Le mariage, par exemple : qui sait vraiment à quoi il s'engage au moment où il prend sa décision ? Quand on se marie, on a l'amour, la volonté, la foi, l'espoir, mais a-t-on la certitude ? Peut-être, pas toujours, mais on s'engage parce qu'on le veut. Sans cette détermination, sans cette conviction, on n'oserait jamais fonder une famille.

Ensuite, la vie évolue et un mariage sur deux se solde par un divorce. Est-ce à dire que les mariés ont fait une erreur ? Je ne pense pas. Ils ont choisi de vivre l'aventure et de s'y jeter corps et âme. Ils y ont cru, les uns ont certainement fait tout ce qu'ils ont pu pour que leur union reste heureuse, les autres beaucoup moins, mais quoi qu'il en soit, après quelques années, cela ne s'est plus avéré suffisamment agréable pour qu'ils aient envie de faire durer leur vie commune et ils se séparent. On peut se représenter le divorce comme le naufrage du couple et c'est cet échec-là qui fait souffrir, mais ce n'est certainement pas la faillite d'une vie. L'erreur aurait été, pour nombre d'entre eux, de faire perdurer une situation malheureuse, qui leur gâchait la vie.

Essayer et échouer, c'est normal. Trébucher fait mal, parfois très mal. On traverse la rage, la colère, le désespoir ou la perte de sens. Mais une fois la souffrance dépassée et cicatrisée, il nous reste à en apprendre quelque chose.

C'est là que l'échec est bénéfique. Ce bénéfice remet en perspective toute la dynamique de la culpabilité et de la honte. Il ne nous délie pas de notre responsabilité, mais il nous absout peut-être d'une bonne part du poids de nos erreurs, à partir du moment où il n'y a pas à se culpabiliser d'avoir échoué. La responsabilité nous impose de répondre de ce qui nous arrive et de ce que nous en faisons. La culpabilité signe la faute.

Un étudiant qui échoue et doit recommencer son année peut le vivre sans en tirer la moindre leçon et réitérer les mêmes manquements ou bêtises. Mais un autre tirera de cette difficile expérience des enseignements sur sa méthode de travail, la gestion de ses priorités, il se reposera la question du choix de son orientation et gagnera en maturité. Dès lors, l'échec n'est plus un échec, et c'est pareil pour toutes les expériences qui ne réussissent pas d'emblée.

On s'en veut souvent d'avoir fait un mauvais choix, mais le savait-on au moment où on le faisait, si la situation était nouvelle ? Qui aurait pu prévoir si l'avenir allait nous donner tort ou raison ? Il fallait essayer pour le savoir. On a tenté sa chance, on a osé, bravo ! Et ne rien faire, l'immobilisme, mère de toutes les prudences, où nous aurait-il mené ? Nulle part. Sur place. Loin de l'erreur sans doute, mais loin de l'aventure aussi, loin de l'idéal certainement.

Il en est autrement de la faute. La faute s'inscrit en regard d'une loi, d'une règle, d'un interdit ou d'une procédure connue qui est transgressée. La faute entraîne la sanction.

L'erreur est une expérience dont on doit tirer une leçon, un apprentissage. L'erreur advient lorsqu'on sort de sa zone de confort, lorsqu'on prend un risque, le risque d'essayer. On peut, si on le souhaite, rester vivre dans son petit nid, au calme ou en sous-régime. Si c'est un choix, c'est la liberté de chacun. Si c'est la conséquence de la peur de l'échec, c'est un peu dommage…

Cette acceptation profonde des contraintes du réel et de nos propres limites nous réconcilie avec la vie telle qu'elle est, et avec nous-même. Il ne s'agit plus de frustration ni de résignation, mais d'une implantation réaliste dans l'immense champ des possibles.

« Qui est triste face à la vie ressent tout ce qui le sépare de l'idéal, écrit le philosophe Bertrand Vergely. Il devient conscient de son prix. Ce qui n'est pas triste. Pleurer de ne pas être parfait, ce n'est pas simplement pleurer, c'est renaître. »[32] C'est s'inscrire enfin dans la réalité acceptée, qui n'est ni banale ni triste, c'est surmonter le malheur en plongeant dans l'agir, en prenant sa vie à bras-le-corps. Ce qui fait souffrir, c'est le refus de la vie telle qu'elle est. Pleurer et puis renaître, c'est cesser de souffrir d'un rêve qui nous échappe, d'un impossible à atteindre ou d'un hier à jamais perdu.

La souffrance fait partie de la vie

Sois sage, ô ma Douleur et tiens-toi plus tranquille…
CHARLES BAUDELAIRE

Vouloir écarter toute souffrance de sa route est une entreprise parfaitement vaine qui consisterait à se soustraire à une part essentielle de l'humanité. On comprend néanmoins ce désir

32. Vergely Bertrand, *Petite philosophie pour vaincre les jours tristes*, Milan, 2003.

éminemment humain d'éviter la douleur. Personne ne niera qu'il soit plus agréable de se faire arracher une dent sous anesthésie que ceinturé par un assistant costaud, aussi compatissant soit-il ! La médecine et sa pharmacopée peuvent atténuer ou supprimer les douleurs physiques, heureusement.

Cela dit, pour bien des misères du corps, la suppression de la souffrance, bien qu'apaisante, n'en supprime pas moins le signal d'alarme. Souvent, prendre un cachet contre la douleur, c'est un peu comme augmenter le son de l'autoradio pour ne plus percevoir un bruit suspect du moteur. On n'entend plus, on ne se préoccupe plus et on continue la route. Or notre corps nous envoie régulièrement des signaux de fatigue ou de dysfonctionnement qu'on ferait bien d'écouter avant que les dégâts ne soient irréversibles, même si on préfère les soulager temporairement. Nous ne sommes pas qu'un pur esprit, nous sommes incarné et responsable de notre corps.

Certaines souffrances sont directement conséquentes de la manière dont on est sourd à soi-même et dont on se néglige ; elles nous arrivent parce qu'on a flirté avec le danger. D'autres nous tombent dessus par pur hasard, malencontreusement, comme les giboulées sur les roses à peine fleuries. C'est frustrant et ce qui révolte, de surcroît, c'est l'absence de sens.

Si l'on peut, bien heureusement, soulager, voire supprimer certaines douleurs du corps, la souffrance de l'âme fait partie de la vie quoi que l'on fasse. On est tellement habitué aujourd'hui à faire tout ce qui est possible pour ne pas souffrir, qu'on en oublie qu'à bien des égards c'est parfaitement impossible. Ne nous trompons pas, une vie « bien menée » ne signifie pas une vie sans souffrance. Croire cette ineptie rajouterait aux souffrances inévitables la souffrance de souffrir !

La souffrance est inhérente à notre système nerveux hautement sensible, à notre cerveau surdéveloppé, à notre conscience pointue et aux émotions complexes qui en découlent.

D'un point de vue psychologique, on souffre parce qu'on a une mémoire phénoménale qui enregistre les événements de la vie et les émotions qui y sont associées. On apprend au fil du temps ce que souffrir veut dire, on se souvient de la douleur et on la craint.

On souffre parce qu'on anticipe la souffrance, on a peur du danger, peur de l'échec, peur de la mort.

On souffre parce qu'on aime et qu'au fil du temps l'amour s'essouffle et s'en va.

On souffre parce que celui qu'on aime, aime ailleurs.

On souffre parce que la mort nous arrache ceux qui nous sont chers et qui, trop tôt, nous quittent.

On souffre parce qu'on n'est pas accepté comme on est.

On souffre parce que la réalité résiste à nos désirs.

On souffre parce qu'on a des ambitions qui ne se réalisent pas et que l'échec nous confronte à nos manquements et à nos limites.

On souffre parce que notre vie ne ressemble pas à ce dont on rêvait et qu'on aurait pu en faire autre chose.

On souffre parce qu'on ne s'aime pas tout à fait, on doit s'accepter comme on est, avec le corps qu'on a, l'âge qui avance et nous limite, les projets qu'on ne réalisera plus, on doit accepter la vie limitée parce qu'on doit accepter la mort.

On a tous des désirs et des rêves, et lorsqu'ils ne sont pas satisfaits, on est triste. La souffrance ponctue notre vie d'homme et la tristesse en est l'expression la plus visible. Tout n'est pas réjouissant dans l'existence, belle par ailleurs, et le reconnaître aide à sortir de l'illusion et de l'indifférence, de la bonne conscience et de l'irresponsabilité.

Qui est capable de pleurer est capable de faire renaître la beauté en lui et dans le monde. Il prend conscience du sensible, du fragile, admet la douleur qui le traverse et doucement s'éloigne parce qu'elle est acceptée et n'est donc plus tout à fait souffrance. C'est ce qui permet, comme le dit si justement la philosophe Simone Weil, de « ne pas chercher à ne pas souffrir ni à moins souffrir, mais à ne pas être altéré par la souffrance. » Accepter, plutôt que refouler ou nier.

L'art sublime la souffrance. Tout est triste quand tout est beau, disent les poètes. Et tout est si plein d'âme que la tristesse s'annule d'elle-même en faisant surgir une douceur inespérée.

Écoutons Baudelaire, dans « Harmonie du soir »[33] :

Voici venir les temps où vibrant sur sa tige
Chaque fleur s'évapore ainsi qu'un encensoir;
Les sons et les parfums tournent dans l'air du soir;
Valse mélancolique et langoureux vertige!

Chaque fleur s'évapore ainsi qu'un encensoir;
Le violon frémit comme un cœur qu'on afflige;
Valse mélancolique et langoureux vertige!
Le ciel est triste et beau comme un grand reposoir.

L'art est une leçon, qui va bien au-delà de l'esthétique. « Faire de sa vie une œuvre d'art? s'interroge le philosophe André Comte-Sponville. Ce ne serait qu'un mensonge de plus. Mais vivre en vérité, et tant pis si cela nous fait mal. Il ne s'agit pas d'enjoliver la vie, ni de la magnifier, ni de l'exagérer (Wagner). Il s'agit encore moins de se perdre dans l'angoisse et la douleur (il y a de cela chez Schumann et je n'aime pas Schumann), mais de les traverser: de passer de l'autre côté du désespoir (comme fait merveilleusement Mozart, et Beethoven, et Schubert…), de l'autre côté du crépuscule, là où il n'y a plus que tout, là où le soleil se couche sans trembler, et c'est le monde, là où le courage

33. Extrait des *Fleurs du mal,* Livre de Poche,1972.

revient, et c'est le monde encore, et nous dedans, perdus et sauvés sous les étoiles… »[34]

La liberté dans le cadre

Je ne crois pas, au sens philosophique du terme,
à la liberté de l'homme. Chacun agit non seulement
sous une contrainte extérieure,
mais aussi d'après une nécessité intérieure.
ALBERT EINSTEIN

On a souvent tendance à penser, surtout quand on est jeune, que la liberté donne la possibilité de faire tout ce qu'on veut. C'est à la fois formidablement vrai et partiellement faux. « Quiconque veut être libre, l'est en effet. » Entendons cette phrase de Rousseau dans toute la profondeur de sa vérité. On a pourtant bien vite tendance à la prolonger d'un « oui, mais… ». On est libre de vivre comme on veut, oui mais il faut bien gagner sa vie, oui mais on a des enfants, oui mais il y a des lois, des contraintes, des interdits, des limites, etc.

Vivre librement sa vie, c'est en choisir les orientations et en définir les contraintes, et ce dès le plus jeune âge, dans la mesure où le début du chemin, celui sur lequel on a eu le moins de prise, nous en laisse encore suffisamment le choix : choisir de passer son bac, choisir telles études ou telle profession, choisir de s'établir en couple ou de papillonner, choisir d'avoir des enfants ou non, choisir de voyager ou de se sédentariser, choisir d'être cigale ou fourmi… De nombreux choix de vie nous appartiennent et bien plus qu'on ne le croit.

---

34. Comte-Sponville André, *Le Goût de vivre, et cent autres propos*, Albin Michel, 2010.

Mais il y a des exigences et des limites, on les découvre au fil du chemin.

Y est-on bien préparé ? Si durant l'enfance on n'a pas connu la contrainte, si nos parents nous ont épargné toute frustration, s'ils sont venus au-devant de nos désirs avant même qu'on ne les ait ressentis, s'ils ont répondu immédiatement à toutes nos envies, si on n'a jamais dû faire d'effort pour surmonter un obstacle sans qu'un adulte nous tienne par la main, si on n'a pas appris à attendre, à réfléchir, à essayer et à échouer, si on n'est pas préparé à faire face aux impératifs de la vie à cause d'une éducation bienveillante certes, mais excessivement « cocoonante », on risque de se sentir perdu, incapable et dépassé.

Ou en colère : la frustration peut aussi pousser à la politique du pire, à la rage incontrôlable et à la destruction. Si on n'a pas tout, on rejette tout. Si on n'obtient pas satisfaction, on méprise ou on détruit.

C'est la fable du Renard et des raisins, de Jean de La Fontaine :

Certain Renard Gascon, d'autres disent Normand,
Mourant presque de faim, vit au haut d'une treille
Des raisins mûrs apparemment,
Et couverts d'une peau vermeille.
Le galand en eût fait volontiers un repas ;
Mais comme il n'y pouvait atteindre :
« Ils sont trop verts, dit-il, et bons pour des goujats. »
Fit-il pas mieux que de se plaindre ?

Au fil de la vie, on doit bien accepter les limites que notre corps impose, les contraintes de la société, les responsabilités qu'on a prises, les lois, les règles de bienséance, la liberté de l'autre, etc. Ces limites forment le cadre au sein duquel on est invité à vivre.

Nul n'est censé ignorer la loi, on le sait. Ensuite, on peut encore choisir de la respecter ou non, et d'en payer les conséquences.

À titre d'exemple, regardons ce qu'on fait du code de la route. C'est un cadre auquel nous devrions obéir. Qui le fait parfaitement ? Qui ne s'est jamais garé trop près d'une intersection en toute connaissance de cause ? Le risque d'être pris en faute est faible, la sanction également et le danger provoqué est minime. En revanche, fort peu de gens osent faire marche arrière sur une autoroute lorsqu'ils manquent la sortie, parce que la sanction est immense et le danger encore plus.

On respecte les limitations de vitesse en fonction du risque et de la punition (petits dépassements = petits dangers et petites sanctions) mais aussi, comme pour toutes les lois, en fonction de son propre code moral, de son sentiment de sécurité face à la transgression et du plaisir qu'on retire ou non de s'inscrire dans le cadre qui nous est imposé. Et puis aussi de la joie du « pas vu, pas pris » !

Tous les automobilistes sont supposés connaître le code de la route et y obéissent ou non en fonction de ces critères. S'y rajoutent les facteurs de force majeure, qui se discutent et qui pourront, le cas échéant, être utilisés comme argument devant un tribunal : il y a évidemment une différence notoire de contexte entre le dépassement de la vitesse autorisée parce qu'on doit conduire à l'hôpital sa femme en train d'accoucher ou parce qu'on s'est levé trop tard et qu'on va rater son train.

Ce jeu avec le code de la route illustre fort bien ce qu'on fait avec la vie, souvent sans même y réfléchir. Pour chaque espace de vie au sein duquel on fonctionne, le cadre est un repère. Il réunit les diverses formes de limites, de contraintes ou d'impossibilités, de tous ordres : médicales, légales, physiques, civiles, morales… Parfois le cadre n'est pas plus méchant que le temps imparti pour répondre aux questions d'examen, parfois il est impitoyable comme la peine de mort. À nous de choisir, en toute connaissance de cause, comment on va jouer avec le cadre, le respecter, le négliger, l'ignorer, le frôler ou le transgresser. C'est à nos risques et périls.

C'est à cela que Jean-Paul Sartre répond : « Être libre, ce n'est pas pouvoir faire ce que l'on veut, mais c'est vouloir ce que l'on peut. » C'est là où se niche toute notre liberté : là où l'on peut.

Le cadre de la réalité nous limite, mais on choisit de le respecter. Avec en son sein tous les possibles à inventer, à créer et à découvrir. C'est en plongeant dans tous les possibles de la vie qu'on retrouve l'émerveillement de l'enfant qui découvre le monde et qu'on en mesure l'immense diversité. La vie offre une incroyable liberté au sein du cadre des possibles.

C'est encore Sartre qui disait que l'on n'avait jamais été aussi libres que sous l'Occupation. Les possibles étaient rares et leur diminution ne les rendait que plus précieux. Je n'étais pas là pour le vérifier mais, sur un plan psychologique, on en a l'illustration quotidiennement. « Plus c'est rare, plus c'est cher » rappelle le dicton. Moins une activité est accessible, plus elle paraît exceptionnelle et plus elle est précieuse. *A contrario,* plus les choses sont à portée de main, plus elles deviennent banales et inintéressantes. Quel dommage !

À titre d'exemple, des personnes très fortunées sont prêtes à dépenser des sommes effarantes pour s'offrir des privilèges rares, rares pour elles, ce que certaines chaînes hôtelières ont mis à profit pour facturer à prix d'or le luxe simple de l'ombre d'un cocotier sur une plage déserte, qui n'est, pour le pêcheur local du village d'à côté, qu'un banal quotidien sans aucun intérêt.

C'est une des difficultés de notre époque, où jamais le champ des possibles n'a été aussi large. L'extraordinaire liberté que notre société offre, évidente lorsqu'on la compare aux siècles passés et à d'autres cultures bien plus réglementées, est loin d'être perçue dans toute la richesse de sa diversité par la plupart des gens.

Si on illustre le champ des possibles par un grand terrain clôturé, la plupart des gens se limitent aux sentiers battus et aux zones bien fréquentées et sécurisées. Les uns s'en contentent au sens le plus étymologique du terme : ils sont contents. Les autres s'y ennuient profondément.

Plus en marge, quelques individus insatisfaits s'échinent à découper les grilles ou à les escalader, tournant le dos aux possibles qu'ils négligent et n'explorent même pas.

Heureusement, les plus courageux ou les plus lucides, les plus doués pour le bonheur examinent l'infinie liberté qui s'offre à eux au sein du cadre. Ils plongent dans le réel, explorent et découvrent, créent et inventent, avec calme ou avec passion, sans perdre leur vie à rêver à d'impossibles rêves, parce qu'ils acceptent la vie comme elle est, infiniment riche et néanmoins limitée par la danse du possible et de l'impossible, et par le temps qui leur est compté.

- Avez-vous parfois l'impression que votre liberté est limitée ?
- Est-ce vraiment le cas ?
- N'est-ce pas plutôt une croyance ?
- Le résultat d'une habitude ?
- Un sens du devoir mal placé ?
- Le résultat d'une peur ?
- Une triste résignation ?
- L'envie de culpabiliser celui qui vous limite ?
- Dans le champ des possibles, ce grand terrain clos, où vous situez-vous et comment vous comportez-vous ?

Parfois, on a l'impression que le soc de notre charrue retombe toujours dans le même sillon. On passe sa vie à labourer son champ au même endroit, par habitude, par facilité, parce que le sillon est profondément tracé. Mais quel ennui ! Quelle inefficacité ! Ne serait-il pas temps de prendre ce soc à bras-le-corps et de le déposer vigoureusement ailleurs, là où la terre est encore inexplorée ? Essayer autre chose. Autrement. Pour vivre ce qu'on a vraiment envie de vivre, avec les bonheurs et les risques que cela comporte.

« Ce qui fait vivre ? se demande le psychologue Philippe Béague, président de l'Association Françoise Dolto.

Peut-être, justement, de ne pas être de bois !

Serait-ce vivre que d'être indifférent, insensible, intouchable ?

Serait-ce vivre que de n'être jamais envahi par les émotions qui toutes se répondent et dont nous ne pouvons mesurer l'intensité de chacune que d'avoir éprouvé son contraire ?

C'est parce que nous sommes, toute notre vie, renvoyés de Charybde en Scylla…

C'est parce que nous posons la question sans trouver la réponse…

C'est parce que nous sommes traversés par ce flux, cette tension, cette impossible résolution, qui nous tient en haleine…

C'est parce que, ensemble, nous traversons la même solitude.

C'est ça qui nous fait vivre.

Et c'est ça, vivre ! » [35]

35. Béague Philippe, in *Qu'est-ce qui nous fait vivre ?* Couleurs Livres, 2011.

Chapitre 5
Finitude

Votre temps est limité, ne le gâchez pas en menant une existence qui n'est pas la vôtre.
Steve Jobs

Accepter la finitude est la deuxième grande porte à franchir pour cesser de se gâcher la vie. Nous sommes inscrits dans la temporalité. Le déroulement du temps est régulier, même si son appréciation est éminemment subjective : on a parfois l'impression que le temps n'avance pas ou au contraire qu'il nous file entre les doigts, mais quoi que l'on fasse, chaque journée comporte vingt-quatre heures. Le temps avance comme un tapis roulant sur lequel défile l'aventure de la vie, qui a commencé avant nous et qui continuera après nous. On y passe quelques dizaines d'années, à chacun d'en faire ce qu'il souhaite, au mieux de ses possibilités.

La finitude signifie que tout passe, les bons comme les mauvais moments. C'est triste et réjouissant à la fois. C'est une évidence, personne ne peut le nier et pourtant on vit généralement comme si on était éternel. Il est souvent bien tard lorsqu'on réalise vraiment que l'avenir raccourcit. Parfois trop tard pour pouvoir faire de sa vie ce qu'on désire vraiment.

La finitude est difficile à accepter parce que la mort est impensable pour nous qui sommes bien vivants. La seule sagesse qui vaille face à la mort est de vivre le moment présent, sans regret du passé, ni crainte de l'avenir…

Pas plus que vous, je n'ai envie de mourir ; le plus tard sera le mieux. La mort des autres me désole ou me révolte, et lorsqu'elle frappe des êtres qui me sont chers, elle me bouleverse, comme tout le monde. Pourtant, il faut l'accepter. Par le point final qu'elle met à la vie et par son caractère imprévisible, elle confère à l'existence une valeur inestimable.

Accepter sa propre finitude, c'est accepter également que toute chose a une fin. Qu'elles soient pérennes ou non, les choses pour nous sont éphémères : elles peuvent nous survivre, c'est nous qui les quitterons.

Le comprendre est une sérieuse invitation à faire en sorte que chaque journée vaille la peine d'être vécue, ou devrais-je plutôt écrire : vaille la joie d'être vécue. Ne tardons pas à accomplir ce qu'on souhaite vraiment. Cessons d'encombrer notre existence d'activités désagréables ou de non-choix stériles. Ne laissons pas perdurer l'inconfort, réglons nos affaires et profitons chaque jour du bonheur d'être en vie.

« Me rappeler que je serai bientôt mort a été un moteur essentiel pour m'aider à prendre les plus grandes décisions de ma vie, déclarait Steve Jobs, patron d'Apple, à l'occasion de son discours à la remise de diplôme de la prestigieuse Université de Stanford aux États-Unis en 2005, alors qu'il se savait atteint d'un cancer. Parce que presque tout – les attentes, l'orgueil, la peur de l'embarras ou de l'échec – tout cela s'évanouit face à la mort, et il ne reste que ce qui compte vraiment. »[36]

La vie est un prodige.

Lorsqu'on comprend les innombrables circonstances qui ont présidé à notre existence sur cette Terre, les milliards d'années et de hasards qui ont transformé un chaos dantesque en une planète accueillante et merveilleusement belle, lorsqu'on pense aux siècles de lente civilisation et de progrès qui nous offrent le fabuleux cadeau de vivre cette stupéfiante aventure qu'est la vie d'un être humain aujourd'hui, lorsqu'on sait tous les aléas qui auraient pu empêcher les deux premières cellules dont notre existence a jailli de se rencontrer, on ferait mieux de jouir de cette chance, chaque jour, chaque heure, chaque minute. Cette chance prodigieuse qui peut nous échapper à tout instant.

Aujourd'hui, nous sommes là, en vie. Nous avons tous derrière nous quelques mauvais moments que nous avons surmontés, des efforts par dizaines, des colères et des larmes. Nous avons lutté, douté, échoué et nous sommes là, face à demain. Ne gâchons pas le reste du chemin.

L'idée est simple, encore faut-il se l'approprier.

Je ne veux pas mourir !

Plus absurde est la vie, moins supportable est la mort.
JEAN-PAUL SARTRE

Comprendre qu'un jour on va mourir, comprendre que tous les gens qu'on aime vont mourir, à commencer par nos parents, est un des plus tristes traumatismes qui nous fait quitter l'innocence

36. Extrait d'un discours remarquable, simple et émouvant, que vous trouverez sur Internet et notamment sur Youtube : http://www.youtube.com/watch?v=x1Z9Ggqr84s.

de l'enfance. Cette compréhension nous propulse dans l'âge de raison, vers 6 ou 7 ans. C'est l'âge où l'on ne croit plus aux contes de fées, on a globalement compris ce que vivre signifie : on naît, on grandit, on vieillit et à la fin, on meurt. Les adultes le savent, c'est évident, mais il leur a fallu un jour en prendre conscience lorsqu'ils étaient enfants !

Cette prise de conscience est douloureuse et tout concourt ensuite à la faire oublier. On continue à vivre, sans y penser. La mort reste un concept, une idée. Aussi longtemps qu'elle ne vient pas frapper à notre porte, on ne se sent pas concerné.

La mort semble ne plus faire partie de la vie. La société l'évacue, la craint et la cache.

Il n'y a pas si longtemps, lorsque les familles vivaient un peu plus groupées, gravitant autour d'un foyer central – une ferme, une maison, un hameau – les vieux restaient au sein de leur famille jusqu'à leur dernier jour. Ils demeuraient actifs aussi longtemps que possible et utiles par divers menus travaux ou par la surveillance qu'ils exerçaient sur les enfants, permettant ainsi aux parents de travailler à l'extérieur. Ils apportaient leur contribution et ne perdaient pas leur statut, ce qui n'est plus tellement le cas aujourd'hui. Quand ils devenaient trop faibles, ils restaient dans un fauteuil, au coin du feu, la famille se relayait pour prendre soin d'eux et ils s'éteignaient doucement comme une bougie, parmi leurs proches.

Leur expérience de vie représentait une référence qui se transmettait de père en fils et de mère en fille, parce que les changements d'une génération à l'autre étaient minimes et leur vécu était encore précieux. On pouvait dire sans exagération que lorsqu'un vieux mourait, une bibliothèque disparaissait.

C'est une image un peu idéalisée sans doute, mais globalement authentique.

Pas de maison de retraite, pas d'hôpital ni d'acharnement thérapeutique, tout se passait chez soi. Les enfants avaient de la sorte assisté à quelques fins de vie avant de devenir les adultes qui allaient prendre en charge la vieillesse de leurs propres parents. Ils étaient prêts, devinaient les premiers signes et connaissaient les gestes et les mots qui soignent et apaisent. L'idée même de la mort leur était familière et ils reproduisaient, avec l'aide de leurs enfants, les gestes que leurs parents avaient posés vingt ou trente ans plus tôt.

La mort faisait partie de la vie. Les naissances et les décès formaient un cycle naturel, fortement intégré au quotidien. En conséquence, les gens acceptaient plus facilement l'inéluctable, même si leurs émotions étaient comparables aux nôtres aujourd'hui.

Dans de nombreuses régions du monde, les choses se passent encore comme cela. La vieillesse est respectée et la mort mieux acceptée. On ne s'appesantit pas trop et on passe à autre chose. Le quotidien n'attend pas et la vie reprend son cours.

Dans ces contrées, la population a une espérance de vie plus courte que la nôtre et une mortalité infantile plus élevée et, rien qu'à ce titre, personne ne peut regretter les progrès de notre société occidentale contemporaine. Mais la médaille a un revers : aujourd'hui, on meurt toujours de quelque chose, comme si la mort était l'échec d'une vie qui, si elle avait été parfaitement menée, nous aurait donné l'immortalité. Mourir de sa belle mort est rare, alors qu'avant c'était la norme.

Il n'est plus très courant de mourir chez soi, entouré des siens. On décède la plupart du temps à l'hôpital, sous contrôle médical, soutenu le plus longtemps possible, mais amoindri et sous perfusion. Évidemment, c'est aussi grâce à la médecine qu'on vit en meilleure santé bien plus longtemps que nos ancêtres, mais la médecine moderne ne dérive-t-elle pas lorsqu'elle prolonge artificiellement une existence épuisée ?

Laisser la vie suivre son cours et s'éteindre d'elle-même renverrait-il les médecins à une inutilité qui leur est insupportable ?

Les patients hospitalisés en fin de vie sont isolés pour leur permettre de finir leurs jours au calme, certes, mais aussi parce que la prévision de leur trépas risque d'embarrasser ou de démoraliser les autres. Ils passent de nombreuses heures seuls, avec parfois pour uniques visites celles des bénévoles.

Dès le décès, on évacue le corps pour pouvoir réoccuper la chambre, d'autres mourants attendent. La discrète sortie de la morgue se cache à l'arrière des bâtiments ou aux sous-sols; jamais un cercueil ne sort par la grande porte. La mort n'est plus présente dans la vie même. Elle fait peur, on la cache, elle en est devenue l'échec et la honte.

La fin de vie n'étant plus laissée à la nature de l'homme, elle fait l'objet d'un nouveau débat : laisse-t-on l'inéluctable arriver à son heure ou intervient-on pour abréger les souffrances ? Cette délibération, initiée par l'avènement de services hospitaliers qui ne veulent plus escamoter la mort, ni laisser les patients agoniser dans des souffrances inhumaines, reste malheureusement très restreinte et discrète. La mort demeure malgré tout un tabou et peu de gens osent en parler à l'avance. La mort est douloureuse, certes, mais cette absence de franchise crée un surcroît de difficultés.

Les personnes qui avancent en âge ont souvent du mal à envisager leur propre disparition, leur famille n'ose pas aborder le sujet et dans les établissements de soin ou les hôpitaux, on évite d'en parler et on reste discret, au nom du respect de la sensibilité de chacun.

En attendant, derrière la porte, chacun fait comme il veut, ou comme il peut, et c'est surtout là que réside le problème.

Je ne dis pas qu'il se pratique des abus dans les hôpitaux. Il s'en pratique parfois, comme partout dans le monde, ni plus, ni moins. En revanche, je pense que le silence sur la mort ouvre grand la porte à l'arbitraire. Il s'y vit le meilleur, incontestablement, avec un personnel compétent, dévoué, intègre, sensible et intelligent. Heureusement ! Mais il s'y vit aussi le pire : des décisions autocratiques, de l'approximation et des mensonges, des annonces de diagnostic et de pronostic assénées avec une maladresse assassine et des non-dits lourds comme des tombes…

Le malade ou la personne âgée doit rester au centre du processus, il s'agit de sa vie et de sa mort. Ce n'est pas parce qu'elle est devenue physiquement très faible qu'on peut décider à sa place. Tout devrait être fait au mieux pour pouvoir parler avec elle respectueusement et en vérité de ses souhaits concernant ses derniers moments, si elle le désire. Si le sujet était moins censuré, on pourrait sans doute l'évoquer plus à l'aise et bien à l'avance.

La question n'est pas de déterminer ici la bonne manière de terminer sa vie. Chacun a sur ce point le droit d'avoir sa propre appréciation, qui est liée aux valeurs qui lui sont chères et aux expériences vécues. On est libre d'avoir des souhaits pour sa propre fin de vie tout en luttant pour le respect de celle des autres. On peut défendre la valeur sacrée de la vie pour elle-même, qui doit être respectée jusqu'à son dernier souffle. Certains considèrent que Dieu nous l'a donnée et Dieu nous la reprendra. On a le droit de décider qu'elle nous appartient et que la façon dont nous voulons la quitter est notre ultime liberté. On peut espérer que les soins palliatifs absorberont les difficultés et adouciront les douleurs et les inconforts. Certains préféreront l'euthanasie et s'entendront avec un médecin qui la pratiquera lorsqu'on lui dira qu'on n'en peut plus. On peut aussi décider de mettre fin à ses jours ou laisser la vie s'éteindre comme le soleil se couche.

Avoir des principes moraux qui nous guideront pour quitter cette terre est respectable, mais rester verrouillé à ses idées sur la digne façon de mourir quand il s'agit de la vie d'autrui relève de la prise de pouvoir. C'est l'art de gâcher la vie, ou plutôt la mort d'un autre poussé à son extrémité !

Parfois l'agonie est longue et on voudrait agir pour l'abréger, mais bien souvent la seule souffrance gît dans le cœur de ceux qui y assistent. Parce qu'ils s'aiment et se perdent. L'attente est insupportable. La vie les attend ailleurs. Or, ce temps qui prend son temps, cette mort qui arrive à petits pas, cette progression lente a du sens. Elle permet à chacun de s'y préparer, de se parler une dernière fois, de se dire l'essentiel, de se toucher encore un peu avant qu'il ne soit trop tard. La famille se retrouve autour du patient et les liens distendus peuvent se resserrer.

Ce temps permet au mourant de vivre sa vie jusqu'à ce qu'elle le quitte et aux proches de faire déjà quelques prémices de deuil : le deuil du rire, le deuil des mots, le deuil du partage, le deuil de la présence affective avant de devoir finalement s'habituer à l'absence physique.

Jusqu'au dernier moment, le mourant est vivant. Jusqu'au dernier instant, il est maître de lui-même. Ne lui ôtons pas ses dernières petites bulles de vie aussi longtemps qu'il ne le demande pas. « Hé ! Je suis encore du côté de la vie ! disait cette jeune femme à sa famille effondrée, à quelques heures de son dernier souffle, cessez de faire ces têtes d'enterrement, on dirait que c'est vous qui mourrez ! »

Ça n'arrive qu'aux autres

Il est également absurde de vivre en perdant de vue
le paramètre absolu de la mort que de laisser
la pensée de la mort gâcher mon existence.
Roland Topor

Les nouvelles fontaines de Jouvence de la médecine anti-âge, le business sans cesse croissant des crèmes antirides, de la chirurgie esthétique et même de la cryogénisation, s'attellent avec conviction à donner raison à ce refus de notre sort commun. Tenter de supprimer les marques du temps qui font de nous des mortels relève d'un projet cosmétique mais illusoire. Si vieillir nous apparaît comme une déchéance, la vie risque de devenir une entreprise démoralisante, mue par un besoin incessant et vain de lutter contre l'inévitable. Ce ne sont pas les efforts pour masquer les signes de l'âge qui importent : certains sont efficaces, tant mieux, d'autres non, tant pis ! C'est l'idée même de contrôler l'incontrôlable qui nous fait du tort. C'est refuser l'inéluctable qui entretient nos illusions sur notre puissance.

Il n'y a rien de nuisible à essayer d'atténuer l'usure du temps, et encore moins à prendre soin de son corps. Au contraire, le négliger est une autre manière de manifester, et donc aussi de croire, que le vieillissement ne nous concerne pas. La maladie et la mort, ce n'est pas pour nous !

La meilleure façon de retarder l'échéance serait-elle de ne pas y penser ? Ne pas prendre soin de son capital santé semble vouloir dire que la mort ne nous fait pas peur, alors qu'en vérité c'est parce qu'elle fait peur qu'on l'ignore, en négligeant paradoxalement les conséquences de nos comportements irresponsables. L'inconscience de cette méprise a pour effet d'augmenter le risque de vivre ce qu'on cherche à éviter ! C'est parce qu'on veut tourner le dos à la mort qu'on la brave et qu'on s'en approche.

Cela reviendrait-il à dire qu'on doit y penser sans cesse pour l'éviter ? Serait-il plus sage de vivre plus sainement ? Chacun fera son choix en fonction d'une multitude de critères et de beaucoup d'incertitude. Toute la difficulté consiste à assumer sa condition d'être mortel en passant du refus de la mort à son acceptation, de la résignation à la compréhension de son caractère naturel, inévitable et imprévisible. Ni la négligence de la mort, ni son obsession ne sont de bons guides pour vivre bien.

Il est intéressant de constater des changements de style de vie, parfois assez radicaux, chez des personnes qui sont passées à deux doigts de la mort : les gens qui ont échappé de justesse à un grave accident, ceux qui ont vécu une expérience de mort imminente[37] ou ceux encore qui sortent indemnes d'un long coma.

Ces attitudes particulières se retrouvent également chez les individus qui côtoient la mort de près ou travaillent auprès des mourants, dans les services où cette phase de la vie est accompagnée avec respect, ainsi que chez toute personne qui, par expérience ou maturité, a admis la finitude dans sa dimension enrichissante.

Qu'ont tous ces gens en commun ? Ils ont intégré l'idée de la fin d'une manière telle qu'ils mesurent le prix de l'instant à sa juste valeur. Ils savent ce qu'on devrait tous savoir et le ressentent profondément. Ils savent que la mort peut nous faucher à tout moment et que ce n'est pas seulement une question d'âge. Ils savent le drame qu'elle représente et ils apprécient d'autant plus le caractère précieux de la vie. Ils ont revu leurs priorités.

Ils choisissent souvent d'orienter leur vie vers ce qui leur paraît essentiel : plus d'humanité, de disponibilité, de proximité et de générosité pour ceux qui leur sont chers et des changements profonds qui correspondent à leurs valeurs humaines. Ils sont d'humeur plus douce ou plus chaleureuse et semblent jouir bien plus intensément qu'auparavant de l'existence. On peut le comprendre quand on a failli la perdre.

Ils mettent leur emploi du temps en adéquation avec leurs valeurs, ils font de leur profession une passion ou de leur passion une profession, ils ne s'énervent plus pour des broutilles, ne s'obstinent plus en pure perte, abandonnent les combats inutiles et les espoirs insensés, jouissent de bonheurs à portée de main et

---

37. L'expérience de mort imminente concerne les témoignages des personnes qui ont vécu un coma très profond, ou un arrêt cardiaque, pour ensuite revenir à la vie. Elles racontent avoir ressenti des émotions ineffables qui ont radicalement changé leur point de vue sur l'existence.

ne cherchent plus midi à quatorze heures. Ils sont conscients de leur chance et ne se gâchent plus la vie !

Tout a une fin !

Il faut accepter l'idée du perdu ; accepter le perdu,
le passé perdu, le rêve perdu, les amours perdues,
les amis perdus, la vie perdue…
EDGAR MORIN

Comment atteindre cet état d'acceptation et de sérénité très enviable quand on n'a pas approché la mort ?

La finitude est une notion essentielle, qui s'étend à toute chose. Tout ce que nous quittons, tout ce qui nous quitte provoque une rupture, choisie ou non. Chaque rupture impose une adaptation et un réaménagement de notre univers, même minime. On doit en faire son deuil.

Depuis notre naissance, nous avons vécu beaucoup de petites ou grandes ruptures, chaque tranche d'âge impose quelques deuils, qui ponctuent le cours normal de la vie.

Pensez par exemple à la tristesse d'un enfant qui doit quitter son petit lit de bébé où il se sentait tellement en sécurité, pour adopter un nouveau grand lit. Même si c'est une promotion, c'est aussi une rupture. Tous les enfants ne la vivent pas de la même manière, mais elle représente une forme de deuil pour nombre d'entre eux.

Et cet autre enfant qui perd son statut de centre du monde lorsque arrive le suivant, cet intrus « aimé-détesté » ! Qu'en est-il du petit bout qui quitte la maternelle, sa nounou et son doudou, pour entrer à la grande école ? Les parents aimeraient qu'il vive l'événement comme une émancipation, mais lui ne le ressent pas nécessairement comme tel. Pour l'enfant, une fois encore, c'est une rupture et un deuil. Il sait ce qu'il quitte, mais ne sait pas encore ce qu'il va trouver. C'est l'inconnu. Sa tâche est compliquée par le fait que pour ses parents, c'est parfois aussi un deuil ! Ils ne sont plus en face d'un petit à cajoler, ils le voient marcher vers de nouveaux camarades, aimer une nouvelle maîtresse et quelquefois ils sont plus désemparés que lui !

Selon la manière dont les parents vont vivre ces ruptures eux-mêmes, mais aussi la façon dont ils vont appréhender les difficultés de l'enfant, dont ils vont les reconnaître, les prendre en considération et permettre à l'enfant de les surmonter, selon l'empreinte que ces moments vont laisser dans son psychisme en formation, l'enfant abordera les deuils suivants avec plus ou moins de facilité.

Tout travail d'éducation bien mené devrait intégrer l'apprentissage des ruptures reconnues dans leur impact émotionnel véritable, surmontées et digérées. Et non pas refoulées, ni niées. Or, bien peu de parents reconnaissent les deuils que leurs enfants ont à traverser, parce qu'ils ne sentent pas toujours bien les leurs. Pour eux aussi cela a été un sujet ignoré dans leur enfance et la méconnaissance des processus se transmet. De plus, aucun parent n'aime voir son enfant souffrir et la plus simple manière de ne pas le voir, c'est… ne pas le voir ! Nier la souffrance, l'ignorer, distraire l'enfant, le faire rire ou lui montrer avec beaucoup de conviction la face joyeuse de l'événement sont autant de manœuvres affectueuses et de bonne volonté, certes, mais aussi de camouflage. Elles ont pour effet d'apprendre à l'enfant à refouler, nier ou minimiser. Il fait ce qu'on lui dit et se sent seul avec sa peine. Il comprend qu'il ne devrait pas la ressentir, qu'il a tort, ce qui n'améliore pas sa confiance en lui.

Le deuil se traduit par des émotions qu'on n'aime ni ressentir, ni observer chez l'autre : la tristesse et la colère. Dans notre culture, on fait tout ce qu'on peut pour les étouffer. De la sorte, on empêche le processus du deuil, qui est pourtant un processus sain. Le deuil est une succession d'émotions légitimes qui permettent de métaboliser la réadaptation émotionnelle liée à la rupture. Le deuil permet d'assimiler la perte. Refouler la tristesse et la colère, ou les nier, contribue à crisper ces expressions émotionnelles dont on a besoin avec fluidité pour faire face à la vie comme elle est, avec ses renoncements et ses séparations, ses échecs et ses décès.

C'est la perte qui est douloureuse, le deuil en est la cicatrisation. C'est un processus indispensable. Museler les émotions qui lui sont nécessaires, c'est rendre la douleur éternelle.

Les deuils naturels de la vie ne portent pas seulement sur les étapes de la croissance, mais aussi sur les idées, les croyances qui fondaient notre équilibre et qui s'avèrent un jour fausses ou utopiques. Quand on grandit, on perd ses illusions. On se souvient tous du jour où on a cessé de croire au Père Noël par exemple, ce n'était pas nécessairement une agréable découverte. L'idée du Père Noël avait sa place dans notre univers d'enfant et y croire avait sa fonction. Perdre cette illusion déstabilise temporairement, on doit réajuster sa compréhension du monde.

Exactement comme aujourd'hui, lorsqu'on doit se passer des idées et des comportements qui nous gâchent la vie. Ils avaient peut-être leur raison d'être hier, mais ne sont plus adaptés à la réalité dont on devient de plus en plus conscient.

Approfondissons la réflexion sur le deuil. Pour pouvoir choisir la bonne clé (acceptation ou changement), il est nécessaire d'affiner sa capacité à distinguer ce qu'on peut changer et ce qu'on doit accepter. Il va falloir faire des deuils pour modifier sa vie : discerner les idées qu'on accepte de revoir, les attitudes et les comportements qu'on doit quitter et ceux qu'on doit mettre en action.

Quels deuils êtes-vous prêt à faire ?

Prenez un temps pour vous poser les questions suivantes :

- Quels sont les deuils que vous avez dû traverser dans votre vie ? (décès, séparation, déménagement, exil, stade de vie, illusion, besoin, croyance, amitié, idée, il y en a beaucoup, réfléchissez bien.)
- Avez-vous l'impression que ces deuils sont finis, la « digestion » est terminée, ou sont-ils encore en cours (rage, colère, tristesse, résignation, dépression, obstination, etc.) ? Ce n'est pas facile à déterminer parce que tous les deuils ne sont pas clairement en *cours* ou *terminés*. Il reste des fragilités qui peuvent se réveiller à l'occasion, même si l'objet du deuil n'est plus obsédant. Il y a néanmoins souvent un moment où l'on peut se dire qu'on a fait son deuil, on le sent.

Posez-vous les questions suivantes pour tous les deuils de votre existence, mais pour les illustrer, prenons un exemple qui concerne un besoin qui gâche la vie de nombreux adultes : le besoin de plaire à ses parents, malgré des choix de vie personnels que ceux-ci n'apprécient pas. Il s'agit du deuil de la reconnaissance, un deuil psychique parmi les plus difficiles.

Imaginons une situation où ce deuil n'est pas fait : on espère encore toujours être reconnu par ses parents, on voudrait qu'ils s'intéressent à nous et en particulier dans les domaines où se nichent nos intérêts ou nos passions mais aussi nos doutes ou nos fragilités.

- À quoi pouvez-vous attribuer la sensation de deuil fait ou de deuil en cours ?

  On peut sentir que ce deuil de la reconnaissance n'est pas fait à nos vaines tentatives de plaire aux parents ou de gagner leur intérêt, à cet espoir constant, suivi d'une déception récurrente. On n'abandonne pas, on réessaye encore et encore (comme la mouche !) et on en souffre.

- Comment les deuils non-faits continuent-ils à handicaper votre vie, à l'alourdir ?

Ce deuil handicape s'il nous rend chaque fois malheureux, si nos essais et nos échecs nous attristent ou nous font enrager, si on sent qu'on a souvent besoin d'en parler, de se confier, parce que cette déception est ingérable. À la longue, on épuise la patience des proches, l'absence d'approbation parentale nous engourdit dans nos choix, les fréquenter est devenu une plaie…

- Quel intérêt pourriez-vous avoir à maintenir ce deuil non-fait ? Il doit bien y avoir un petit avantage ?

    Cela pourrait être une manière de se convaincre que si on gère mal sa vie, c'est à cause d'eux (ce n'est donc pas notre faute, ouf !), cela pourrait aussi être une manière de montrer aux autres combien nos parents sont pénibles et que nous, en comparaison, on est vachement mieux !

- Comment compensez-vous le désagrément de ne pas faire ce deuil ? Il doit bien y avoir un petit inconvénient ?

    En compensation, on peut chercher à attirer l'attention sur nous, pour qu'un proche mette du baume sur nos plaies. C'est bon de se faire plaindre parfois, qu'on nous dise que nos parents ont tort de ne pas nous apprécier et qu'on est vraiment quelqu'un de bien.

- Quel soulagement avez-vous ressenti à terminer un deuil ? Comment cela a allégé votre vie ? Quel cadeau vous êtes-vous fait en le clôturant définitivement ?

    On peut imaginer qu'une fois ce deuil fait, on se sente plus léger dans ses choix de vie, qu'on puisse enfin jouir du plaisir de faire de sa vie ce qu'on souhaite, sans culpabilité, sans honte et sans crainte de déplaire. On se sent enfin libre ! De plus, on change dorénavant de sujet de conversation, et les proches nous en sont gré !

- Qu'avez-vous à comprendre, à admettre ou à accomplir pour faire avancer les deuils non-faits ou en cours ? Que faire pour les terminer ?

  Prendre conscience de ce qui peine, décider d'aller au bout du processus émotionnel (sentir et exprimer l'émotion qui nous habite, tristesse, désespoir, rage, fureur) et du processus mental de réflexion (où s'acharne-t-on en vain ? que doit-on abandonner ?). Pour faire avancer un deuil, il faut sentir et raisonner, les deux sont nécessaires.

Réfléchissez aux situations ou aux fonctionnements qui vous gâchent la vie.

Le premier angle de vue à aborder est celui des **idées**.

- Quelles sont les idées non-fondées et néfastes qui vous bloquent ?
- Quelle fonction a cette idée ?
- Comment le fait d'y croire vous gâche la vie ?
- Quel bénéfice allez-vous découvrir en la remettant en question ?
- Vous y croyez alors qu'elle vous fait du tort, pourquoi ?
- Quel intérêt avez-vous à garder cette croyance ?
- Qu'est-ce que cela vous permet d'éviter ?
- Quelle libération vous apparaît lorsque vous cessez d'adhérer à cette croyance ?
- Par quelle nouvelle idée allez-vous la remplacer ?

Essayons ensemble : si par exemple l'idée qui vous nuit est la culpabilité constante, on peut imaginer que cette croyance, ce fonctionnement nocif a pour fonction de vous maintenir dans des zones de vie peu risquées, ce qui est parfois un avantage, parfois un inconvénient. Vous croire éternellement coupable vous gâche la vie parce que cela vous empêche de vous imposer, de vous faire respecter, d'innover ou de prendre des risques, mais l'absence d'audace est aussi une manière de rester bien tranquille chez soi !

Décider de vous débarrasser de cette vision du monde va vous aider à découvrir que vous avez des ailes bien plus larges et puissantes que vous ne l'imaginez. La culpabilité constante que vous ressentez vous fait vivre en sous-régime.

Pourquoi adhérez-vous à cette croyance que la réalité ne confirme pas ? Vous n'êtes en réalité coupable de rien ou de pas grand-chose, la réalité (non-coupable) et le sentiment (coupable) ne s'accordent pas. Peut-être que cette croyance vous protège d'un risque imaginaire : le risque de vous exposer ? De devoir sortir de votre réserve ? De vous mouiller ? Vous imaginez peut-être que sans cela, vous allez devoir affronter toutes sortes de difficultés, des conflits pénibles, que sais-je ? Peut-être que l'intérêt de garder cette croyance pourtant si limitante vous permet de ne pas remettre en question la vision du monde que vous avez enregistrée durant votre enfance ? Il est plus facile de continuer à croire que la vie est comme vos parents vous l'ont montrée, que de reconnaître qu'ils vous ont perfusé leurs angoisses ou que vous avez cru à des sornettes…

Essayez de poursuivre ce questionnement pour d'autres croyances qui vous encombrent.

Deuxième angle de vue : ce qui vous **immobilise**.

Peut-être vous rendez-vous compte que vous êtes en train de stagner sans vraiment le vouloir, que vous tournez en rond sans trouver la sortie, que vos hésitations et tergiversations vous maintiennent dans un inconfort évitable ou que vos ruminations ne nourrissent plus que vos insomnies.

- Quel inconvénient avez-vous de fonctionner de la sorte ?
- En quoi persister dans cette attitude vous gâche la vie ?
- Quel avantage allez-vous découvrir en sortant de cet immobilisme, c'est-à-dire en faisant le deuil de ce mode de fonctionnement ?
- Si c'était si simple, vous l'auriez sans doute déjà fait, alors quel bénéfice secondaire trouvez-vous à rester coincé dans cet inconfort ?

- Est-ce uniquement la peur du changement ou y a-t-il de vraies raisons ?
- Qu'est-ce que le maintien de cette position vous permet d'éviter ?
- Quel soulagement pensez-vous trouver en agissant ?
- Quelle action allez-vous mettre en place ?

Troisième angle de vue : **les actions** inopérantes.

Avez-vous l'impression qu'effectivement il vous arrive de fonctionner erronément et sans réfléchir ? De répéter toujours la même action sans observer le moindre changement ? De faire des choses ennuyeuses que personne ne vous demande ? D'essayer éternellement d'atteindre un but qui toujours se dérobe ?

- Quels sont les inconvénients de ces fonctionnements ?
- En quoi vous gâchent-ils la vie ?
- Si vous persistez dans ces comportements, il doit bien y avoir un avantage caché ?
- Qu'est-ce que cela vous permet d'éviter ?
- Quel intérêt avez-vous à maintenir ces fonctionnements ?
- Quel inconvénient auriez-vous à changer ?
- Quel bénéfice allez-vous trouver à vous en débarrasser ?
- Qu'allez-vous décider pour changer ?

Ces réflexions, qui ne se feront pas en un jour et que je vous invite à poursuivre aussi longtemps que nécessaire, devraient vous aider à maintenir le plus sain possible le terrain dans lequel fleuriront des fonctionnements bienvenus, qui enverront aux oubliettes ceux qui vous ont déjà bien pourri la vie.

Réalisations essentielles

C'est justement la possibilité de réaliser un rêve qui rend la vie intéressante.

Paulo Coelho

Continuons à explorer le chemin de la finitude. Le but est d'arriver à intégrer naturellement la temporalité et la fin comme repères incontournables dans le choix de toutes nos actions importantes, afin de redonner de la valeur à chaque jour de notre vie, à retrouver le caractère précieux de l'existence et jouir à tout instant de l'immense chance d'être vivant.

À cet effet, entrons maintenant dans des considérations plus concrètes.

Que la date de notre mort soit inscrite dans le Grand Livre du Destin ou nulle part, il n'empêche que chaque jour qui passe retire un jour à notre avenir. Remettre à plus tard éternellement la réalisation de ce qui nous tient à cœur est un non-sens.

S'il ne vous restait que six mois à vivre, qu'en feriez-vous ?

J'imagine qu'il vous reste quelques rêves à accomplir ou de simples envies à réaliser. Mais si vous n'aviez plus que six mois à vivre, seriez-vous en état de le faire ? Avez-vous déjà vu quelqu'un qui n'a plus que quelques mois à vivre ? (Si tant est que cela puisse se prédire…) Pensez-vous qu'il soit physiquement et psychologiquement en état d'accomplir ce que vous projetteriez de réaliser dans les mêmes circonstances ? Pourquoi attendre alors, si c'est essentiel ? Pourquoi ne pas prendre des dispositions aujourd'hui pour que ce soit possible sans tarder ?

Ne mélangez pas l'urgent et l'important. Nos vies sont souvent encombrées d'une multitude de petites choses urgentes qui prennent le pas sur ce qui est vraiment important. Sur l'essentiel, c'est-à-dire l'essence même de notre vie. Ce pour quoi on vit, ce qui donne du sens à notre existence.

Ce n'est pas toujours simple. Parfois, on aimerait bien réaliser nos vrais désirs, mais on pense que ce n'est pas possible, on n'en a pas les moyens, ni le temps, on en est incapable, on a une famille, bref toutes sortes de raisons de ne pas accomplir ce qui nous plaît. Pourquoi attendre que les circonstances soient meilleures ? Ce n'est pas toujours une question de circonstances ; il y aura peut-être toujours quelque obstacle sur le chemin. En attendant, les années passent… Il faudrait peut-être se dire : « Je le fais maintenant et je me décarcasse pour m'en donner les moyens ! »

Si c'est important à vos yeux, cela en vaut la peine.

N'oubliez jamais qu'il y a plus de rêve dans la réalité que de réalité dans le rêve : il y a plus de bonheur vécu dans une expérience réalisée qu'il n'y en a dans un rêve d'expérience que l'on ne réalise jamais. Sauf si on aime rêver ! On a effectivement le droit de rêver sa vie et de ne rien réaliser concrètement. J'espère que celui qui fait ce choix se sent heureux de vivre ainsi et que cela ne résulte pas uniquement d'un triste renoncement.

Je ne vous souhaite qu'une chose, c'est que le jour du grand départ, quand vous regarderez votre vie rétrospectivement (imaginons que ce soit possible), vous puissiez vous dire : ça valait vraiment le coup, j'ai vécu ce que j'avais envie de vivre ! Que cette expérience unique, qui ne se reproduira plus jamais, votre vie, soit ce que vous vouliez en faire, au mieux de vos possibilités.

Alors, prenez encore un bon moment pour réfléchir à ceci :

- Lorsque vous serez au bout du chemin, pour vous sentir satisfait de la vie que vous aurez menée, que devrez-vous avoir accompli ?
- En conséquence, quelles sont les décisions à prendre aujourd'hui pour n'avoir rien à regretter ?
- Quels sont les chantiers essentiels à mettre en œuvre pour faire vraiment de votre vie ce que vous voulez ?
- Au sens propre comme au sens figuré, que devez-vous abandonner, construire, lâcher, quitter, chercher, changer, décider, accomplir ?

Ne tardez pas à réaliser ce qui vous plaît et ce qui vous paraît essentiel…

Affaires laissées en souffrance

Il ne faut pas dire toute la vérité,
mais il ne faut dire que la vérité.
JULES RENARD

Pour progresser sur le chemin qui amène à intégrer l'idée de la temporalité et de la finitude, il faut faire quelques pas qui aident à admettre notre propre mortalité. Non qu'il faille vivre avec l'idée de la mort en tête, mais il faudrait s'habituer à vivre en règle avec la vie, afin de traduire en décisions et en attitudes intégrées l'idée que la mort peut nous cueillir n'importe quand. C'est cette acceptation qui rend la vie plus juste, plus dense, plus conforme à nos vœux et moins gaspillée.

Sur le plan relationnel, on a quelques dossiers qui nous plaisent et d'autres qui nous encombrent. Si chaque personne qui fait partie de votre existence aujourd'hui, ou qui le fut hier, était représentée par un dossier, il y aurait sur votre bureau :

– la pile « en cours » : les personnes avec lesquelles vous êtes en relation suivie ;

– la pile « en attente » : les relations en pointillés, en suspens, un peu oubliées ;

– la pile « à traiter » : les relations qui nécessitent des ajustements ;

– les « archives » : parmi lesquels les dossiers « terminés-rangés-oubliés » mais aussi ceux qu'on voudrait y ranger mais qui ressortent régulièrement du classement vertical comme un toast hors du grille-pain !

Les dossiers « à traiter » et les tartines grillées sont ce qu'on pourrait appeler les *dossiers en souffrance*, et le mot prend ici tout son double sens. Ce sont les personnes qu'on trouverait dommage de quitter inopinément sans avoir dit ou réglé quelque chose, que ce soit agréable ou non. Le dire ou le faire nous mettrait en règle et rangerait ces dossiers définitivement aux archives, d'une manière telle qu'on pourrait mourir l'âme en paix.

- Faites les piles fictives qui correspondent à votre vie relationnelle ancienne ou en cours.
- Pour vous mettre en ordre avec votre conscience sur le plan des relations, quels sont les dossiers qui vous paraissent en souffrance ?
- Quels sont les gens que vous regretteriez de quitter aujourd'hui sans leur avoir parlé ?
- Sentez-vous que vous avez de la rancune pour quelqu'un et que le lui dire vous soulagerait ?
- Pensez-vous que vous traînez une relation qui ne vous plaît plus mais à laquelle vous n'osez pas mettre fin ?
- Y a-t-il quelqu'un à l'égard de qui vous sentez que vous avez de la gratitude, quelqu'un qui vous a fait du bien et à qui vous ne l'avez jamais dit, à qui vous n'avez jamais rendu la pareille ? Quelqu'un que vous aimeriez remercier ?
- Quelqu'un que vous aimez et vous ne le lui avez jamais dit ?
- Y a-t-il quelqu'un à l'égard de qui vous vous sentez avoir une dette morale ?
- Quelqu'un à qui vous aimeriez dire « ses quatre vérités » ?
- Avez-vous un acte à poser à l'égard de quelqu'un pour clôturer un dossier ?

Prenez un moment pour y penser et puis, si vous souhaitez vous sentir à jour avec vos relations, anciennes ou actuelles, passez à l'action, prenez quelques rendez-vous. Un tête-à-tête si possible, sinon un coup de téléphone si la personne est éloignée, ou une lettre si c'est plus facile pour vous.

Il s'agit parfois de très peu de chose, quelqu'un qui vous a donné un conseil salutaire et à qui vous pensez régulièrement, une main qui s'est tendue au bon moment, une phrase qui a constitué un déclic bienvenu. Un petit rien qui a changé votre vie. C'est peu mais c'est précieux. Le dire à qui de droit lui donnera satisfaction et vous vous sentirez plus heureux. La vie est aussi faite de ces milliers de petits bonheurs simples.

Se mettre en paix avec une personne décédée peut aussi s'avérer libérateur. Écrire une lettre qui lui serait adressée si elle vivait encore procure un apaisement salubre. Évidemment elle n'entend plus, mais ce qui compte est bien plus ce que vous ressentez en osant un jour exprimer ce que vous avez sur le cœur, quelle que soit la nature de ce qui vous habite. Le travail consiste à faire véritablement tout ce que vous pouvez pour vous mettre en règle avec votre conscience, même si ce n'est pas parfait.

Les personnes qui arrivent à un moment de leur vie où elles pensent ne plus pouvoir rattraper le temps perdu expriment souvent de tristes regrets, que le personnel soignant ou les proches recueillent, un peu tard :

- le regret de ne pas avoir eu le courage de vivre la vie qu'elles souhaitaient, de ne pas avoir pu réaliser de nombreux désirs qui leur étaient chers, et qui, somme toute, étaient réalisables ;
- le regret d'avoir donné priorité au travail et au matériel au détriment des relations humaines avec ceux qu'ils aimaient, notamment leurs enfants ;
- le regret d'avoir perdu beaucoup de temps à des préoccupations secondaires, à des habitudes sans importance, au détriment de l'essentiel ;
- le regret de ne pas avoir pu prendre suffisamment de temps pour elles-mêmes, du temps pour se faire du bien ;
- le regret de ne pas avoir pu exprimer leurs sentiments et leurs opinions librement, par pudeur, par crainte des conflits, ce qui a provoqué de nombreux malentendus ;
- le regret de ne pas avoir suffisamment entretenu leurs relations amicales et de s'être isolées ;

- le regret d'avoir compris trop tard que le bonheur était en leurs mains, que c'était à eux de le construire, que c'était un choix et une décision.

Qu'avez-vous à faire pour ne rien regretter ?

Et si jamais…

Si tu veux pouvoir supporter la vie,
sois prêt à accepter la mort.
SIGMUND FREUD

Comment pouvons-nous nous sentir en accord avec nous-même en sachant notre mort certaine tout en vivant comme si elle était hypothétique ?

Pour cesser de la considérer comme improbable, il faut se mettre en paix avec l'idée qu'elle peut nous surprendre à tout moment. Il ne s'agit certainement pas de vivre avec l'angoisse au ventre ni d'éviter tout risque en restant cloîtré chez soi, mais d'admettre cette éventualité et de réfléchir concrètement aux conséquences qu'aurait notre décès, surtout pour ceux qui nous sont chers.

On a le droit de se dire qu'on ne sera plus là pour voir ce qui se passera après notre mort et qu'on ne veut donc pas s'en préoccuper. On se doute qu'elle touchera quelques personnes, sur le plan affectif et matériel, mais les seules à l'égard desquelles on a de vraies responsabilités sont nos enfants et notre conjoint. Notre entourage proche sera également touché mais on a moins d'obligations à son égard, même si notre décès pourrait avoir des conséquences dans leur vie, c'est ce que nous allons voir ensemble.

« Ceci est un beau jour pour mourir » disaient les Indiens des films de notre jeunesse ! Ils étaient nomades et vivaient en tribu, leur mort avait probablement des suites très différentes que n'aurait la nôtre, mais gardons de cette parole la sagesse universelle et entrons dans le concret par un nouvel exercice. Pour l'avoir souvent suggéré lorsque je donnais des formations au personnel soignant et aux bénévoles qui travaillent dans les services de fin de vie, j'en connais les conséquences et je dois vous prévenir que si on s'y prête, on doit s'attendre à devoir faire un sérieux ménage chez soi ! Sentez-vous donc libre de sauter ce chapitre !

Soit vous êtes célibataire et vous envisagez l'exercice pour vous seul. Soit vous vivez en couple, dans ce cas faites le travail en envisageant deux options : votre décès soudain mais pas celui de votre conjoint, ou l'option où vous seriez amenés à décéder tous les deux (dans un accident par exemple).

L'exercice consiste à réfléchir très concrètement à ce qui adviendrait au cas où vous mourriez inopinément maintenant, ce soir, cette nuit… Nous n'envisagerons pas les aspects émotionnels, qui seront ce qu'ils seront et auxquels vous ne pourrez sans doute pas faire grand-chose préventivement, il faut l'accepter. En revanche, vous pouvez agir sur de nombreux aspects concrets qui auront des conséquences directes sur ceux qui vous sont proches.[38]

- Si vous deviez mourir inopinément, qui s'occupera de mettre vos affaires en ordre après votre décès ?
- Est-ce que cela va de soi ? Est-ce quelqu'un d'évident (votre mère, votre aîné, votre conjoint par exemple) ou n'est-ce pas très défini ?
- Si c'est quelqu'un d'évident, êtes-vous d'accord que ce soit cette personne ? Êtes-vous bien d'accord qu'après votre décès inopiné, cette personne ouvrira vos tiroirs, triera vos affaires, liquidera votre ordinateur, etc. ?

---

38. Si vous ne voulez pas y réfléchir, c'est le moment de sauter directement à la page 253.

- Si vous n'êtes pas d'accord ou si personne en particulier ne se dessine pour tenir ce rôle, nommez quelqu'un dès maintenant. Si vous soupçonnez qu'il puisse y avoir contestation (mère intrusive contre conjoint récent par exemple), faites en sorte que votre choix soit incontestable, écrivez-le et mettez vos directives en lieu sûr.

L'exercice est plus dur encore, mais plus indispensable, si vous avez des enfants, en cas de décès des deux parents.

- Si vous avez des enfants mineurs, ou majeurs à charge, chez qui iront-ils ?
- Qui les prendra en charge financièrement ?
- Est-ce évident ?
- Si oui, cette personne est-elle prévenue ? Est-elle d'accord ?
- Si ce n'est pas évident ou que vous ne souhaitez pas que vos enfants soient élevés par cette personne, nommez-en une autre, clairement et légalement.
- Si vous avez plusieurs enfants, acceptez-vous qu'ils soient séparés ?
- Si non, que pouvez-vous faire pour l'éviter ?
- Auront-ils, à cause d'un déménagement, à changer d'école ?
- Est-ce évitable ? Que faire pour l'éviter ?
- Avez-vous des volontés particulières à leur égard ?
- Avez-vous, par exemple, un message à transmettre, qu'ils liront plus tard ? Une vérité qu'ils devront savoir ?

La liste des suggestions ci-dessus est bien trop courte, prenez un bon moment pour y réfléchir concrètement, dans toutes les dimensions. Familiarisez-vous avec l'idée, plus on y pense, plus on s'y fait ! Ce n'est pas morbide, c'est réaliste. C'est votre responsabilité. C'est essentiel.

Avancez encore dans le concret.

Premier secteur à mettre en ordre : **le matériel**.

- Est-ce que la personne qui va mettre vos affaires en ordre et liquider ce qui doit l'être va arriver à se débrouiller avec vos dossiers matériels dans l'état où ils se trouvent aujourd'hui ?
- Va-t-elle savoir quoi faire avec les valeurs, l'argent, les biens ?
- Connaît-elle vos différents comptes, la combinaison d'un éventuel coffre à la banque ou la cachette à bijoux ? Sait-elle ce qu'elle doit faire dans les premières heures, etc. ?
- Y a-t-il un notaire informé ?
- Un prêt en cours ?
- Une hypothèque sur la maison ?
- Une assurance-vie ?
- Des dettes ? Des arriérés ? Des emprunts ?
- Avez-vous prêté de l'argent qui doit vous être remboursé ?
- Est-ce clairement notifié quelque part ?
- Avez-vous un document qui résume l'essentiel, facile à trouver ?
- Avez-vous des héritiers ?
- Souhaitez-vous que d'autres personnes héritent de quelque chose ?
- Avez-vous fait un testament ?
- Vos souhaits sont-ils notés quelque part d'une manière qui n'est pas contestable ?

Si vous avez une famille « classique » et de bonne volonté, tout cela ne posera sans doute aucun problème, même si, une fois qu'on y est confronté, on découvre souvent qu'une succession est plus compliquée qu'on ne le prévoit.

Si, en revanche, vous avez une famille à problèmes, avec de fortes dissensions, des fratries où on ne se parle plus, des divorces, des enfants de deux lits différents, des enfants hors mariage ou qui ne portent pas votre nom, tout cela devient bien plus compliqué, prenez vos précautions. S'il y a la moindre éventualité que vos souhaits soient contestés, mettez-les par écrit et faites une copie de sécurité chez une personne de confiance (ami ou notaire si cela porte sur des biens matériels importants).

Si vous vivez avec un conjoint sans être ni marié ni pacsé, et que vous souhaitez par exemple qu'il puisse rester vivre dans l'appartement ou la maison où vous vivez et qui vous appartient, ou si vous avez des biens que vous souhaitez qu'il garde, prenez des mesures dès maintenant, renseignez-vous auprès d'un notaire.

Les aspects matériels d'une succession s'étendent bien au-delà de ces quelques exemples et, lorsque cela nous arrive, on a rarement eu l'occasion de s'y préparer si on n'a pas été concerné par un autre décès préalablement. Réfléchissez donc à tous les aspects matériels possibles. Si vous aimez les gens qui seront touchés par votre décès, pensez à ce à quoi ils devront faire face, en plus de la peine et des multiples complications imprévisibles et inévitables.

Deuxième secteur concret à envisager : **le bazar**.

- Après les questions financières, réfléchissez à tout ce qui n'a pas de valeur ni sentimentale, ni marchande : le fourbi, l'encombrant…[39] Tout ce que vous avez entassé chez vous et qui n'a pas d'intérêt pour les autres : caves encombrées, greniers pleins, caisses jamais déballées, bourrées de livres, de vieux papiers, d'archives, etc. Vous pouvez bien sûr tout laisser pour

39. Pour les Belges, il s'agit du brol ! Chers lecteurs de France et d'ailleurs qui ne connaissez pas toute la saveur du vocabulaire de vos voisins du Nord, sachez que le brol est un mot extrêmement pratique et polyvalent (de la même catégorie que truc, chose ou machin) : c'est à la fois le fourbi, le bazar, l'encombrant, la camelote, le sans-valeur, le bon marché, l'inutile, bref les trois quarts des choses sans grand intérêt qui s'entassent dans un lieu où l'on vit depuis quelques années… Les Belges étant de nature généreuse, ils ne verront aucun inconvénient à ce que vous adoptiez ce petit mot qui vous manque cruellement. Après, on ne peut plus s'en passer !

les suivants, mais souhaitez-vous imposer ce grand nettoyage à vos proches, à vos enfants, votre vieille maman, que sais-je ?

- Pensez à la difficulté qui sera la leur quand ils devront comprendre, par exemple, si ces vieux papiers ont une quelconque valeur. Ils devront ouvrir, analyser et trier. C'est sale, lourd et poussiéreux. Déjà pour vous ce nettoyage est une corvée, mais alors pour eux ! Êtes-vous en paix avec cette idée ? Si oui, bonne sieste ! Si non, retroussez vos manches et au travail.

Pour terminer, envisagez tout ce qui touche à **l'intime**.

- Votre vie privée, votre jardin secret, l'intime du couple, vos souvenirs personnels. Si vous deviez mourir inopinément, sur quoi tomberait celui qui mettra vos affaires en ordre ?
- Qu'y a-t-il de privé, d'éventuellement compromettant dans les tiroirs de votre bureau ?
- Dans la mémoire de votre ordinateur ?
- Dans vos armoires ?
- Dans votre table de nuit ?
- Dans une cachette quelconque ?
- Des photos, des lettres, un journal intime, des objets très personnels ? Cela n'a peut-être pas beaucoup d'importance, mais ce n'est pas toujours aussi romantique que *Sur la route de Madison*… Parfois c'est extrêmement dérangeant. Essayez juste d'imaginer vraiment, très concrètement.

Je me doute que cet exercice est assez éprouvant. Il n'y a pas vraiment de moyen de le lire superficiellement et puis de s'en moquer. Pour être bien solidement planté dans la réalité de notre vie telle qu'elle est, il est nécessaire d'être réaliste et de cesser de se voiler la face en tentant d'oublier qu'elle s'achèvera un jour, sans que ce soit pour autant une hantise malsaine.

Mais autant il est dur d'ouvrir les yeux sur ces aspects concrets et peu réjouissants, autant il est apaisant de s'être mis en ordre, heureusement ! Savoir qu'on est globalement à jour allège la conscience. En plus de leur propre émotion, on ne va pas imposer aux gens qui nous survivront et qu'on aime, une surcharge évitable. De notre vivant, il nous plaît de veiller sur eux, de les préserver du malheur, qu'il en soit ainsi au-delà de notre mort, c'est la moindre des choses. On ne sera plus là pour les soulager de leur peine, ni les aider dans leurs difficultés, mais eux seront face au fardeau. Simplifions-le autant que possible.

Les brumes de la nostalgie

Oublier est le grand secret des existences fortes et créatrices.
Honoré de Balzac

Après ce grand nettoyage qui vous occasionnera peut-être des soirées préoccupées ou des week-ends chargés (mais c'est pour un mieux !), terminons par une note plus douce.

La finitude et l'acceptation du temps qui passe nous invitent aussi à lâcher le passé, à le laisser filer, à ne pas s'encombrer de souvenirs en surcharge. Ne gardons que le meilleur, ce qui nous fait chaud au cœur chaque fois qu'on y repense, mais le reste, le pénible, l'acide, le lourd, le trop-beau-à-jamais-perdu, le passé qui nous rend triste, laissons-le filer dans l'oubli.

La magie de l'enfance s'en est allée. La fougue de la jeunesse peut-être aussi. Jamais on ne retrouvera cet état de grâce innocente, mais réjouissons-nous de ce qui fût, plutôt que d'en pleurer.

Il en va de même des amours mortes, des passions taries et des amitiés perdues. Laissons-les dans le tiroir du passé et ne mesurons pas la qualité de nos nouvelles aventures à l'aune de ces souvenirs. Seuls restent les meilleurs moments, les petites perles, comme de beaux clichés qui sommeillent dans un album de photos. Laissons le reste s'estomper.

Ne nous laissons pas enfermer dans les brumes de la nostalgie. Parfois on se dit qu'on aurait presque pu, qu'on aurait dû… Sombre nostalgie, triste et inutile. L'expérience des années nous a forgé et modifié. On a perdu quelques illusions au fil des ans, on a appris par nos échecs autant que par nos réussites, jamais plus on n'aura la même naïveté et c'est bien comme ça.

C'est l'histoire de notre vie. On ne marche pas boiteux de ce qui fut pénible, mais renforcé par les épreuves et comblé de ce qu'on a aimé et accompli. Ne nous accrochons pas trop aux souvenirs, aussi beaux soient-ils, ils ne constituent en rien notre identité ni la mesure de ce qui nous attend sur le chemin.

La nostalgie, c'est le regret d'un passé à jamais disparu, c'est vouloir être hier ou souhaiter être ailleurs. Sa fonction pourrait bien consister à éviter le présent, et plus encore le futur pour esquiver l'angoisse de l'inconnu et de notre finitude.

Admettre sa finitude, c'est consentir à être ici et maintenant, admettre sa condition d'homme et sa fragilité. « Accepter la fragilité, explique le psychologue Jean-Claude Liaudet, c'est s'ouvrir à la multiplicité et au devenir : ce que je suis aujourd'hui, je ne le serai pas demain, je ne l'étais pas hier, telle est ma condition, et je suis friand de ce qu'elle m'apporte, de ce que je vais découvrir demain, de ce que je découvre d'inconnu en moi, du risque que cela comporte, et de l'aventure que cela représente. »[40]

On n'est pas fort ou fragile. La force, aussi paradoxal que cela puisse paraître, c'est reconnaître sa fragilité.

Terminons avec Édith Piaf, qui mieux que personne invite à faire fi du passé, elle qui n'a pas été épargnée par les épreuves.

Non ! Rien de rien…
Non ! Je ne regrette rien

40. Liaudet Jean-Claude, *Du bonheur d'être fragile,* Albin Michel, 2007.

Ni le bien qu'on m'a fait
Ni le mal tout ça m'est bien égal !
Avec mes souvenirs
J'ai allumé le feu
Mes chagrins, mes plaisirs
Je n'ai plus besoin d'eux !

Chapitre 6
Solitude

Être adulte, c'est être seul.
JEAN ROSTAND

La troisième porte à ouvrir avec la clé de l'acceptation est celle de notre solitude existentielle : la solitude intrinsèque de l'être humain qui ne se sentira plus jamais compris ni aimé totalement et inconditionnellement par quiconque. Le souvenir d'avoir connu cet amour et cette compréhension à l'aube de sa vie nourrit chez chacun un besoin éternel de retrouver cette fusion avec l'autre. Si on n'avait pas été choyé dès la naissance, on n'aurait pas survécu. Qu'on l'ait à peine goûtée ou qu'on en ait été comblé, cette empreinte est fondamentale.

La solitude existentielle n'a rien à voir avec la solitude du célibat ou celle du solitaire. Que l'on vive en couple, qu'on ait des enfants ou que l'on soit entouré de nombreux amis, on est toujours seul face à sa vie. Seul face aux tourments qui nous rongent, seul avec les émotions qui nous perturbent, avec nos zones d'ombre, nos embrouillages et nos hontes. Seul face à nos responsabilités, aux décisions à prendre et aux conséquences de nos actes. On doit abandonner l'espoir d'être parfaitement compris ou deviné. On doit faire le deuil de la reconnaissance, renoncer au besoin, très compréhensible mais largement illusoire, de ressentir la vie comme les autres et inversement. On doit abandonner tout espoir de fusion.

Voyons ensemble comment avaler tout cela.

Une bande de Martiens

Il se trouve autant de différences de nous à nous-mêmes que de nous à autrui.
MONTAIGNE

Les uns viendraient de Mars et les autres de Vénus ? C'est un peu simple, mais le succès international de cette affirmation révèle que cette vision quelque peu manichéenne repose sur une large statistique autant que sur un besoin rassurant de fabriquer des catégories. Plus c'est simple, plus ça plaît, admettons-le. Cela dit, les différences notoires entre les hommes et les femmes, si elles comportent un fond de bon sens qu'on observe souvent, masquent de nombreuses différences individuelles, bien plus fines et multiples. Nous le savons, nous sommes tous différents.

L'empreinte de l'enfance est multiforme et complexe, je me suis longuement exprimée sur ce sujet dans un autre ouvrage.[41] Ce sont des évidences que personne ne conteste et pourtant on les oublie lorsqu'il s'agit de se comprendre mutuellement, de deviner ou de prévoir les comportements d'une autre personne.

Cette impossibilité de « déchiffrer » finement et totalement autrui est source de bien des désillusions et malentendus qui nous gâchent la vie. On pense s'être fait comprendre et on découvre

41. *L'Emprise familiale*, Ixelles Éditions, 2011.

combien on est sur des longueurs d'onde différentes. On s'attend à être deviné et on râle d'avoir affaire à un extraterrestre ! On imagine comment notre partenaire va réagir et on est sidéré par son attitude, à cent lieues de ce qu'on espérait. On agit d'une certaine manière pour provoquer une réaction particulière et c'est l'inverse qui se manifeste. Alors on ne peut qu'être surpris, énervé ou déçu.

On comprend mal le comportement de son interlocuteur et, en réponse, on y réagit avec l'humeur que notre interprétation erronée a provoquée, on manifeste de la déception, on a l'impression qu'il se moque de nous ou qu'il s'en fiche, alors qu'il s'agit parfois simplement de quiproquos en cascade.

Le problème est souvent là : tenter de comprendre est légitime, mais souhaiter avoir compris avant d'agir est parfois vain. Ainsi, au sein d'un couple, on n'est pas toujours certain de saisir ce que son partenaire ressent exactement, mais il faut pourtant avancer, en acceptant l'autre tel qu'il est, sans nécessairement tout comprendre de son fonctionnement et de sa personnalité. C'est parfois une belle preuve d'amour : on se montre capable d'agir en concordance avec son conjoint, même si une part de ses motivations nous échappe. On lui fait confiance, ainsi qu'à soi-même et à la dynamique du couple.

De manière générale, il n'est pas rare de croire que le comportement de notre interlocuteur s'adresse à nous dans sa forme maladroite et qu'il est destiné à nous peiner, à nous critiquer ou à nous culpabiliser. C'est parfois vrai, évidemment, mais c'est souvent bien moins fondé qu'on ne le croit. Il peut se montrer énervé à notre égard, alors qu'on n'a rien fait qui le justifie, simplement parce qu'il est fatigué et qu'il a passé une mauvaise journée. On peut aussi se montrer bougon parce qu'on est préoccupé, mais l'autre interprétera peut-être cette attitude comme une marque de rejet.

L'égocentrisme de l'homme lui vient de l'enfance, époque où il était incapable de se décentrer. L'enfant a naturellement tendance à tout interpréter à partir de lui-même. Il n'est pas apte à imaginer le raisonnement d'autrui, il n'est pas encore capable de comprendre le monde de l'autre. Il lui faudra acquérir une longue expérience de vie pour assimiler cette compétence. Adulte, on est censé avoir appris à se décentrer, à faire preuve d'empathie et à utiliser cette habileté à bon escient.

Pour diminuer ces sources de déceptions et d'énervements, cessons d'affirmer nos points de vue comme s'ils étaient universels. Arrêtons de dire, par exemple, « ce bâtiment est moche », mais plutôt « je ne l'aime pas ». Si nous ne sommes pas expert en architecture, nous avons en revanche le droit d'avoir nos propres opinions, sans pour autant les affirmer comme des évidences universelles. Avant de dire à nos enfants qu'ils écoutent une musique de barbares, pensons qu'ils ont simplement des goûts différents des nôtres. Il y a un monde entre « comment peux-tu écouter cette horreur ? » et « je n'y comprends vraiment rien à la musique d'aujourd'hui ! » . On remplace l'expression d'un jugement négatif, qui condamne, par une reconnaissance du fait qu'on se sent largué ou incompétent, c'est bien différent. On a le droit de ne pas aimer, mais il est assez présomptueux d'affirmer nos goûts comme référence ou nos fonctionnements comme seuls logiques.

Notons la distinction entre jugement et condamnation : on passe son temps à émettre des jugements à propos de tout : des faits, des actes, des lieux, des gens… Pourquoi ? Parce que nous gardons des traces profondes de l'époque où nous étions très primitifs, avec un cerveau reptilien qui devait pouvoir anticiper les dangers. Pour cela, nous estimons, nous mesurons, nous jugeons en permanence : cela nous a permis de survivre. Nous ne vivons plus à cette époque et nous pourrions changer ce fonctionnement, mais aujourd'hui, dans un monde où tout évolue vite, nous avons à tout prix besoin de repères rassurants, et donc nous condamnons plus souvent que nous ne jugeons : condamner, c'est enfermer quelqu'un dans un jugement définitif et sans nuance, ce qui est toxique dans les relations interpersonnelles, bien plus que le jugement en tant que tel, qui pourrait se réduire à une opinion, et qu'on n'est jamais obligé d'émettre.

Remplacer l'imposition de notre jugement par l'exposition de notre opinion peut donner l'impression qu'il ne s'agit que d'une formule de style, mais il n'en est rien. Si ce changement dans la formulation de nos commentaires est un sincère reflet de notre compréhension des différences, il est palpable par les autres qui, en retour, nous reconnaissent aussi comme singuliers. On admet ensemble que se juger mutuellement n'a aucun sens et que mesurer la logique des autres à partir de la nôtre est éminemment nombriliste. On remplace « tu n'es pas logique » par « je ne comprends pas ton raisonnement ». On écoute autrement, on essaye de se comprendre et on admet dans la foulée qu'on forme tous une bande de Martiens !

On se sent peut-être un peu plus seul, mais les autres le sont tout autant et cela devient passionnant de se rencontrer dans nos singularités si particulières. Au lieu de s'acharner à faire en sorte que les autres nous ressemblent, voient la vie comme nous ou adhèrent à nos choix et décisions, ce qui nous rassurerait, nous commençons à nous ouvrir à mille visions qui nous enrichissent par leurs différences et que nous pouvons examiner sans nous sentir mis à mal.

On ne cherche plus à convaincre et on commence à écouter vraiment. On ne se juge plus, on se découvre enfin. On lâche la fidélité rigide à nos propres idées pour entrer dans la souplesse et la découverte.

Cesser de lutter contre son chagrin

Il n'y a pas d'amour de vivre sans désespoir de vivre.
ALBERT CAMUS

« Il n'y a rien de plus partagé que l'expérience d'un fond de dépression, explique encore le psychologue Jean-Claude Liaudet. À tel point que son absence est un signe d'alerte : quiconque ne se permet pas cette fragilité qui consiste à vivre des moments de spleen et de tristesse s'empêche d'élaborer la perte de ce qu'il aime ou a aimé. »[42]

On est triste parce qu'on porte en nous les cicatrices des pertes de notre enfance, la perte de l'amour inconditionnel d'une mère pour son bébé, la perte du bonheur d'avoir été le centre du monde de nos parents, la perte de ce regard d'admiration qui nous a nourri, la perte de la sécurité d'être relevé de nos chutes, protégé des dangers et applaudi dans nos progrès. Tout cela est bien fini.

Intellectuellement, cela nous paraît normal, mais avons-nous bien fait ces deuils de la petite enfance ?

Pour faire face à la perte de ces bonheurs, il est fort possible qu'on adopte, sans conscience, des conduites destinées à combler ce vide. On ne supporte pas la frustration ni le manque, on n'aime pas le silence, la lenteur, l'inaction ou l'incertitude. On s'en défend par une lutte quotidienne, par des conduites à risques, une humeur exagérément joyeuse, un consumérisme outrancier, des activités à la pelle, un fond sonore permanent, un besoin de satisfaction immédiate et une course effrénée qui nous amène à vivre des vies de dingues.

Accepter la solitude existentielle, c'est cesser de lutter contre le mal de vivre en s'agitant, en remplissant notre vie de tout ce

42. Liaudet Jean-Claude, *Du bonheur d'être fragile*, Albin Michel, 2007.

qui pourrait nous éviter d'être face au vide, en la gâchant par d'innombrables complications qui ont pour but, on le comprend mieux maintenant, d'en camoufler l'absurdité.

Laissons à nos enfants des vides créateurs, des moments d'inactions, d'ennui ou de repos. Ils constituent un temps nécessaire à la réflexion, à la méditation, à l'assimilation des petits deuils existentiels qui bornent leur chemin de croissance. Le vide n'est pas vide, c'est un temps de pause nourricier, plein de potentiels. Autant pour eux que pour nous-même. Nous en avons besoin.

Notre mode de vie actuel ne nous offre plus assez de moments de décontraction pour nous « reposer le cerveau » ! Nous passons trop de temps en activité cérébrale, parfois tout notre temps d'éveil.

Nombreux parmi nous sont ceux qui s'éveillent au son de la radio, déjeunent avec la télévision ou un rapide tour d'horizon de leurs mails, écoutent les nouvelles en voiture, lisent le journal dans le métro ou y téléphonent. Lorsqu'ils arrivent au travail, ces individus se sont déjà concentrés sur une activité cérébrale depuis une heure ou deux. Beaucoup vivent avec de la musique dans les oreilles à longueur de journée, sautent sur leur smartphone à la pause-café et encore durant le déjeuner, et donc ne se détendent jamais vraiment. Et ainsi de suite jusqu'au soir où ils s'affalent devant un écran et parfois s'y endorment, épuisés. Pas une minute, ils ne se sont laissés aller à ne rien faire. Ils vivent sans temps mort. Pas de rêverie, pas de récupération, pas de vide…

N'y aurait-il pas là un lien avec les nouvelles « maladies » du XXIe siècle ? Les troubles de l'attention et l'hyperactivité ? Ou la dépression, le surmenage, les difficultés de concentration et le *burn-out* ?

Prenons des temps de repos, de pensée flottante, sans musique, sans radio, sans télévision, sans ordinateur, sans action… Des moments sans interférence, des plages de désœuvrement et de décontraction absolus ! Durant ces pauses, nos pensées flottent naturellement, nos idées se stabilisent et se réajustent. On prend du recul, on imagine librement, on réfléchit en souplesse…

Le mal de vivre est évidemment lié aux difficultés réelles de la vie, aux accidents qui émaillent notre route, aux échecs et aux séparations, mais le spleen est aussi inhérent à notre condition d'être humain conscient de son évolution en âge et de sa mortalité. Notre conscience ultradéveloppée nous permet de comprendre et de ressentir tant de choses, des plus réjouissantes aux plus insoutenables.

Ce qui déprime l'homme, c'est le refus de se frotter à la vie telle qu'elle est, de se confronter à l'absurde et d'accepter les limites de sa liberté. Nous sommes las de vivre « réellement » et d'en être blessé. Cette blessure, personne n'en porte la faute, et personne ne peut l'éviter.

Comment faire partie du club ?

La non-intégration des individus
désorganise le fonctionnement du groupe.
Mais une trop bonne intégration charpente un groupe
stéréotypé. Peut-être une intégration imparfaite
serait-elle parfaite ?
BORIS CYRULNIK

D'innombrables observations ont été menées sur les interactions des enfants au sein de crèches, sur leurs comportements en groupe et sur la valeur prédictive de ceux-ci quant à leurs futurs fonctionnements d'adultes.

Observons un groupe de petits d'environ 2 ans, dans une grande salle de la garderie, où on a placé des tables retournées, posées sur le sol, pattes en l'air.

Après quelques tâtonnements, il s'avère assez vite que la zone « où il faut être » est le rectangle entre les pattes, un peu comme si on était dans un bateau. C'est *the place to be!* Les petits enfants manœuvrent pour y arriver et s'installent fièrement au centre, mais les plus forts ont mieux à faire : ils accaparent une patte, s'asseyent en la tenant fermement entre leurs petites jambes ou restent debout comme un soldat, à la défendre solidement contre les usurpateurs. Avoir une patte, c'est dominer ! En avoir deux, c'est le pouvoir absolu, proche de la dictature ! Pour les petits, occuper ces postes de commandement leur confère le contrôle sur les « passagers », les privilégiés qui ont été admis dans le bateau, le club des amis. Ils sont triés sur le volet, c'est la garde fidèle. Les autres, le petit peuple, restent hors du rectangle. Certains regardent tristement cette embarcation de laquelle ils sont exclus, ce n'est pas pour eux, ils sont trop faibles. D'autres tentent des manœuvres de séduction, offrent des cadeaux, font du charme… Parfois avec succès, mais le plus souvent le capitaine reste intraitable. Certains encore manifestent une royale indifférence ou un feint mépris à l'égard de toutes ces manigances qui ne les concernent pas et s'en vont jouer ailleurs.

D'une certaine manière, c'est un peu ce que ressentent bien des adultes, sur un plan émotionnel et subconscient, face aux communautés fictives et imaginaires, ce que chacun appelle « les autres » : ce « club » dont les membres semblent plus à l'aise qu'eux, avoir moins de tracas et ne jamais se sentir seul. Ces gens qui ont l'air de savoir facilement comment se comporter, qui donnent l'impression d'avoir des amis, d'être aimés et d'être à leur place.

Le besoin d'appartenance à une communauté est légitime et structurant. Il se traduit par le désir de faire partie de groupes : familiaux, amicaux, sportifs, culturels, professionnels, religieux… L'homme est un animal grégaire, qui a toujours vécu en tribu, mais nous sommes loin de l'époque où c'était un impératif de survie. Aujourd'hui, c'est un besoin psychologique plus que vital.

Le biologiste Arthur Koestler s'interroge sur ce besoin : « L'enfant est obligé d'endurer une période d'impotence et de dépendance plus longue que les jeunes de n'importe quelle autre espèce. Il est permis de se demander si cette expérience initiale de complète dépendance n'est pas responsable, au moins partiellement, de la tendance de notre espèce à obéir, à se soumettre à l'autorité imposée par des individus ou des groupes, et de sa suggestibilité aux doctrines et aux symboles. En somme, si j'ose dire, le lavage de cerveau commence au berceau. »[43]

Les gens ont souvent l'impression qu'ils sont différents des autres. Plus sensibles, moins sûrs d'eux, embrouillés, etc. C'est vrai et faux à la fois : vrai parce que nous sommes tous différents, mais faux parce que la seule vraie différence entre nous et eux, c'est qu'on se perçoit de l'intérieur et les autres, de l'extérieur. C'est un peu comme si on était habillé d'un scaphandre, une espèce de combinaison spatiale souple et qu'on voyait le monde à travers le hublot. Nous seul ressentons la confusion qui se joue à l'intérieur : la danse des doutes et des questionnements, le trouble qui accélère le pouls, la crainte d'être mis à nu ou rejeté, le sentiment de solitude, le stress, la peur de trébucher ou de manquer de repartie, ainsi que tous les tourments humains qui nous animent. La seule différence, c'est qu'on entend les siens et pas ceux d'autrui. C'est tout ! Il est donc très normal de se sentir différent des autres et incompris ; c'est cela, la solitude existentielle.

L'image reflète autant la liberté que l'étroitesse de nos perceptions. On ne perçoit le monde qu'à travers notre petit hublot, par notre bout de la lorgnette. Les autres ne voient de nous que ce qui apparaît par cette petite lucarne. Le reste

43. Koestler Arthur, *Les Call-girls*, Calmann-Lévy, 1973.

demeure caché dans le scaphandre. C'est notre petite « popote interne », qui ne regarde personne, qu'on ne souhaite pas vraiment montrer et qu'on ne comprend pas toujours très bien soi-même.

En percevant un peu ce qui passe chez autrui, à travers leur combinaison qui n'est pas toujours complètement opaque, on essaye de les comprendre, mais la grande part de la « machinerie psychique » demeure dans l'obscurité. On croit parfois y arriver alors que souvent, on ne fait que projeter sur la combinaison de notre interlocuteur le produit de nos interprétations. On *imagine*, au sens premier du terme : on projette une *image* sur l'écran formé par son scaphandre. La vérité est à l'intérieur, inconnue de tous et parfois même du principal intéressé.

Lorsqu'on était enfant, en regardant les adultes, on se disait : « Ah, c'est comme ça une grande personne, ou un papa, ou une grand-mère, etc. » On les percevait de l'extérieur, on était petit et un peu impressionné. On imaginait beaucoup de choses à leur propos. On ne pouvait pas faire autrement, on ne voyait que les scaphandres.

Aujourd'hui, c'est nous qui avons cet âge ! C'est arrivé subrepticement, sans crier gare. À chaque étape, c'est la même surprise ! Mince alors, j'ai déjà 30 ans ! 40 ans ! 50 ans ! On ne s'y habitue jamais !

À l'intérieur, on ne se sent pas du tout comme on croyait qu'étaient les grandes personnes de notre enfance ! À l'intérieur, c'est toujours « Moi » qui est aux commandes, qui trimbale toujours ses doutes et ses fragilités, « Moi » n'a pas beaucoup changé ! « Moi » c'est une entité qui n'a pas d'âge, mais de l'extérieur, elle en a ! Elle s'affiche selon un plan social bien codé : les enfants, les jeunes, les quadras, les quinquas, les retraités, les vieux, etc. Le « Moi » ne vieillit pas, il mûrit légèrement. Seule notre enveloppe corporelle vieillit ! Au fil de la vie, on se retrouve dans ces catégories, un peu étonné, un peu comme par mégarde, stupéfait d'être dans ce groupe qui, de l'extérieur, quand on n'y était pas, nous paraissait si différent de ce qu'on ressent lorsqu'on s'y trouve !

Quel jeune n'a pas répété quelques fois dans sa tête avant de bien le réaliser : « Je suis adulte… Adulte ! » Et encore, certains ne réalisent jamais !

Ou avant cela, quel adolescent qui a fait l'amour pour la première fois ne s'est pas senti projeté dans le monde de « ceux qui l'ont fait », ou ne s'est promené dans la rue en se demandant si ça se voyait ?

Quel adulte n'a pas ressenti cette joie mêlée d'étonnement la première fois qu'il s'est présenté en tant que parent : « Allô, c'est la maman de Flore à l'appareil ! » Waw ! Moi, une maman ! On fait donc vraiment partie des « grandes personnes », alors qu'hier encore on jouait aux Playmobil !

La solitude existentielle, c'est ce sentiment d'étrangeté, presque d'imposture parfois, lorsqu'on réalise qu'on est perçu bien différemment de ce qu'on ressent. Mais c'est pareil pour tout le monde.

Et vous ? En dehors des cercles proches dont vous faites éventuellement partie :

- Vous sentez-vous à votre place dans la communauté des humains ?
- Êtes-vous à l'aise parmi les autres, en général ?
- Avez-vous l'impression de « faire partie du club » ?
- S'il ressemblait à un club comme on les voit au cinéma, où seriez-vous :
- Dans le club en tant que membre légitime à part entière ?
- Dans le fauteuil du doyen ? Du chef ? De son assistant ?
- Comme serveur de boissons ou nettoyeuse ?
- Dans la salle d'attente ou aux cuisines ?
- Avez-vous l'impression d'être à votre place ou un tantinet imposteur ?

- Craignez-vous qu'on découvre que vous n'avez pas de carte de membre, que vous n'êtes pas invité ?
- Ou êtes-vous plutôt dans la rue, à regarder tristement par la fenêtre tous ces gens qui ont l'air si heureux et qui n'ont aucunement besoin de vous ?
- Ou trop intelligent pour fréquenter tous ces personnages infatués et suffisants, entourés de larbins leur cirant les pompes ?

Accepter sa solitude existentielle, c'est comprendre profondément que le club n'existe pas et qu'on est tous aussi seuls les uns que les autres. Alors, de solitaires, on devient solidaires. Solidaires de tous les Martiens que nous sommes !

Les vertiges de la liberté

Qui cherche dans la liberté autre chose qu'elle-même est fait pour servir.
ALEXIS DE TOCQUEVILLE

La solitude existentielle, vous l'avez compris, ne concerne pas l'amour, l'amitié ou le vivre ensemble, mais un niveau plus profond : le cœur de l'homme, là où il est seul à la barre, face à l'immense complexité de l'existence. Vêtus de notre scaphandre, nous flottons en apesanteur dans l'infini sidéral. Certains scaphandres se tiennent par la main, deux par deux, et d'autres forment des ribambelles de scaphandres qui ont l'air de bien s'entendre, mais en fin de compte, nous sommes tous dans notre scaphandre !

Quelle solitude ? Oui, parce que nous sommes moins proches des autres que nous le croyons. Mais pas tant que cela, puisque nous sommes tous logés à la même enseigne !

Quel vertige ? Oui, on a peu de repères et de chemins tout tracés, mais quelle liberté et quelle paix !

L'acceptation de notre solitude existentielle nous donne la liberté de devenir vraiment l'individu particulier que nous souhaitons être. C'est à la fois vertigineux et merveilleux.

Nous pouvons penser et dire ce que nous voulons, changer notre vie pour qu'elle prenne le cours que nous souhaitons, quitter les gens qui nous nuisent ou nous déplaisent, quels qu'ils soient. Ce n'est pas nécessairement facile, mais c'est possible. Nous sommes libres. Nous ne sommes pas obligés de rester dans un lien d'interdépendance, dont on attend symétrie et réciprocité. Nous nous libérons de la nécessité que l'autre nous comprenne ou adhère à ce que nous disons ou faisons.

Il nous arrive parfois dans la vie d'avoir des décisions à prendre qui portent sur des domaines existentiels complexes, qui concernent à la fois la famille, l'amour, l'autorité, l'argent, et ce que vont en penser nos amis.

Va-t-on quitter son partenaire par exemple, avec qui on a fait des enfants, pour tenter une nouvelle aventure ailleurs ? Devrait-on intenter un procès pour restaurer ses droits face à tel ou tel abus ? Qui peut nous dire ce qui est juste pour nous ? Dans ce genre de situation, tout le monde a un avis, souvent lié à sa propre expérience, à sa morale ou à ce qu'il voudrait faire mais n'ose pas. Mais en fin de compte, c'est à nous à prendre la décision et à en vivre toutes les conséquences.

On se sentira peut-être jugé, mais des juges, il y en aura toujours, quoi qu'on décide. Les médisants médisent, quoi qu'on dise. Les admirateurs admirent, quoi qu'on fasse. On ne peut pas décider de sa vie en fonction de ces critères. C'est la peur du *qu'en dira-t-on*. Cette peur est très normale, elle n'a rien de ridicule, elle est liée au besoin très compréhensible d'être approuvé et de faire partie du club, mais parfois elle prend beaucoup de place. On est grand maintenant ! On pourrait essayer de s'en passer, surtout si elle nous rogne les ailes.

Nous ne pouvons pas plaire à tout le monde et certaines personnes n'approuvent pas nos décisions. Elles jugent, elles critiquent, elles médisent. Parfois même elles se fâchent, invectivent ou menacent. Si nous nous sentons droits dans nos bottes face à la décision que nous avons prise, ne nous laissons pas contaminer par la médisance. Ne nous laissons pas polluer par les jugements critiques. Ne prenons pas personnellement l'aigreur, l'énervement ou la déception de l'autre. Ultérieurement, nous pourrons toujours faire le tri entre ce qui nous interroge et donc nous est utile, et ce qui appartient à la personne qui a émis la critique.

Chacun sa partie, chacun son territoire. La nôtre consiste à décider et agir en bonne connaissance de cause. La partie de l'autre, c'est le choix de sa réaction, qui est le résultat de toute son histoire, et pas uniquement de notre action. Nous sommes responsables de nos actes, pas de leurs répercussions particulières chez autrui. Nos actes ont des conséquences bien sûr, qui pourraient nous revenir tel un boomerang, nous pouvons les anticiper si c'est possible, et choisir d'en tenir compte ou non, mais nous n'y sommes pas tenus. Néanmoins, si ce retour de manivelle nous affecte, nous aurons à en payer le prix. Parfois les réactions d'en face sont faciles à intégrer, parfois elles sont inattendues et disproportionnées. Mais quoi qu'il en soit, chaque conséquence a des conséquences, qui ont elles aussi des conséquences, et ainsi de suite. À nous de choisir si on en tient compte ou non, et jusqu'où…

Lorsque nous acceptons notre solitude existentielle, nous avons la faculté de revoir tout ce qu'on nous a mis dans la tête ! Dès notre plus jeune âge, nos parents et éducateurs ont parlé de nous et « sur nous ».

« Tu es bien courageux, Paul, bravo ! » et voilà Paul programmé pour le courage, puisqu'on lui dit souvent qu'il est

comme ça et que c'est bien ! On le lui confirme, on le répète, on attend de lui des comportements courageux.
« Mélanie est un peu timide ! Oui, depuis qu'elle est petite, elle est très réservée. N'est-ce pas, Mélanie ? » C'est comme ça, Mélanie est timide, Maman l'a dit. Et pour encourager Mélanie, ses parents la poussent en avant, et rient de son embarras. « Allons Mélanie, ne sois pas si timide, ne rougit pas comme ça, ils ne vont pas te manger ! » Et Mélanie en rougit de plus belle, ajoutant la honte à la timidité.
« Qu'est-ce que tu es maladroite, Caroline ! Le jour où tu ne renverseras plus, les poules auront des dents ! » Et Caroline arpente les chemins de la vie avec la peur dc casser, de trébucher et chaque fois que cela lui arrive, elle s'en excuse : « Désolée, j'ai toujours été maladroite ! »
Antoine est serviable, il s'occupe bien de ses petites sœurs, Maman peut compter sur lui. Ses amis aussi. Son institutrice aussi. Tout le monde peut compter sur Antoine, il est tellement prévenant. Depuis trente-cinq ans. Et aujourd'hui, il est épuisé. Il pleure à l'intérieur. Personne ne le voit, personne ne s'en doute. Il ne sait pas comment le montrer. Il ne l'a jamais fait. Il ne sait pas comment être aimé autrement. Alors il fait de grosses bêtises, des bêtises d'adulte, l'alcool, les pétards, les excès en voiture, pour attirer l'attention. Il n'a pas trouvé comment faire autrement pour que ses proches se rendent compte qu'il est un gars comme tout le monde, avec ses doutes et ses peines, que personne ne voit.
Cela vous paraît simpliste ? C'est un petit coup de projecteur étroit certes, mais c'est en partie de cette manière qu'une personnalité se forme et se fige, et beaucoup d'adultes en portent encore les stigmates avec ou sans conscience.
En soi, ce n'est pas grave aussi longtemps que cela ne nous fait pas vivre en porte-à-faux. Le malaise vient lorsqu'une partie de l'énergie de l'enfant, et de l'adulte ensuite, est mobilisée pour

maintenir cette caractéristique qu'il croit avoir (qu'il croit devoir avoir) mais qui est collée sur sa personnalité par ceux qui le jugeaient de l'extérieur, les grands, ceux qui savaient mieux, ceux à qui il a essayé de plaire, mais parfois aussi d'autres enfants. Avoir été le souffre-douleur de la cour de récréation ou la petite fille du fond de la classe laisse des traces profondes qui conditionnent les comportements ultérieurs de résignation ou de révolte, tout s'enchaîne. Aujourd'hui, seul face à notre avenir, nous pouvons décider de nous libérer de cette empreinte.

La souffrance vient aussi de la peur et de la difficulté de cesser de correspondre à ce modèle qui n'est pas vraiment « Moi ». Nous correspondons sans conscience à ce qu'ont plaqué sur nous les personnes qui ont eu de l'influence dans notre enfance. Parfois il s'agit de qualités dont nous sommes affublé comme d'un scaphandre qui n'est pas taillé à nos mesures, mais les abandonner serait très risqué, puisque l'entourage les attend là où elles ont toujours été. On en arrive à se sentir comme un imposteur, à avoir l'impression de jouer un rôle qui nous colle tellement à la peau que cela en devient une seconde nature.

Mais où est notre première nature ? Qui sommes-nous vraiment ? La crainte d'être découvert est angoissante. L'angoisse est une sensation affolante d'écartèlement entre deux fidélités inconscientes, qui ne se font pas face sur un même plan : la fidélité au passé, c'est-à-dire à la mémoire des messages parentaux et la fidélité à soi-même, celle qui ouvre à la liberté d'être qui on veut. On est écartelé entre ce qu'on croit devoir être pour plaire et pour être quelqu'un de bien d'une part, et d'autre part ce qu'on aspire à être de toutes les cellules de notre corps.

L'angoisse, c'est le déchirement entre hier et demain, dont aujourd'hui est le champ de bataille. L'angoisse c'est abriter une guerre civile en son sein et n'en rien comprendre.

L'angoisse est le vertige de la liberté. On est libre de devenir qui l'on veut et c'est affolant. Aucune de ces deux fidélités n'est lisible aussi longtemps qu'on reste aveuglé par l'angoisse. C'est parfois un long travail d'y voir clair. Mais il vaut largement la peine et quelques questions pourraient permettre d'entamer le chemin :

- Quelle contradiction interne ressentez-vous ?
- Avez-vous des envies incompatibles l'une avec l'autre ? L'impression qu'une partie de vous souhaite une chose, mais la seconde en préfère une autre ?
- Pour faire de votre vie exactement ce que vous désirez, quel choix devriez-vous faire ?
- Ces choix seraient-ils contraires à ce qui vous a constitué jusqu'à présent ?
- Ces choix seraient-ils conformes aux vœux de vos parents ?
- Craignez-vous de décevoir vos parents, vos proches en allant dans la direction qui vous tente ? (Vos parents eux-mêmes s'ils vivent encore, ou leur mémoire s'ils ont disparu).
- À votre âge, pensez-vous vraiment qu'il soit plus juste de demeurer fidèle à vos programmations infantiles ou plutôt de faire de votre vie ce que vous voulez vraiment ?

Lorsqu'on accepte sa solitude existentielle, on a la liberté d'être soi, vraiment soi-même. On peut revoir tout ce qu'on a dit de nous lorsqu'on était enfant et choisir de rejeter les caractéristiques qui nous collent à la peau, mais qui nous ont été déversées dans le crâne comme si on n'était qu'un réceptacle pour les idées d'autrui. Gardons ce qui nous convient et délestons-nous du reste !

Délesté, le scaphandre danse en apesanteur ! Libre et solitaire. Mais trop seul, c'est aussi trop triste… Quelques ancrages nous aident à sentir qu'on appartient au monde des vivants. Le premier ancrage de notre vie fut notre cordon ombilical. Ensuite, nous nous sommes ancrés dans d'autres références qui ont constitué notre identité. Au début de notre vie, ces ancrages (ou facettes d'identité, c'est pareil) n'ont pas été choisis : notre famille, notre sexe (garçon ou fille), notre milieu social, notre religion (ou athéisme), notre langue maternelle, notre nationalité, etc. Au fur et à mesure que nous grandissons, nous en relâchons certains, nous en découvrons d'autres. Aujourd'hui, il est temps de revoir ce qui compte dans nos facettes d'identité, afin de cesser d'adhérer à des ancrages qui nous gâchent la vie en nous obligeant à maintenir des programmations comportementales qui ne nous conviennent plus. Je vous propose donc encore un petit exercice :

- Essayez de déterminer vos différents ancrages, tout ce qui aujourd'hui, pêle-mêle, semble définir votre identité.
- Êtes-vous encore d'accord d'appartenir à ces références identitaires ?
- Supprimez celles qui ne vous conviennent plus.
- Quels seraient vos nouveaux ancrages ?
- Quels sont ceux qui devraient être renforcés ?
- Essayez de les ranger par ordre d'importance.

Comme cela a l'air simple quand c'est écrit dans un livre ! Mais le comprendre pour soi, et ensuite le mettre en pratique, est un chemin qui se découvre pas à pas. Se libérer de tout ce qui énerve et nuit, et faire de sa vie son œuvre, c'est le travail de toute notre existence. De la nôtre, la seule qu'on ait !

Vous êtes probablement en cours de cheminement, vous vous retrouverez peut-être dans ces pages. J'espère que certaines phrases seront pour vous comme un baume, une explication qui dénoue. Certains propos vous laisseront probablement un peu perplexe, je m'en doute. Il n'y a pas vraiment de *bon* livre pour tout le monde. C'est une rencontre entre une personne qui se questionne et un texte qui arrive au bon moment. C'est parfois trop tôt, la proposition paraît alors difficile, incompréhensible même, et elle nous passe par-dessus la tête. On la relit plus tard et, ce jour-là, on est mûr et c'est lumineux ! C'est ce que je vous souhaite. Continuez à cheminer.

Prenez un moment pour faire une liste de vos qualités et défauts. Souvenez-vous au passage qu'il n'y a pas vraiment de qualités et de défauts ! Il n'y a que des caractéristiques de personnalité qui sont des qualités lorsqu'on les utilise à bon escient et qui se transforment en défauts quand elles s'expriment à mauvais escient, ce qui nuance considérablement cette liste, évidemment.

- Quelles sont vos caractéristiques, ce qu'on appelle donc des qualités et des défauts ?
- Adhérez-vous vraiment, en profondeur, avec chaque élément de cette liste ?
- Qui vous a dit que vous étiez comme ça ?
- Le ressentez-vous à l'intérieur ?
- Est-ce que cela vous va vraiment ? Adhérez-vous à cette qualification ?
- Pourquoi garder des caractéristiques qui vous pèsent, qui handicapent votre vie ?
- Quel intérêt auriez-vous encore à rester fidèle à ce fonctionnement qui ne vous plaît pas ?
- Quelle peur avez-vous à l'idée de le lâcher ?
- Quel « prix » pensez-vous payer à le garder ?
- Quel bonheur pensez-vous découvrir en vous en libérant ?

Prenons, à titre d'exemple, le caractère serviable d'Antoine, cité plus haut. Il est épuisé par une amabilité qui est devenue excessive. C'est en soi une belle qualité, mais trop c'est trop. Il se gâche la vie à répondre à des demandes quasi imaginaires, à dire « Oui » quand il pense que c'est un oui qu'on souhaite, sans même se poser la question de ses besoins et disponibilités. Il a peur d'arrêter parce qu'il ne sait pas être autrement. Que se passerait-il s'il osait un jour dire « Non » ?

Au fond de lui, il a de sérieux doutes sur sa propre valeur, parce qu'il a toujours vécu en fonction des autres et n'a donc

> *jamais développé d'opinions propres ni de choix assumés. Dès qu'il essaye d'être un peu différent, dès qu'il tente d'aller labourer ailleurs, non seulement il se sent maladroit (il est encore en rodage!) mais il surprend son entourage d'une manière telle qu'il replace bien vite son soc dans le sillon. Il devra petit à petit apprendre à se découvrir, s'inventer même, avant d'avoir suffisamment de sécurité pour être convaincu qu'on l'aimera sans aucun service rendu.*

« Alors, pourquoi ne pas tenter d'être tout simplement ce que l'on est ? s'interroge le sociologue Jean-Claude Kaufmann. D'être ce que la vie fait de soi ? D'être dans le concret de l'instant ? Pourquoi ne pas vivre quotidiennement comme un produit ordinaire du destin ? La découverte de cette sorte de nouvelle sagesse au cœur de la modernité la plus avancée renoue curieusement avec des héritages anciens, du temps où la société dans son ensemble conférait à chacun le sens de soi et de la vie. »[44]

Décidons-nous de notre vie ou la vie décide-t-elle de notre chemin ? Sommes-nous déterminé par le destin ou avons-nous les rênes de notre vie en main ? Il est un courant de sagesse actuel qui préconise de se laisser porter par la vie, comme elle vient. « Cette culture, poursuit le sociologue, n'est que secondairement une invention active; elle résulte principalement d'un positionnement particulier, d'autodéfense, incitant à refuser le travail subjectif d'invention de soi. »[45] L'ordre social ou l'ordre familial apparaissent comme l'ordre naturel des choses. On reste dans sa zone de confort. Il suffit de se laisser porter, de suivre ses automatismes. Dans ce cas, c'est l'action qui crée le sens, et non l'individu lui-même qui a le choix et la responsabilité de créer

---

44. Kaufmann Jean-Claude, *L'Invention de soi*, Armand Colin, 2004.
45. *Ibid.*

le sens de son action. Les événements décident pour nous, on se laisse porter comme un bout de bois sur la rivière. « C'est comme ça, ça s'est passé tout seul, je n'ai pas choisi, c'est la logique des choses… » On est entraîné par l'action, il faut faire les choses, on les fait et puis c'est tout.

On vit alors en mode *pilotage automatique cool*. On fait l'économie de la réflexion et de la responsabilité, solution sage lorsqu'on va mal, mais trop réduite si on veut cesser de se gâcher la vie, tant elle comporte d'angles morts et de retours de flamme. On dira « mon réveil n'a pas sonné », c'est une pirouette qui ne trompe personne, mais un jour on dira « j'ai les huissiers devant la porte », ce qui ne résultera probablement que des mêmes dispositions d'esprit. Involontaires peut-être, peu conscientes sans doute, mais irresponsables quoi qu'on en pense.

La réflexion sur notre identité de solitaire qui doit décider de son chemin est devenue un fondement de notre société contemporaine où l'on ne reproduit plus la vie de nos ancêtres. Aujourd'hui, on est censé créer sa vie. C'est une chance inouïe et vertigineuse, nous l'avons vu. La difficulté de ces décisions est telle qu'on a tendance à en faire l'économie. On vit alors en mode *pilotage automatique speed*, avec des conséquences si largement répandues qu'elles en deviennent presque une culture, un rythme, une danse frénétique qui nous permet de nous fondre dans ce qu'on fait, sans recul. Tout s'enchaîne, pas une minute à perdre. Le réveil sonne et le programme se déroule à vive allure, on vit sans temps mort. L'action noie l'esprit toujours agité, pas le temps de se poser de questions. Pas le temps de se poser, tout court.

Le risque de ces types de fonctionnement, ces pilotages automatiques qui par essence même ne s'interrogent pas, est l'affadissement de la sensation d'être. On fonctionne, on ne jouit pas de la vie. On flotte (pilotage automatique cool) ou on court (pilotage automatique speed), c'est selon. Et lorsqu'on se trouve au cœur d'une crise, lorsqu'il s'agit vraiment de faire un choix lucide, on est bien en peine. Les questions partent en tous sens et la faiblesse des réponses laisse planer l'angoisse d'un vide intérieur. Pas de piliers, pas de repères, parce que pas de sens donné à la vie.

Alors on plonge dans de nouvelles actions pour effacer les doutes, en augmentant la frénésie comme on augmente le volume de la musique. Pour ne plus penser, pour ne plus s'écouter, pour ne plus s'entendre. On travaille davantage, on s'excite plus, on s'investit encore ailleurs. On s'invente de nouveaux buts, on cherche à donner du sens à sa vie, on prévoit des vacances, on change de voiture, on retapisse le salon… Mais le sens n'est que faiblement inventé, il n'est pas vraiment en décalage comme l'est un nouvel affichage identitaire, il s'exhale de l'action elle-même. On croit qu'on réinvente sa vie, mais on ne fait que se jeter dans une fuite en avant. Excitante peut-être, mais aveugle.

Depuis quelques décennies, notre monde est divisé entre les gens qui ont trop de temps et qui s'ennuient, et les gens qui n'en ont jamais assez et qui s'épuisent. Les premiers ont du temps pour eux, mais peu de ressources pour en profiter, tandis que les seconds ont d'innombrables ambitions et les moyens de les réaliser, mais pas le temps ! Ils parviennent à réaliser une partie de leurs désirs en remplissant davantage leur agenda et en accélérant leur rythme de vie. C'est la course contre la montre, de plus en plus folle, alors que les premiers se sentent hors course et rejoignent en douce la longue cohorte des déprimés. On vit dans un monde où les uns courent tête baissée, essoufflés et sourire crispé, et les autres, sur le trottoir, les regardent passer avec envie et un brin de tristesse.

C'est en partie ce qui explique le succès du grand axe de la philosophie bouddhique : la *voie du milieu*. Ni excès, ni mollesse. Point trop de projets, mais point trop de passivité. Des temps de réflexion, et puis des temps d'action.

Quelle que soit la façon dont on vit (dont on choisit de vivre ou dont on se laisse vivre), on est confronté à de nombreuses contrariétés dont on peut considérablement diminuer la fréquence et l'impact en les considérant en regard de l'inchangeable, de l'inéluctable, de l'immuable que l'on doit bien accepter. La compréhension profonde de cette évidence dégage notre énergie qui se tourne alors vers une large plage où il fait bon agir. On accepte ce qu'on ne peut modifier pour trouver la lucidité et la force de changer ce que l'on peut. C'est ce que nous allons explorer dans la troisième partie de ce livre.

Troisième partie
Changement

La philosophie enseigne à faire et non à dire.
Sénèque

Il est plus facile de penser sa vie que de la vivre.

On peut continuer éternellement à réfléchir à ce qu'on pourrait faire si seulement on osait ou si les circonstances étaient différentes. Il est tentant de rêver aux solutions qu'on ne se décide jamais à mettre en œuvre, aux limites qu'on n'essaye pas de poser, aux demandes qu'on n'arrive pas à exprimer ou à tout ce que l'on entreprendrait si on avait plus de temps…

Il ne s'agit plus d'aspirer à la suppression du problème mais de se retrousser les manches et d'agir !

Vous avez été invité à réfléchir au fil des chapitres précédents aux grandes acceptations de l'existence. Accepter l'inévitable permet de cesser de gaspiller son énergie en vain, c'est peine perdue. Accepter l'ordre des choses en profondeur est un véritable *lâcher prise*.

Il est temps maintenant d'engager une autre phase de votre cheminement, de prendre des décisions et de passer à l'action. Il convient d'intervenir là où c'est possible, de s'enraciner dans le réel pour construire ce qu'on souhaite vivre demain. C'est la seconde grande clé pour cesser de se gâcher la vie, la clé du changement.

Face à toute difficulté, on peut se poser les questions suivantes :

– Qu'est-ce que je décide de changer ?

– Qu'est-ce que je décide d'accepter ?

Avec plus de nuances, ces questions s'envisagent sous différents angles en fonction des situations : Qu'est-ce que je suis capable de changer ? Qu'est-ce que je dois changer ? Qu'est-ce que je veux changer ? Qu'est-ce qu'il faut bien que j'accepte ? Qu'est-ce que je peux accepter ? Qu'est-ce que je choisis d'accepter ?

Pour sortir de l'inconfort, il faut choisir, parce que ne pas choisir, c'est déjà choisir… C'est opter pour l'enlisement, la stagnation, la résignation, le maintien des tensions et des combats inutiles. On préfère alors ne rien changer sans pour autant accepter profondément quoi que ce soit.

Pourquoi choisir de ne pas choisir, si cela nous gâche la vie ? Je vous laisse y répondre en toute honnêteté pour vous-même, mais quoi qu'il en soit, ne sous-estimons pas la difficulté du changement : c'est bien plus le processus lui-même qui nous paralyse que la peur du résultat ou la découverte d'une nouveauté, encore non-expérimentée. Lâcher ce qu'on connaît est une démarche qui rend vulnérable, même si ce qu'on doit abandonner est désagréable. On préfère souvent maintenir un fonctionnement nuisible, qui semble le seul possible et dont le caractère familier rassure. On est rodé, on connaît la chanson. Changer, c'est oser découvrir ce qu'on ne connaît pas.

Les gens qui ont peur du changement ont souvent du mal à expliquer pourquoi l'évolution qui se présente à eux et qui les aiderait semble si difficile à envisager.

Nous avons vu au troisième chapitre combien la répétition de nos fonctionnements habituels était réconfortante, même si elle ne nous apporte aucun bénéfice. L'être humain est cadré par ses peurs, la plus forte étant sans doute celle de quitter le cocon de ses habitudes, fussent-elles limitantes, voire nocives…

Notre fonctionnement cérébral complexe est le produit le plus abouti d'une très longue évolution, j'en ai déjà parlé. Il est destiné à nous aider à subvenir à nos besoins vitaux et à survivre face au danger, le tout avec efficacité et une dépense d'énergie minimale. Les fonctionnements les plus économes en énergie sont donc automatiquement privilégiés. Reproduire une habitude sans y réfléchir fait partie de ces stratégies préférentielles. Nous apprenons une multitude de processus complexes et pour éviter de devoir chaque fois réfléchir à l'enchaînement des actions, nous mémorisons toute la séquence en un bloc, que nous reproduisons sans y penser. C'est ce qui nous a permis d'apprendre à écrire, par exemple. Notre plume file sur le papier sans que l'on doive différencier chaque lettre. Idem pour la conduite en voiture : souvenons-nous combien cela demandait de concentration au début, lorsque nous devions penser aux pédales, au volant, au rétroviseur, au clignotant et au trafic ! Aujourd'hui, on conduit sans y penser et on tient une conversation en même temps !

Le cerveau donne donc priorité aux procédures inconscientes, moins voraces en énergie. Changer requiert de sortir du pilotage automatique et de reprendre les commandes, ce qui en explique en partie la difficulté. De plus, pour permettre au cerveau de fonctionner à l'économie, selon des schémas stéréotypés, nous avons des filtres qui distinguent l'essentiel de l'accessoire, pour pouvoir rester dans le sillon où nous avons l'habitude de labourer.

Un petit test va vous aider à comprendre. Lisez la phrase suivante :

Il était fois une petite fille qui courait dans les bois.

Il manque un mot, l'avez-vous remarqué ? Relisez.

Il manque l'article en troisième position. Probablement qu'à la première lecture, vous n'avez pas noté cette omission parce que c'est accessoire et que vous avez l'habitude de cette phrase, elle commence tant de contes. Vous lisez ce que votre cerveau s'attend à voir.

On peut reproduire ce test de multiples façons différentes, en omettant des mots, en en rajoutant, en les inversant, en supprimant des lettres, chaque fois on lit la phrase correctement, ce qui démontre qu'on va vers ce qui nous est habituel, en dépit des renseignements déviants. C'est ce qui, dans la vie, nous incite à mal interpréter ou à fabriquer de faux souvenirs, parce que « le détail qui change tout » nous échappe.

La plupart du temps, ce fonctionnement sélectif est bienvenu, heureusement ! Si on devait analyser et réfléchir à tout ce qu'on perçoit, on ne pourrait plus agir. Mais parfois, l'omission est fatale…

Une fois de plus, ce fonctionnement qui nous vient de la nuit des temps a ses points faibles dans une société où tout change très vite. Changer est difficile, mais aujourd'hui c'est devenu indispensable. Cela nous demande donc une attention, une analyse et une dépense d'énergie psychique considérable. Pas étonnant que nous soyons parfois si fatigués…

Je vous rappelle que le but de ce livre n'est pas de vous amener à modifier vos agissements un à un, mais de revoir profondément quelques fondements essentiels qui constitueront le socle d'une vision plus légère, plus souple et plus mobile de la vie, afin d'adopter des attitudes et des actions qui ne nourriront plus vos fonctionnements empoisonnants. Cette stratégie d'évolution en profondeur est plus stable, plus rentable et moins énergétivore que le changement au coup par coup.

Au cours de leur thérapie, il arrive souvent à mes patients de remarquer avec un agréable étonnement que des événements heureux se placent subitement sur leur route. Les gens qu'ils fréquentent habituellement deviennent particulièrement gentils, l'ambiance au bureau se détend ou leur conjoint évolue ! Je trouve toujours ce moment assez charmant et me réjouis chaque fois de leur dire que le monde n'a pas changé, mais que ce sont eux qui ont évolué ! C'est parce qu'ils s'adressent différemment aux autres que ceux-ci leur répondent plus agréablement. C'est parce qu'ils deviennent plus conscients de leur manière de fonctionner qu'ils la modifient et qu'en conséquence les situations se débloquent. Ils s'expriment avec plus de nuances et de justesse, assument leur point de vue tout en tenant compte de celui de leur interlocuteur, qu'ils respectent et se font donc respecter.

Ces changements, stimulés par la thérapie, se produisent aussi au gré des péripéties de la vie. Ils portent sur notre compréhension du monde et de nous-même. La thérapie, comme les événements qui nous bousculent – pour peu qu'on puisse les analyser – nous forcent à revoir notre copie, à « désinstaller » nos programmes obsolètes pour en installer d'autres, plus réalistes et plus adéquats qui constitueront de nouvelles habitudes, des automatismes agréables et tout aussi économes en énergie que les précédents, si ce n'est plus !

L'acceptation et le changement sont intimement liés. Comme je l'ai écrit plus haut, les fonctionnements qui nous gâchent la vie sont souvent complexes et embrouillés. Ils renferment des aspects à accepter et d'autres à changer. Tout accepter nous paraît impossible, mais tout changer l'est tout autant. Il faut arriver à distinguer tout ce qui est en jeu dans l'histoire qui nous nuit et décider de changer ce que l'on peut. La pression diminue alors et nous rend l'acceptation plus facile, et inversement.

C'est parce qu'on agit qu'on arrive à accepter. C'est parce qu'on accepte qu'on peut changer.

Chapitre 7
Puissance

La raison n'est que la raison et ne satisfait
que la capacité humaine à raisonner,
tandis que la volonté est la manifestation
de toute la vie humaine.
FIODOR DOSTOÏEVSKI

Agir, c'est mettre sa puissance là où elle est opérante et choisir son avenir en agissant sur le présent. C'est faire face au réel tel qu'il est, pour le mettre au service de ce que nous désirons. Choisir de vivre ce que l'on souhaite en agissant aujourd'hui, c'est la base des changements à opérer pour cesser de se gâcher la vie. Et pour modifier le présent, il est temps de retrouver sa puissance.

Renouer avec sa force implique de cesser de se considérer en victime. Arrêter d'accorder aux circonstances ou aux autres le pouvoir de nous énerver, de nous frustrer, de nous décevoir ou de nous paralyser.

Accepter son impuissance, c'est admettre qu'on ne puisse pas tout changer. C'est accueillir l'imperfection des choses, l'inscription dans le temps et la solitude existentielle. Le reconnaître nous permet de nous concentrer sur ce qu'on peut modifier en dégageant notre puissance d'action. On cesse de disperser son énergie à se cogner aux murs, avec rage ou chagrin, on la rassemble et on se met à chercher les portes.

Agir dans le champ des possibles

Qu'est-ce que cela veut dire « réussir ? »
N'est-ce pas faire ce que l'on aime
avec le plus d'élan possible ?
ANNE HÉBERT

Il n'y a pas vraiment de forts et de faibles. Nous avons tous de multiples possibilités, à l'échelle de notre vie. La force consiste à canaliser son énergie là où nous sommes doués, et à reconnaître nos zones sensibles et nos émotions difficilement contrôlables, c'est-à-dire notre fragilité, ce qui est bien différent de la faiblesse. La force émane alors d'une saine connaissance de soi-même. Elle démontre qu'en cessant de nous épuiser à vouloir être différent, nous activons nos possibilités en fonction de ce que nous sommes vraiment. S'en dégage alors une sensation très agréable d'estime de soi. On s'accepte et on s'aime.

Agir là où c'est possible paraît frappé au coin du bon sens et pourtant, toutes les situations qui nous gâchent la vie anesthésient nos possibilités d'action ou les transforment en luttes inefficaces ou contreproductives. Nos fonctionnements habituels sont mis en échec. Nous n'arrivons pas à sortir de notre enfermement, ni à comprendre la logique de l'autre. Ses comportements nous mettent en colère ou nous dépriment, la peur des représailles nous tétanise et nous perdons nos moyens. Nous avons l'impression de n'avoir aucune prise sur ce qui nous tourmente, l'émotionnel nous parasite et nous restons englué, figé ou résigné.

Il est temps de retrouver confiance en soi. Le problème est que la confiance résulte de notre satisfaction à poser des actes qui nous conviennent et dont nous sommes fiers. Or, pour changer ce qui nous nuit, nous avons besoin de cette confiance, qui est en berne, c'est un cercle vicieux. Heureusement, on ne manque pas d'autres ressources.

Les moyens qui nous sont nécessaires pour agir relèvent essentiellement du raisonnement. L'émotion est souvent difficile à contrôler et elle peut devenir paralysante, mais raisonner est toujours à portée de main.

Il faut prendre du recul et penser autrement. S'arrêter et faire un grand zoom arrière est un moyen efficace et toujours disponible pour regarder sa vie de haut et remettre les choses qui aujourd'hui nous encombrent, en perspective et à leur juste place. Replacer l'événement dans la temporalité, comme une étape de notre vie, un détail parfois. Aujourd'hui, on se gâche la vie pour une histoire qui nous envahit, mais avec le recul, certaines causes paraissent quelque peu dérisoires !

Prendre du recul est un exercice que l'on peut faire assez consciemment : on imagine qu'on s'assied sur le siège du spectateur (comme au théâtre) et qu'on se regarde vivre (sur la scène). On se place dans le regard du critique de spectacle qui analyse d'un œil intransigeant.

On peut aussi se regarder vivre en couple. On prend ce recul salvateur à deux et on analyse calmement de l'extérieur les fonctionnements du ménage, avec la lucidité et parfois l'humour que cette position extérieure autorise. Et comme Feydeau le met en scène de manière si cocasse, on s'amuse de son malin plaisir à créer malentendus et quiproquos, en reconnaissant qu'ils sont souvent destinés à faire trébucher le partenaire pour ensuite le culpabiliser et se démettre ainsi de sa propre responsabilité dans la cacophonie conjugale !

Penser autrement est une libération essentielle. La plupart de nos soucis résultent de mauvais raisonnements, d'interprétations fausses et de pensées qui dérapent. *Think different*[46] est un slogan des plus justes et des plus encourageants, et l'adopter fait du bien en profondeur.

En acceptant votre impuissance et abandonnant les combats inutiles, vous dégagez votre puissance.

Prenez un moment pour vous interroger sur votre balance puissance/impuissance :

- Dans la situation qui vous gâche la vie actuellement, où vous sentez-vous impuissant ?
- Qu'aimeriez-vous changer ?
- Est-ce possible ?
- Buttez-vous contre quelque chose d'inéluctable ?
- Arrivez-vous à déterminer ce qui est inchangeable et qui doit donc être accepté ?
- Pensez-vous que vous êtes coincé par vos propres limites ?
- Ces limites sont-elles modifiables ?
- Voulez-vous évoluer, élargir vos moyens d'action ?
- Où voudriez-vous exercer votre puissance ?
- Qu'est-ce qui est en votre pouvoir ?
- Que pensez-vous pouvoir faire pour développer votre force ?

Les freins de la peur

Quand on cède à la peur du mal,
on ressent déjà le mal de la peur.
BEAUMARCHAIS

46. « Pensez différent ! » : slogan de la société Apple Computer, de 1997 à 2002.

Un premier frein sérieux qui empêche les prises de décision dans les situations qui nous énervent ou nous dépriment porte sur le fond : il est lié à l'incertitude du résultat, j'en ai parlé plus haut. Ce frein est à l'avant-plan. C'est souvent parce qu'on n'a pas la garantie de réussir qu'on n'ose rien entreprendre. Or il est rare qu'on puisse avoir des certitudes sur l'avenir. Trop d'éléments peuvent entrer en jeu. Rêver de les prévoir ou de les contrôler relève de l'illusion. « C'est pas gagné d'avance ! » comme le sait si bien le bon sens populaire.

Un autre frein, moins clair mais néanmoins très opérant, porte sur le processus de la prise de risque : jusqu'où est-on d'accord pour prendre un risque en initiant un changement d'attitude ? Ce sont des questions essentielles qui sous-tendent toute la dynamique du changement à l'égard des fonctionnements qui nous nuisent.

En attendant, on subit et on se décourage, ce qui mine le moral et alourdit le quotidien.

C'est un autre cercle vicieux : tant qu'on n'a pas commencé à prendre des risques, on n'est pas prêt à en prendre d'autres.

En revanche, quand on a essayé, même par un tout petit risque, on « sait qu'on sait », et on renforce peu à peu sa confiance en soi. Il n'y a que le premier pas qui coûte, dit le proverbe. Cela donne aussi une perspective différente à la prise de risque : si elle fait peur, elle est aussi la formidable promesse de pouvoir résoudre de plus en plus de problèmes au cours de la vie.

Lorsqu'on prend le risque d'avancer malgré le doute, malgré la peur, en acceptant l'imperfection d'une solution et l'incertitude du résultat, on reprend largement le pouvoir sur une situation désagréable. On reconnaît ne pas avoir toutes les cartes en main, on concède qu'il n'y a pas de solution évidente qui résoudrait tout, mais en exerçant sa puissance là où l'on peut agir, on parvient à accepter ce qu'on ne peut pas changer. En reconnaissant qu'on ne peut pas tout contrôler, on admet l'incertitude. Et en essayant d'anticiper un peu ce qui peut l'être, on minimise le risque des mauvaises surprises. Un âne ne trébuche pas deux fois sur la même pierre. Nous non plus !

Retrouver notre puissance et agir est notre liberté, mais celle-ci requiert une bonne dose de volonté et de courage. Notre tâche est plus complexe que celle de l'âne ! Il est normal que nous ne puissions pas tout prévoir, nous ferons face en temps voulu. Si c'était si simple, ça se saurait ! Il va falloir aller chercher dans nos réserves. Mais ces ressources, nous les avons tous. Elles dorment au fond de notre « caisse à outils », inexploitées, inconnues parfois. Et si ce n'est pas le cas, nous pouvons aussi nous renseigner ou demander de l'aide en cours de route. Nous avons ce pouvoir, il suffit de l'exercer.

Les freins qui nous retiennent sont de nature émotionnels, mais pas uniquement. Le doute, le scrupule, la peur d'agir, le refus d'entrer en conflit, la terreur des représailles, la crainte du ridicule ou de l'échec ont une triple origine :

- **L'émotion** : l'individu est en partie habité par des peurs qui lui viennent des programmations de l'enfance, c'est une partie irrationnelle, très émotionnelle et peu consciente, celle qui fait dire : je sais que je ne devrais pas craindre, mais c'est plus fort que moi ! Cette partie des peurs, largement infondée puisque basée sur des raisonnements d'enfant aujourd'hui oubliés, reste intangible aussi longtemps que le sujet n'en comprend pas l'origine. Elle est donc difficilement contrôlable, mais peut évoluer en psychothérapie ou avec un sérieux travail sur soi.
- **Le fantasme** : tout être humain est contaminé par des croyances dont l'origine est également obscure. Ce ne sont pas des émotions mais des idées qu'on lui a mises dans le crâne ou qu'il a pêchées de-ci, de-là au fil de l'existence et qu'il n'a pas remises en question. Elles sont figées comme vérités immuables et ne sont souvent pas très fondées, puisque peu adaptées à la réalité actuelle. Elles l'affaiblissent beaucoup

dans ses possibilités de sortir des situations qui lui font du tort, mais en raisonnant, il pourrait mesurer combien elles sont le produit de son imaginaire, et donc s'en débarrasser.

- **La réalité** : chaque homme a acquis une expérience d'adulte, il a appris comment le monde fonctionne et sait que certaines actions sont dangereuses. Ces craintes sont nourries par le réel. C'est une partie mobilisable, elle permet le raisonnement. Il peut y réfléchir et déterminer dans quelle mesure la peur est justifiée dans le cas qui le préoccupe et comment y remédier.

Lorsque nous discutons avec nos proches d'une situation qui nous nuit et de la peur ressentie à l'idée des actes que nous devrions poser pour en sortir, ces amis, qui ne ressentent pas notre peur, ont tendance à nous conseiller selon la réalité qu'ils observent et de leur propre cadre de référence, et non en fonction de la part émotionnelle de nos craintes ou de nos difficultés, qui nous est propre.

Cette partie-là, très personnelle, ils ne peuvent en effet que l'observer, sans nécessairement la comprendre ni la ressentir, tellement elle leur est étrangère. Ils peuvent essayer d'imaginer ce qu'eux-mêmes ressentiraient à notre place, ce qui ne les rapproche pas pour autant de notre vécu. Parfois c'est même l'inverse, il leur arrive de s'en moquer, ce qui ne fait que renforcer notre sentiment d'être seul, démuni et incompris.

Cela ne signifie pas qu'on ne doit pas les écouter, surtout s'ils sont bienveillants : ils ne sont pas encombrés par les émotions qui nous paralysent, et sont donc souvent bons conseillers. Cela n'apparaît pas au moment même, on a plutôt tendance à refuser leurs conseils parce qu'on n'est pas encore capable de les absorber. On est confus, on ne se sent pas compris ni reconnu dans notre difficulté émotionnelle qu'ils ne semblent pas capter. Donc on résiste.

Or il s'avère bien souvent, quand toute l'histoire est derrière nous, qu'on puisse se dire : « Mes amis l'avaient compris dès le début, ils voyaient clair, mais je ne les ai pas écoutés ! » C'est la vie ! La vie bien imparfaite, la vie comme elle est ! Quand on ne peut pas admettre les conseils des autres, on ne peut pas ! On n'est pas encore mûr, c'est normal. C'est notre solitude existentielle. On est seul face à notre petite alchimie personnelle, peu compréhensible par nous-même et difficilement transmissible à autrui.

Cela dit, l'expérience nous montre, peut-être pour une prochaine fois, que nos vrais amis ont souvent raison ! Ils sont bienveillants et nous connaissent bien ! Cela ne change rien au fait qu'on devra arriver à nos propres conclusions par notre propre chemin. Mais peut-être qu'à l'avenir, on sera un peu moins résistant et que cela ira donc un peu plus vite !

Changer son fusil d'épaule

Vivre c'est changer. Le changement est l'âme des choses.
GUSTAVE LE BON

Chercher le changement et les solutions alternatives ouvre bien des verrous. Lorsqu'on a répété cent fois la même chose, ce n'est pas à la cent unième que ça va enfin marcher ! Lorsqu'on a, comme la mouche, essayé en vain de faire changer l'ordre du monde et qu'on ne souhaite pas terminer comme elle, pattes en l'air sur l'appui de fenêtre, il est grand temps de s'y prendre différemment ! Il faut remplacer « quand ça ne marche pas, on recommence » par « quand ça ne marche pas, on essaye *autrement* » ! Ça a l'air tout simple, mais c'est fondamentalement différent.

- Dans la situation qui vous gâche la vie, sur quelles idées reposent vos tentatives ?
- Quelles croyances limitent vos actions ?

- De quoi avez-vous peur ?
- De quoi vous pensez-vous incapable ?
- Est-ce vraiment fondé ?
- Ce que vous pensez, vous le ressentez (émotion), vous l'imaginez (fantasme) ou vous l'avez vérifié (réalité) ?
- Avez-vous essayé autrement ?
- Quelles alternatives pourriez-vous mettre en place ?
- Essayez de quitter vos anciennes idées et remplacez-les par de nouvelles.
- Tentez de raisonner autrement.
- Écoutez les avis de vos amis, nourrissez-vous d'autres regards, soyez créatif, vous êtes capable d'autre chose. Tout le monde peut. Il faut le vouloir et oser.

Se faire respecter

On apprend avec le temps que celui qui se borne à se faire aimer peut jouir agréablement de la vie ; mais que s'il ne veut pas risquer d'être tôt ou tard méconnu, dédaigné ou abandonné, il doit aussi se faire respecter, et même savoir se faire craindre.

CONSTANCE DE THÉIS

Un élément central dans la sensation désagréable de ne pas vivre ce que l'on souhaiterait vivre est le sentiment d'irrespect : on ne se respecte pas, on ne se sent pas respecté ou on n'arrive pas à se faire respecter.

- **On ne se respecte pas soi-même** parce qu'on n'a jamais appris à se faire respecter. De nombreuses personnes sont issues de familles au sein desquelles la notion de respect des individualités n'était pas un axe central de l'éducation. Elles ont grandi avec le sentiment de ne pas vraiment valoir la peine et de ne pas être dignes de beaucoup d'intérêt. Elles ont été traitées trop longtemps comme de la pâte à modeler, comme de gentils pantins qui devaient obéir, qui n'avaient pas vraiment le droit de développer une pensée propre ni une personnalité singulière. Toutes ces maladresses, sans être véritablement mortelles, ont été néanmoins assez néfastes et ne leur ont pas permis de construire un sentiment d'estime personnelle ni la confiance en soi qui aurait pu y prendre racine. Elles ne se respectent pas parce qu'elles ne savent pas ce qu'elles valent. Elles ne se connaissent pas elles-mêmes, ne savent pas très bien ce dont elles sont capables parce qu'elles n'ont jamais appris à expérimenter par elles-mêmes et que la vie ne leur a pas non plus fourni les éléments de cet apprentissage, jusqu'à présent. Aujourd'hui, engluées dans une situation insupportable, ces personnes ne savent pas comment s'y prendre. Elles se sentent victimes des autres ou des circonstances, mais ne connaissent pas leurs propres ressources.

- **On ne se sent pas respecté** parce qu'aujourd'hui on est un peu déprimé, qu'on n'est pas capable d'exprimer ce dont on a besoin, ni ce qui est important pour soi. On accumule de la frustration sans en parler, sans manifester ce qu'on endure. Dès le début des problèmes, on se positionne mal, ce qui ne fait qu'augmenter les difficultés ! Cela vise peut-être un objectif inconscient, destiné à montrer qu'on est victime des autres ou des circonstances, dans le but de recevoir une forme de compassion, du baume sur des plaies qu'on a créées soi-même.

On ne se sent pas respecté parce qu'on se croit plus faible que les autres, on croit qu'ils se débrouillent mieux que nous, sont plus outillés dans la vie pour faire face à l'adversité ou ont simplement plus de chance. Toutes ces croyances font partie des idées fausses qui nous gâchent la vie, nous l'avons vu au premier chapitre.

• **On n'arrive pas à se faire respecter** parce qu'on a peur de s'exprimer. On n'ose pas dire vraiment ce qu'on pense ni ce qu'on veut. On a trop peur du conflit et de ses conséquences, des représailles, vraies ou imaginaires. On préfère la souffrance à la bataille ou la rupture, qu'on imagine inévitables ou dramatiques. On n'arrive pas à se faire respecter parce qu'on ne parvient pas à se mettre en colère. La colère, on en a déjà parlé, est une émotion mal aimée dans notre culture, parce qu'on craint son caractère débridé et violent. Dans notre éducation, elle est muselée, anesthésiée ou castrée, bref interdite dès le plus jeune âge, au lieu d'être gérée. La colère n'est pas seulement l'expression d'une frustration, elle est aussi un outil de défense, un moyen de se faire respecter, c'est son côté protecteur.

Dans la vie sauvage, sans colère de temps en temps, on se faisait massacrer. Mais nous ne vivons plus à l'état primitif et la colère a disparu de notre trousse de secours. En apparence seulement, parce qu'elle est naturelle et qu'elle est instinctivement générée par certaines circonstances, mais comme elle est taboue, elle est soit refoulée ou niée, soit tournée contre soi-même (on s'en veut, on se sent nul, etc.), soit contenue jusqu'à l'explosion, ce qui entretient l'idée qu'elle est dangereuse.

Or colère n'est pas nécessairement synonyme d'agressivité. « Un homme, ça s'empêche » dit Albert Camus. On peut ressentir une émotion forte et l'exprimer fermement sans la laisser exploser comme un volcan.

C'est un apprentissage qui aurait été intégré s'il avait été correctement mené dès l'enfance, mais qu'heureusement on peut encore s'offrir aujourd'hui. La manifestation saine, efficace et mesurée de la colère, cela s'apprend. Elle peut se traduire par une expression verbale ferme et assumée, sur un ton qui ne tolère pas la contestation, une manière de se redresser physiquement et psychiquement. C'est une façon de regarder l'autre dans le blanc des yeux, de le tenir à distance, de ne pas lui laisser prendre de l'ascendant ou du pouvoir sur nous. La colère, dans cette forme-là, n'est en rien destructrice, elle est défensive et elle impose le respect. On ne se laisse plus faire !

Sylvie vit en colocation avec trois jeunes femmes qui se connaissent depuis l'enfance et forment un bloc face auquel elle se sent démunie. Elles laissent la cuisine en désordre, font du bruit en rentrant de leurs soirées et vont même parfois jusqu'à entrer dans la chambre de Sylvie pour se servir d'un objet sans permission aucune. Elles le font entre elles et ça leur paraît naturel.

Sylvie a essayé plusieurs fois de leur faire comprendre gentiment qu'elle souhaitait qu'elles ne pénètrent plus dans sa chambre en son absence, qu'elles s'abstiennent de la réveiller au milieu de la nuit et qu'elles rangent leur vaisselle, mais rien n'a marché. Elle est douce et conciliante, et n'ose pas s'affirmer plus clairement, ne se sentant déjà pas très intégrée.

Cette situation la ronge et devient obsédante. La frustration liée au non-respect crée une telle émotion chez elle que tout la dérange, une odeur de frichtis, un rire à l'étage, les chaussures dans l'entrée, bref elle a les nerfs à fleur de peau. Elle se rend bien compte que son exaspération est excessive, mais elle ne voit pas comment en sortir. Elle subit et se sent impuissante, ne connaissant que la cordialité et la gentillesse.

Un jour, c'est la goutte qui fait déborder le vase, une des filles lui « emprunte » son parapluie préféré et le perd. Comme le bouchon d'une bouteille sous pression, sa peur de s'affirmer vole en éclats et elle exprime enfin cette colère contenue. Elle remet les trois filles à leur place et exige des comportements de cohabitation et de respect, avec force et clarté. Et puis elle les expulse de sa chambre en claquant la porte !

Quel bonheur ! Elle est tremblante et hilare à la fois ! Soulagée, réjouie et grandie ! Une sensation qu'elle ne connaissait pas ! C'était si bon et finalement si facile ! Il n'y avait qu'à ouvrir les vannes et faire confiance à son petit guide intérieur, cette partie d'elle qui n'en pouvait plus, légitimement !

Depuis ce jour, les colocataires se comportent correctement. Elles ont reconnu leurs torts, se sont excusées et ont établi ensemble des règles de cohabitation équitables.

Le bénéfice principal est que Sylvie n'a plus peur. Elle connaît sa puissance maintenant. Les filles sont restées surprises et sans réplique, puis ont fait amende honorable. Il semble évident que leur regard sur leur colocataire a changé : avant, elles voyaient une gentille fille qui ne présentait que peu d'intérêt, aujourd'hui, elles ont en face d'elles une interlocutrice solide et digne de respect. Sylvie sait dorénavant que lorsqu'elle ne se sent pas respectée, elle a le droit de le manifester avec fermeté, si elle n'y arrive pas par la cordialité. Par l'usage (tardif mais efficace) d'une saine colère, elle a fait basculer le rapport de force. Elle se croyait impuissante parce qu'elle n'avait jamais testé sa détermination. Elle se battait à armes très inégales, pot de terre contre pot de fer, mais comme tout le monde, elle avait cette solidité en elle. Elle s'imaginait faible, et du coup, l'était !

Il ne faut pas toujours hurler ou se battre, la colère n'étant pas nécessairement associée au conflit. Dès que le rapport de force s'est équilibré, la peur a disparu et les filles ont écouté. Sylvie ne veut plus subir ni se résigner. Elle sait maintenant ce qu'elle peut changer dans sa vie pour ne plus souffrir en frustration contenue.

C'est parfois la seule manière salvatrice de dépasser une peur paralysante : être poussé dans le dos par ce qui est devenu insupportable. Malheureusement la notion d'insupportable est très variable d'une personne à l'autre et certains sont prêts à aller très loin dans l'autodestruction avant de réagir. Plus ils attendent, plus ils perdent leur force vitale…

Je veux changer de vie !

Le succès fut toujours un enfant de l'audace.
CRÉBILLON

Si on pouvait parfois entendre les gens penser, peut-être entendrait-on ceci dans le bus du matin, sous un ciel gris, au mitan d'un automne trop tôt arrivé :

J'en ai marre de ce boulot sans intérêt, si répétitif et qui ne m'apprend plus rien, j'en ai fait dix fois le tour. J'en ai assez de ce patron qui m'humilie, de ces trajets en bus qui puent, avec ces gens tristes, je ne veux plus leur ressembler ! J'en ai assez de cette pluie, de ces embouteillages, de ce train-train qui me fait hurler ! Asseeeez !

Et alors quoi ? Tout plaquer ? Tu as déjà quitté ta femme, tu n'es plus à ça près… Quitté ta femme, quitté ta femme ? C'est elle qui est partie et tu sais bien pourquoi ! Parce que tu deviens gris ! Gris d'ennui ! Tu te plains, tu rumines, tu t'enfermes, tu es désabusé, sois honnête !

Changer de vie ? D'un seul coup ? Certains le font. D'autres s'y préparent longuement.

Bon, une chose est sûre, c'est qu'avoir un peu d'argent devant soi, ça aide… Donc, soit augmenter les rentrées, soit réduire les dépenses : revoir mon portefeuille d'assurance, mes notes de téléphone, mes déplacements, mes divers abonnements, mon budget loisirs et vacances, réduire tout ce qui n'est pas indispensable et faire l'écureuil durant quelque temps. Demander conseil. Voir mon banquier…

Est-ce que ça m'aiderait ? Un peu, mais c'est clair que l'argent fait partie de mes résistances, de ce qui m'empêche de faire le pas. Et puis aussi tout ce tourbillon de pensées qui disent « pas maintenant, quand tu auras fait ceci, quand tu auras réglé cela, quand les enfants seront hors des pattes », mais avoue-le, c'est sans fin, ces freins !

Le temps passe, il pleut toujours, je m'ennuie toujours. Je dors mal, je fume trop… Mon corps me dit Stop !

C'est le moment. Parce qu'il n'y a pas de bon moment. C'est maintenant, parce que c'est maintenant que je vis, c'est maintenant que j'ai droit au bonheur… Alors, juste faire le pas. Oser. Oser arrêter ces activités professionnelles-là. Oser affronter la réaction des gens.

Et rêvons un peu la suite, que se passerait-il ?

Je remarque que la plupart des collègues me soutiennent ! Certes, pas tous, certains me traitent d'irresponsable, de fou, mais peut-être que ça les aide à se conforter dans leur petite vie pépère. Par contre, j'entends bien plus de : « Je t'admire ! Je suis tellement tenté, moi aussi, mais je n'ose pas. » Mes amis m'encouragent et me regardent avec envie, c'est nouveau ça ! Et c'est si bon ! Mais n'empêche, quelle peur au ventre !

D'autres me disent que j'ai de la chance ! Comme si j'avais trouvé mon « bon pour changer de vie » dans une boîte de poudre à lessiver ! De la chance ? Du courage, oui ! Et du courage, j'en avais aussi tellement besoin pour rester là où j'étais, pour me lever tous les jours et aller travailler.

Et maintenant, faire enfin ce que j'ai envie, revendre mon appartement et acheter cette vieille ferme, la retaper et en transformer une partie en chambres d'hôtes.

Je fais connaissance avec les voisins, ils sont vraiment adorables et vivent comme j'ai toujours rêvé de vivre, ils forment un couple que j'envie. Peut-être un jour, une de leurs amies…

J'ai appris qu'on cherchait quelqu'un qui a mes compétences dans cette petite imprimerie artisanale, c'est curieux de voir comme la route s'ouvre devant moi, sans que je ne doive remuer ciel et terre !

Ce n'est pas toujours aussi facile, mais on n'a qu'une vie et elle est précieuse. Même si on pense que nos amis nous décourageront ou que notre patron nous maudira, même si tout semble se liguer pour nous maintenir dans notre misère, il n'y a que nous qui puissions nous prendre par la main et nous dire : « Allez, viens, ose, va vers ton bonheur, n'aie pas trop de crainte, rien de vraiment grave ne va t'arriver… » D'ailleurs, si j'étais mon meilleur ami, n'est-ce pas ce que je me dirais ?

Amadouez vos inquiétudes, apprivoisez cette paralysante crainte du changement et cette mystérieuse peur de l'inconnu. Mesurez quels petits risques vous êtes prêts à prendre pour commencer. Le changement est aussi source d'émerveillement et d'évolution, et l'inconnu n'est pas nécessairement peuplé de solitude ou de dangers, mais plutôt de surprises et de nouveautés rafraîchissantes ! Lâchez le frein, et vivez enfin la vie dont vous rêvez.

Les changements de vie portent sur de nombreux aspects :

- **la profession** : on lâche un métier qui ne plaît plus, qui stresse ou qui ennuie pour choisir une activité plus conforme à nos valeurs, ou carrément on cesse de travailler et on se débrouille autrement, selon ses réserves (chambres d'hôtes ou vie de bohème…) ;
- **la famille** : on divorce ou on reforme un nouveau couple, une famille recomposée, on fait son *coming out* ;
- **le lieu de vie** : on quitte la ville pour la campagne, le Nord pour le Sud, ou on s'en va vers « très loin », l'Afrique, l'Asie, les îles… ;
- **le style de vie** : on quitte un mode de vie de consommateur indifférent pour celui d'un écolo locavore[47] et commerce équitable, on balance la télé pour les soirées lecture ou jeux, on

47. Les locavores s'engagent à ne manger que des aliments produits près de chez eux pour diminuer l'impact des transports sur le réchauffement de l'atmosphère.

quitte la voiture pour le vélo et on se passe d'autres *must* de notre époque pour adopter une vie simple ;

- **de patronyme** : on change de nom pour quitter une identité qui ne nous convient pas ou en trouver une autre à laquelle on aspire ;
- **de religion** : on perd la foi ou on se convertit, avec la pratique qui accompagne certaines conversions.

En tant que thérapeute, j'ai accompagné beaucoup de gens dans de profonds changements de vie et toutes ces histoires sont belles ; certaines modestes (ne portaient que sur un des aspects mentionnés ci-dessus), d'autres impressionnantes (en comportaient plusieurs), mais toutes ont apporté aux auteurs leur dose de bonheur mérité. J'ai moi-même opéré quelques tournants majeurs dans ma vie et en ai observé quelques-uns de près : un patron d'entreprise qui met la clé sous le paillasson pour s'offrir un tour du monde en bateau, un banquier qui devient jardinier, une famille qui achète un vieux moulin et le convertit en chambres d'hôtes, une photographe qui part exercer son art à Berlin, un cadre stressé qui divorce et plaque tout pour ouvrir son restaurant, un gentil couple qui quitte la capitale pour s'établir dans le Sud, une famille qui accompagne la mère qui a décroché un poste au Burundi, une professeur de maths qui part étudier l'art du clown au Mexique, une musicienne qui va vivre dans un ashram en Inde, un roi du marketing qui met son expertise au service de son idéal écologique, des petits et des grands changements pour lesquels il a fallu audace et confiance. Cependant, les efforts ne sont pas proportionnels au caractère important ou spectaculaire du changement. Ils sont bien plus liés aux personnalités des gens, à l'évidence du projet ou à la conviction de devoir faire de son existence ce qu'on aime vraiment.

Et même si parfois, après quelques mois ou quelques années, certains ont choisi de revenir à leurs anciennes amours, l'expérience fut toujours enrichissante. Aucun choix n'est irrémédiable, mais l'aventure vaut toujours la peine d'être vécue, elle est pleine d'enseignements pour la suite.

Si votre vie ne vous plaît plus assez, larguez les amarres et voguez en confiance vers ce qui vous attire. D'autres y sont parvenus, constitués de la même matière, ni plus forts, ni plus doués que vous. Rien ne vous empêche d'acquérir les compétences qui permettent d'aller de l'avant et d'être plus audacieux. Lorsqu'on enlève ses œillères et qu'on lâche le frein, il est toujours surprenant de constater que les choses se mettent en place, sans qu'il soit nécessaire d'en faire un tour de force. S'en dégage alors une bien agréable sensation d'être à sa place, exactement comme la pièce d'un puzzle qui s'installe confortablement dans l'espace prévu pour elle.

Ah ! La vie est belle quand on se donne les moyens de la réussir !

Chapitre 8
Responsabilité

L'homme n'est point fait pour méditer, mais pour agir.
JEAN-JACQUES ROUSSEAU

Prendre nos responsabilités, c'est répondre de nos actes et de ce qui se présente dans notre vie. Il faut donc réfléchir et développer la lucidité nécessaire pour déterminer ce qui est entre nos mains et donc éventuellement à changer, ou hors de portée et donc à accepter.

Responsabilité et *répondre* ont une racine commune : être responsable, c'est répondre de ce qui nous arrive, qu'on l'ait voulu ou non, que ce soit juste ou non, que ce soit facile ou non.

La vie nous amène les événements sur son tapis roulant, certains sont provoqués, d'autres arrivent au hasard, c'est l'ordre du monde, on doit y faire face. Les éléments des situations qui nous gâchent la vie sont souvent très imbriqués les uns dans les autres et difficiles à décoder, ce n'est pas toujours évident. Mais l'homme est seul face à sa responsabilité. Haute tâche, belle liberté, mais travail ardu !

Le sociologue Alain Ehrenberg, dans *La Fatigue d'être soi*[48], explique comment la dépression peut être comprise comme une maladie de la responsabilité dans laquelle domine le sentiment d'insuffisance. Le déprimé ne se sent pas à la hauteur, il est fatigué d'avoir à devenir lui-même. L'augmentation de l'individualisme impose à l'adulte une autonomie exigeante. La dépression, ce mal-être typique de notre époque et de notre culture, se présente comme le reflet d'une incapacité de l'individu épuisé à prendre ses responsabilités, dans un contexte de solitude existentielle profonde. L'interdépendance des personnes existe toujours, mais elle ne constitue plus la solide sécurité qu'elle confère aux cultures tribales. Notre culture, avec toutes les libertés qu'elle nous offre, nous en impose les conséquences : nous sommes seuls face à nos choix, nous devons nous gérer en individu responsable.

Couper le cordon

L'homme n'est pas tout à fait coupable :
il n'a pas commencé l'histoire ;
ni tout à fait innocent, puisqu'il la continue.
ALBERT CAMUS

Quelle gratitude doit-on à la terre où l'on est né, à la famille au sein de laquelle on a grandi ou aux parents qui nous ont donné la vie ? Pouvons-nous nous affranchir de nos origines ? Elles ont accompagné nos premiers pas et largement nourri notre personnalité, mais si nous n'en apprécions plus aujourd'hui toutes les facettes, leur devons-nous encore fidélité ?

C'est une dimension de la complexité, mais aussi de la richesse de notre époque. Nous appartenons à une famille, mais

48. Ehrenberg Alain, *La Fatigue d'être soi, Dépression et société*, Odile Jacob, 1998.

nous ne sommes plus obligés d'en faire partie à vie, si cela ne nous convient plus.

À une période pas si lointaine, alors que les transports se limitaient à la carriole, à la bicyclette ou à la marche à pied, on ne s'éloignait pas beaucoup de son village. On rencontrait donc souvent son futur conjoint dans sa région ou dans son quartier et on se mariait au sein de sa communauté. Les habitudes se transmettaient plus facilement, on reproduisait les modes de vie parentaux, puisqu'ils étaient sans doute assez semblables chez l'un et chez l'autre. La sécurité sociale ni les maisons de retraite n'existaient et on devait donc prendre soin de ses vieux parents, en restant vivre non loin ou en les hébergeant chez soi. Que ce soit agréable ou facile n'entrait pas en ligne de compte, on vivait ainsi et ce n'était pas vraiment remis en question.

De nos jours, la liberté de choisir et d'agir est infiniment plus développée. On quitte plus souvent nos lieux de naissance pour aller vers d'autres cieux, on voyage plus et plus loin, on a un large accès aux études et on rencontre souvent son partenaire hors de son milieu proche. Le brassage des populations est plus étendu et on a le droit et la liberté de vivre en dehors des références familiales. La question de la fidélité aux valeurs parentales est donc plus sensible qu'auparavant. L'ouverture à l'idée même qu'on peut, voire qu'on doit créer sa vie et se réaliser en dehors du cocon familial, constitue une révolution discrète mais profonde et non sans conséquence.

Peut-on vraiment vivre librement la vie que l'on choisit lorsqu'on porte un nom à particules qui nous précède où que l'on aille ? Est-ce possible de vivre en athée avec un nom à consonance arabe et des parents pieux musulmans ? Est-on juif parce que notre père porte un nom hébreu, parce que du sang juif coule dans les veines de notre mère ou parce qu'on se convertit au judaïsme ? Peut-on renoncer à un héritage moral, religieux ou éducatif s'il ne correspond plus à rien que l'on ne ressente profondément ? Comment vit-on le fait de se marier en dehors de sa classe sociale, de sa religion ou de son ethnie ? C'est loin d'être simple et cette difficulté, liée à la transmission du nom, constitue une des principales raisons invoquées dans les demandes de changement de patronyme.

Quelle est l'importance de nos origines ou plutôt quelle importance leur donne-t-on ? Elle dépend d'une multitude de critères dont l'équilibre résulte globalement de la balance « confort-inconfort ».

De nombreux facteurs entrent en jeu :

L'influence des parents et de la famille :

– l'amour qu'on leur porte ;

– la perception de la douleur qu'on leur infligerait si on choisissait son chemin propre ;

– leur tolérance et la pression qu'ils vont exercer ;

– le sentiment d'obligation morale ;

– les conséquences de notre choix (rupture des relations, perte d'héritage, bannissement familial) ;

– l'influence de la fratrie.

La gêne occasionnée :

– le fait d'être perçu principalement par le biais de cette appartenance ;

– les comportements et activités qu'elle impose ;

– le sentiment d'enfermement ;

– la possibilité ou non de se marier en dehors de sa communauté.

Le sentiment d'identité :

– le bonheur ou le poids de se sentir appartenir à une communauté ;

– l'écartèlement entre la souffrance de décevoir ceux qu'on aime ou celle de se nier.

Aujourd'hui, la liberté de vivre sa vie d'adulte comme on l'entend semble acquise dans certains milieux. Le respect des générations qui nous précèdent est une affaire personnelle, qui se règle en général selon des considérations affectives et morales, la seule obligation légale étant le soutien financier, si nécessaire. Néanmoins, par son évolution rapide, notre société a perdu une partie de ses repères traditionnels et la famille reste un bastion stable et apprécié que l'individu n'est pas prêt à bafouer à la première contrariété.

Cependant, dans certaines familles, il arrive que de jeunes adultes (et parfois même des adultes mûrs) se sentent pris entre deux discours antinomiques : « Vis ta vie comme tu l'entends, sois qui tu veux être, tu es libre » et « En ces temps bousculés, la famille demeure une valeur sûre ».

Lorsque l'épanouissement personnel n'entre pas en compétition avec les permissions familiales, tout va bien. Mais lorsque les parents désapprouvent les choix de leurs enfants ou se sentent eux-mêmes désavoués par des décisions qui ne correspondent pas aux valeurs qu'ils ont voulu transmettre, les tensions deviennent douloureuses.

Quoi de plus triste que de décevoir ses parents ? Mais quoi de plus pénible que de ne pas suivre sa voie ?

Devant ce dilemme, au nom du droit à choisir sa propre vie, pour ne pas se renier soi-même, certains font le choix de la rupture. Il faut couper le cordon. Mais pas forcément en ne se voyant plus. Ce qui compte surtout, c'est de se sentir libéré du poids des attentes parentales. La rupture du cordon doit se faire alors sur les plans psychologique et émotionnel.

Certains adultes arrivent à prendre cette distance émotionnelle sans nécessairement interrompre la relation avec leurs parents. La déception parentale n'est pas trop forte, l'écartèlement pas trop inconfortable et l'enjeu reste modéré. Ils se blindent ou arrivent à en rire, selon leur caractère, ne voient pas trop souvent leurs parents, évitent les sujets qui fâchent et manifestent de la bonne volonté, c'est évidemment une issue heureuse.

On le sait, ce n'est pas toujours le cas. Certains parents n'arrivent pas à surmonter leur déception, ils argumentent et dénigrent, ne ratent pas une occasion pour exprimer leurs critiques ou leurs jugements, en douce ou de manière frontale, et la rupture semble la seule issue à leurs enfants adultes pour arriver à vivre librement la vie qu'ils se choisissent.

Parfois, c'est bien dommage, la rupture est définitive, toute tentative de rapprochement rouvrant immanquablement les plaies. Quelquefois heureusement, l'eau ayant coulé sous le pont, la relation peut reprendre son cours plus tard, avec une certaine distance émotionnelle qui permet la cordialité sans les tensions. Si personne ne remet d'huile sur le feu…

Mais quoi qu'il en soit, que nous nous entendions ou non avec nos parents, l'autonomie de pensée que requièrent les choix multiples et nouveaux auxquels doit faire face l'individu aujourd'hui, dans cette société en perpétuelle évolution, nécessite de couper le cordon, en se libérant de la dépendance matérielle, affective et psychique, afin de faire face à ses responsabilités d'adulte.

Changer de disque

Quelle musique, le silence!
JEAN ANOUILH

De la prime enfance, on se souvient assez peu. Certains souvenirs restent très nets, d'autres s'estompent dans la pénombre du passé. Les paroles s'en sont allées, reste la musique, cette rengaine qui tourne en boucle aujourd'hui encore, comme une ritournelle, « fais pas ci, fais pas ça, tu peux pas », etc.

On ne sait plus très bien ce qu'on ne peut pas faire, mais on se souvient qu'on ne peut pas. On se sent « pas tout à fait autorisé », ou « pas vraiment à sa place », ou « pas totalement capable »... Dans le cas contraire, si la chanson d'enfance était plus proche de « il ne faut pas te laisser faire, tu es fort, bats-toi », elle risque de laisser tourner un disque qui répète aujourd'hui « il se moque de moi, je vais lui casser la gueule », etc. Là encore, seule demeure la musique, c'est-à-dire la programmation émotionnelle.

L'adulte d'aujourd'hui lutte parfois contre cette rengaine, il sait que ses pulsions sont inappropriées, mais il se sent commandé de l'intérieur. Les mots sont partis dans l'oubli, mais le ressenti du petit enfant demeure. Si les paroles résonnaient encore dans sa mémoire, il pourrait les écouter et se rendre compte qu'elles sont devenues un peu ridicules !

Prendre ses responsabilités, c'est changer de disque ! Faire taire définitivement cette chansonnette qui génère des émotions et des comportements qui datent ! Si on ne veut plus être aujourd'hui cette petite fille qui a peur de déplaire ou qui ne se sent jamais à sa place, si on ne veut plus agir comme un sale gamin frustré qui casse tout quand il n'obtient pas satisfaction, ou quelque comportement que ce soit qui nous paraît objectivement dépassé, c'est à nous, et à nous seul, de décider d'arrêter cette programmation qui nous gâche la vie.

Prendre ses responsabilités, c'est cesser de chouchouter son enfant intérieur à tout moment, ne plus lui laisser prendre les commandes au détriment de ce que notre maturité d'adulte devrait décider, arrêter d'espérer ce qui ne viendra jamais.

Prendre ses responsabilités, c'est ne pas dire, après avoir agi d'une manière qui nous a échappé : « Je ne sais pas ce qui m'a pris ! Ça ne me ressemble pas ! » Aujourd'hui, il est temps de savoir et de se maîtriser.

Cesser d'agresser l'autre quand on est frustré en lui faisant porter toute la charge de notre insatisfaction. Aujourd'hui, il est temps d'accepter les limites de nos envies de toute puissance.

Arrêter de pleurnicher pour qu'autrui tienne compte de nos incapacités à gérer notre propre vie. Aujourd'hui, il est temps de comprendre qu'on est seul au volant et qu'on doit assumer nos besoins et nos désirs.

Ne plus jouer à l'infirmière pour paumés ni sauver tous les oiseaux des griffes du chat. Aujourd'hui, il faut comprendre qu'un oiseau guéri n'a plus besoin de sauveur, sauf si on le maintient en cage.[49]

Cesser de porter le poids du passé ou d'attendre un futur qui ne se réalise pas. Il est temps aujourd'hui de tirer des leçons de la vie, des épreuves que l'on a traversées, des tracas que l'on se crée et de prendre son existence à bras-le-corps, autant qu'il soit possible.

Le réel n'est jamais à la hauteur de l'imaginaire. Dans ses rêves, on peut toujours inventer des gens parfaits et des solutions miraculeuses. Mais la réalité s'impose de toute façon, et si les rêves étaient merveilleux, la déception risque d'être au rendez-vous. On doit composer avec les lois de la Nature et avec l'ordre du monde. On ne peut s'en libérer. Il faut cesser de rêver à l'impossible et s'inscrire dans la réalité.

Mauvaises habitudes

Il n'est d'habitude dont on ne se déshabitue.
Ion Luca Caragiale

49. C'est un paradoxe fréquent qui crée bien des incompréhensions et des problèmes : un sauveur a besoin d'une victime à sauver, or si le travail de sauvetage est bien mené, la victime va de mieux en mieux et n'a plus besoin de son sauveur, qui se sent de moins en moins utile. Pour y remédier, il sauve son partenaire d'une main et le maintient dans sa fragilité de l'autre… Génial pour se gâcher la vie à deux !

Les processus de changement sont souvent très entravés par la force de l'habitude. Une habitude est un comportement qui, au début, nous a fait du bien et qu'on répète ensuite pour retrouver chaque fois cette sensation de plaisir ou pour éviter le déplaisir. Nous savons combien ces mécanismes sont interdépendants. Parfois, au fil du temps, le contexte change mais les habitudes restent. Elles ne correspondent plus à un besoin déterminé et ne sont plus adaptées à nos nécessités. Elles ne sont là que parce qu'elles enclenchent un comportement machinal et c'est uniquement ce caractère familier qui procure la satisfaction. Elles sont devenues de mauvaises habitudes, des conduites qu'on s'obstine à maintenir en dépit du bon sens, et parfois sans aucune conscience. Il arrive même que, très paradoxalement, cet agissement coutumier nous fasse du tort, nous gâche franchement la vie, nuise à notre santé ou à nos relations, mais malgré tout, on le répète sans cesse !

Cette manœuvre, nous l'avons vu en début d'ouvrage, est renforcée par la production de neurotransmetteurs. Elle est assez puissante et ne requiert que peu d'énergie mentale. Se débarrasser des habitudes qui nous font du tort est donc un vrai travail de déconditionnement. Cela nécessite plus qu'une prise de conscience et quelques menus efforts, on le sait tous ! Il faudra probablement y revenir de nombreuses fois avant que le changement s'opère.

- Au cours des journées qui viennent, centrez-vous sur vos habitudes : les nombreux fonctionnements qui se répètent régulièrement, les comportements que vous ne remettez pas en question et qui scandent votre vie.
- Ces habitudes sont-elles toutes adaptées à vos besoins ?
- Vous font-elles vraiment du bien ?
- N'est-ce pas plutôt leur caractère répétitif et routinier qui vous satisfait ?
- N'y en a-t-il pas quelques-unes qui vous feraient du tort ?

- Pourquoi les faire perdurer ?
- Quel bénéfice pourriez-vous trouver à vous en défaire ?
- Qu'avez-vous à décider pour cesser d'être soumis à ces mauvaises habitudes ?

Prendre nos responsabilités pour changer ce qui nous nuit et que nous (re)produisons nécessite une maîtrise volontaire et constante. Il faut prendre une vraie décision, lucide et déterminée, mais aussi faire preuve de persévérance et d'une sérieuse autodiscipline.

Ce n'est pas l'habitude en soi qui est nuisible, c'est la *mauvaise* habitude ! Donc la première piste pour arrêter une mauvaise habitude est de la remplacer par une bonne ! Remplacer le comportement qu'on veut supprimer par un nouveau rituel, qui par sa régularité à venir va nous faire autant de plaisir qu'avant, mais sans nous porter préjudice. Ce n'est pas si difficile, il y a tant d'agréables choses à découvrir quotidiennement…

Renouvelez vos habitudes et faites-vous du bien !

Tourner la page

Les espèces qui survivent ne sont pas les espèces
les plus fortes ni les plus intelligentes,
mais celles qui s'adaptent le mieux aux changements.
CHARLES DARWIN

On traîne tous quelques casseroles, signe d'un passé qui ne ressemble pas à ce qu'on aurait aimé vivre. Que ce soit un dérapage verbal, une erreur financière, un échec amoureux, un divorce mal vécu, des études ratées ou une dispute qu'on regrette, personne n'a vécu un parcours rectiligne dont il peut être heureux et fier de bout en bout. C'est en trébuchant qu'on apprend et la vie nous force parfois à choisir une voie sans qu'on n'ait toutes les cartes en main. Il est donc normal que, de temps en temps, on se soit trompé. On a essayé, on a vécu, on a appris, c'est la vie.

On peut éternellement entretenir ses regrets, sa rancœur et sa souffrance. C'est un choix, peu conscient, peu cohérent, mais assez fréquent et très humain. C'est une manière de montrer à qui veut l'entendre (et à soi-même avant tout) combien on a été blessé. C'est une vengeance, un peu tordue, destinée à culpabiliser l'autre de tout le mal qu'il nous a fait, c'est une manière de se considérer et de se manifester comme une victime. Or, comme je l'ai déjà dit, on est tous des cabossés de la vie, c'est une erreur de penser que ce n'est pas le sort du commun des mortels.

Il est temps de couper les chaînes qui nous lient à ces boulets. Si les trimbaler est destiné à transmettre un message à autrui, la première personne qui en souffre, et parfois la seule, c'est nous-même !

Comprendre qu'on se sabote n'est pas évident et changer n'est pas simple. Il faudra non seulement faire preuve de beaucoup de lucidité mais aussi de volonté.

La volonté s'exerce dans deux directions opposées :

– **La volonté « pour »** : elle soutient notre effort dans le but de nous porter plus loin, c'est une volonté de progression. C'est celle qui pousse un jeune à étudier, à passer ses examens le mieux possible pour décrocher un job à la hauteur de ses ambitions, elle soutient le sportif dans ses efforts, l'alpiniste dans son ascension, ainsi que n'importe quel individu qui tend vers un but et doit serrer les dents pour y arriver, avec ténacité et persévérance.

– **La volonté « contre »** : elle est nécessaire pour s'empêcher de répondre à un désir nocif, c'est une volonté de résistance, celle à laquelle s'astreignent les petits enfants qui résistent au test du marshmallow. C'est la volonté du fumeur qui décide d'arrêter la cigarette, du boulimique qui doit se refréner, du conjoint qui choisit de résister à la tentation extérieure qui vient lui chatouiller les sens, de n'importe quelle personne qui décide de cesser les comportements qui lui gâchent la vie.

Tourner la page ne signifie pas qu'on a oublié.

Tourner la page n'établit pas qu'on a pardonné à celui qui nous a fait mal, pas plus qu'à nous-même.

Tourner la page ne nécessite pas qu'on soit réconcilié avec le passé.

Tourner la page manifeste qu'on pardonne à la vie d'être comme elle est, incertaine et surprenante. Les choses sont ce qu'elles sont et si l'on doit changer quelque chose, c'est notre propre mentalité.

Chapitre 9
Sens

La tragédie de l'homme moderne, ce n'est pas qu'il ignore le sens de la vie, c'est que ça le dérange de moins en moins.

VACLAV HAVEL

La vie a-t-elle un sens ?

Le terme sens a plusieurs acceptions et cette question me paraît en évoquer principalement deux : la direction et la signification. Donner du sens à sa vie signifierait d'une part qu'on lui découvre ou qu'on lui choisisse un but, une valeur ou éventuellement une utilité, c'est-à-dire une *signification*, et d'autre part qu'on oriente nos actions dans une *direction* qui tend vers cette valeur ou ce but.

Le sens de la vie nous est-il donné ? Et qu'en est-il du sens de notre vie ? Doit-on le trouver par nous-même ou doit-on donner du sens à notre vie qui, sans cela, n'en aurait pas en soi ? Avons-nous un rôle, une mission ou une vocation sur Terre, qui donnerait du sens à notre vie ?

« Les vocations manquées déteignent sur toute l'existence » écrit Balzac. Mais comment trouve-t-on sa vocation ? Comment faire pour ne pas la manquer ?

On perçoit immédiatement combien l'idée même de passer à côté de sa vocation nous gâcherait la vie de manière irrémédiable ! Et peut-être même que *tout ce qui nous gâche la vie*, toutes ces attitudes inadéquates dont on a maintenant un peu plus conscience, nous nuisent parce qu'elles n'ont aucun *sens*, elles n'ont ni signification, ni direction. Pire encore, ces comportements vont dans le *sens* contraire à nos désirs ou intérêts ! On agit en dépit du bon *sens* !

Ces expressions sont interpelantes... Elles semblent figurer que nos fonctionnements inadéquats nous polluent la vie parce qu'ils prennent racine dans une terre en friche, un jardin sans plan, comme un terrain vague abandonné.

Alors, faut-il organiser sa vie ? Avoir un but vers lequel faire tendre nos actions afin qu'elles cessent de nous faire du tort ?

Un projet de vie est un but dans l'existence, à moyen ou long terme, qui donne un cap, qui concentre les énergies vers un objectif. Fonder une famille, par exemple, élever ses enfants, se réaliser professionnellement, restaurer un vieux bâtiment, écrire un livre. Un projet est un phare qui guide nos actions, mais il n'est pas indispensable. Nous pouvons aussi avoir une multitude de petits buts, pour autant que nous arrivions à vivre en accord avec nous-même, au jour le jour. Parfois même, aucun sens n'apparaît au cours de certaines périodes de vie. Ce n'est que plus tard, avec le recul de quelques années, que nous arrivons à relier les événements et les épreuves parfois difficiles et décousues, qui donnent du sens *a posteriori*.

Le consommateur, l'épargnant et le contribuable

Le vrai mépris de l'argent repose sur la connaissance
de toutes les richesses qu'on peut avoir sans lui.
Abel Bonnard

Même si la fabuleuse expansion économique des années d'après-guerre n'a pu indéfiniment maintenir une progression constante et que le système doit trouver un nouvel équilibre, notre confort matériel reste extrêmement avantageux par rapport au reste du monde.

Cependant, on ne peut échapper à la médiatisation alarmante de la crise économique. Que nos sous dorment à la banque ou qu'on n'ait pas le moindre bas de laine, on nous ballotte au gré des dents de scie de la Bourse, on oscille entre austérité et relance, on nous inquiète en brandissant le spectre d'une dépression économique mondiale et on tâche ensuite de nous rassurer en injectant des milliards dans les banques ou dans les budgets nationaux en perdition. Plus que jamais, les finances semblent diriger le monde.

Il faut protéger l'épargnant, rassurer le contribuable et stimuler le consommateur, nous répète-t-on… Est-ce bien à nous que ce discours s'adresse ? N'est-on, en ces temps affolés, que des individus représentés par leur argent, qu'ils dépensent, engrangent ou versent à l'État ?

Très régulièrement, les médias nous rappellent qu'on devrait déprimer : le consommateur a le moral en baisse, nous dit-on, son Caddie est nettement moins fourni que celui de l'année passée ! La rentrée des classes approche et Maman ne pourra pas acheter de cartable à roulettes à son bambin. Et pour Noël, Monsieur ? Oh, pour les fêtes, on va devoir se serrer la ceinture, pas de guirlandes clignotantes cette année ! On ne peut plus acheter ce qu'on veut pour les enfants, se plaint encore cette brave dame qui semble contrainte d'acheter des chips bas de gamme et du jus d'orange chimique !

L'état de notre Caddie serait-il vraiment devenu le baromètre de notre moral ? Si les temps sont durs, et certes ils le sont sur un plan strictement financier pour de nombreuses personnes, cela doit-il automatiquement atteindre notre bonheur ? N'est-on qu'un portefeuille, un acheteur dont le plaisir ne se mesure qu'à son pouvoir d'achat ? Si les cordons de la bourse sont un peu tendus pour le moment, et peut-être à jamais, cela veut-il dire d'office qu'il faille renoncer au plaisir ? « On va devoir faire des efforts, des sacrifices ! nous dit-on avec des mines contrites. Les temps sont durs ! Il faut serrer la vis ! »

Il est plus que temps d'examiner le lien avec lequel on noue bonheur et finances. Non, les chips et les sodas ne sont pas des produits de première nécessité, n'en déplaise aux multinationales qui en font leur beurre ! On peut parfaitement bien s'en passer sans tristesse ou les remplacer par d'autres délices, plus sains et moins chers ! Se résigner, pour des raisons financières, à acheter des produits médiocres importés de l'autre bout du globe, ne nous gâcherait-il pas un peu la vie ? Est-ce vraiment nécessaire de consommer à longueur d'année des aliments industrialisés et des plats tout préparés parce qu'on mène une vie de dingue où le temps de prendre soin de soi s'est transformé en courses folles entre métros et supermarchés ? Ne vit-on pas parfois complètement en dépit du bon sens ?

On a grandi durant l'excitante explosion de la société de consommation, mais il est temps, en ce qui concerne le plaisir, de changer son fusil d'épaule ! Le plaisir et l'argent ne sont pas obligatoirement liés. Et toutes ces actions aussi banales que quotidiennes (se déplacer, travailler, faire des courses, se nourrir, se reposer, s'amuser…) contribuent, jour après jour, à alimenter le sens de notre vie ou à le gâcher systématiquement.

Est-il vraiment nécessaire d'avoir une grosse voiture pour être un chic type ou de coller à la mode pour être une jolie femme ?

Quel sens cela a-t-il de survoler les océans en avion si c'est pour rester au bord de la piscine du club ?

Nos enfants ont-ils vraiment besoin d'autant de cadeaux ? Ne seraient-ils pas plus heureux de partager des moments de plaisir avec leurs parents ? Un pique-nique dans les bois ou une bonne partie de fou-rire leur feront plus de bien qu'un ultime gadget qui alourdira plus encore la corvée « Range ta chambre » !

On croule sous un matériel inutile et superflu, on s'endette pour un électroménager qui n'a rien d'indispensable, parce qu'on associe bonheur et consommation. La publicité le martèle à haute dose : vos enfants passeront une belle journée grâce à ce choco à tartiner, ce rasoir vous garantit l'aisance de la séduction et ce shampoing des orgasmes explosifs ! À chaque fonction ménagère, un nouveau produit nous offre le bonheur absolu : pour laver, à chaud, à froid, à sec, le clair, le foncé, le noir, les couleurs, le synthétique. Pour adoucir, assouplir, assainir, rajeunir et nourrir. Pour rincer, raviver, désincruster, faire briller, détartrer, protéger et lustrer. Et que tout cela sente bon ! STOP !

Trop de possibles transforme la liberté en difficulté. Alors, pour échapper à la complication, on se choisit une voie, on fait des choix et parfois on s'y enchaîne. On se prend au jeu, à en oublier que d'autres jeux sont possibles. « Réussir *sa* vie : pauvreté du singulier. Combien de swings sont plâtrés, de zigzags mutilés, d'écarts burlesques attristés par ce projet rectiligne ? s'interroge le philosophe Yann Dall'Aglio avec malice. Pour réduire la vie à l'unité d'une réussite, il faut la profiler avec obsession : une forme de vie alors naît, qui devient ma seule cible. (…) Celle du monomaniaque, qui se shoote à la ligne de conduite. Chaque époque a ses appâts, désignés par ses chefs de file. Ainsi la nôtre : exercer et augmenter son pouvoir d'achat. »[50] La vie alors se résume à s'inscrire aveuglément dans la société de consommation, à courir derrière l'outil-argent incontournable et à perdre sa vie à essayer de la gagner, à traquer un sens qui sans cesse nous échappe, à filer sans relever la tête et à gâcher son temps précieux en une quête folle, épuisante, compliquée, atterrante… « Il faut se demander ce qui porte le plus gravement atteinte à l'âme des hommes d'aujourd'hui : leur passion aveuglante de l'argent ou leur hâte fébrile ? » s'interroge Konrad Lorentz.

Cette identité de consommateur vous convient-elle vraiment ? N'êtes-vous pas aussi, et sans doute bien plus, un parent concerné, un conjoint aimant, un sportif joyeux, un citoyen engagé, un amoureux de la nature, un voisin attentionné, un artiste en devenir, un roi de la récup', un bricoleur de génie, un visiteur de malade, un musicien amateur ou un ami bienveillant ?

Quel luxe, mais quelle complication !

L'homme est une prison où l'âme reste libre.
VICTOR HUGO

Comparée à d'autres époques et d'autres lieux, on ne peut nier que notre culture occidentale et démocratique, malgré tous les défauts qu'on peut lui trouver, a repoussé loin les contraintes sociales. On vit une époque de grande liberté.

On peut vivre seul, en couple ou en tribu, marié ou non, hétéro ou homo, en célibataire avec ou sans enfants, en familles

---

50. Dall'aglio Yann, *Une Rolex à 50 ans, A-t-on le droit de rater sa vie?* Flammarion, 2011.

multiraciales, traditionnelles ou recomposées, à géométrie variable, tous les modèles sont autorisés.

En matière de religion, on a acquis une liberté de culte, de pratique et d'expression rare : on peut tranquillement aller à l'église, au temple, à la mosquée, à la synagogue ou ailleurs, mais aussi déclarer sans crainte qu'on ne croit pas en Dieu sans risquer les flammes de l'enfer, l'emprisonnement par nos semblables ou l'infarctus de Bonne-Maman !

À peu de chose près, on peut s'habiller comme on veut, exercer n'importe quel métier, s'exprimer librement et afficher ses choix politiques sans risque. Comme tous droits acquis, ces libertés nous paraissent aller de soi, mais ne perdons pas de vue qu'elles sont récentes, ont été très chèrement acquises et sont assez exceptionnelles sur la planète.

Le statut des femmes et des enfants est un des meilleurs au monde, la sécurité sociale et les soins de santé aussi. On n'a pas à craindre de guerre imminente ni de coup d'État dictatorial ou de bouleversement politique ravageur. On peut entrer et sortir de notre pays sans même ralentir et se déplacer librement sans aucun souci.

Même si cela n'est pas le discours qu'on nous rabâche à longueur de soirées dans les médias, on vit une époque luxueuse sur le plan des libertés individuelles. Notre champ des possibles est un des plus riches dans l'histoire de l'humanité. Il suffit de voyager pour s'en rendre compte et si l'on pouvait faire un saut en arrière dans le temps, on en aurait plus de preuves qu'il n'en faut. En conclusion, pour améliorer votre vie personnelle, soyez convaincu que vous avez bien plus de possibilités que vous ne pensez. Si vous n'êtes pas heureux, si vous vous gâchez la vie, vous avez la faculté d'y remédier.

Oser, essayer, créer, inventer

La curiosité intellectuelle – vouloir comprendre – dérive d'un besoin aussi fondamental que la faim ou la sexualité : l'énergie exploratoire.
ARTHUR KOESTLER

Tournons-nous les uns vers les autres, parlons-nous, rions ensemble, jouons avec nos enfants, racontons-leur des histoires, inventons, créons, simplifions, passons du temps dans la nature, promenons-nous dans les bois tant que la Bourse n'y est pas, marchons plus et roulons moins, faisons l'amour et pas les courses ! Tout cela ne coûte pas bien cher, procure tant de plaisir et contribue grandement à notre bien-être !

On peut faire fi de nombreuses références qui nous formatent, de cette course au pouvoir d'achat, maître mot de notre époque, autant qu'à la quête de la beauté, de la minceur, de la voiture *full-option* ou du métier qui impressionne.

Parfois on sent, dans toutes les cellules de notre corps, que telle voie ne nous convient pas du tout ou que telle autre nous attire comme un aimant. C'est comme une boussole intuitive qui nous tire dans une direction, comme si notre corps savait, instinctivement. Écoutons-le. On ne sait pas toujours pourquoi, mais on le sent. On entend cette petite voix intérieure qui nous dit parfois « stop », il faut l'écouter, elle ne se trompe pas. C'est une saine réminiscence de l'instinct de survie.

La seule chose dont on soit totalement sûr, c'est qu'on naît et que bien plus tard, on meurt ; entre les deux, on a quelques dizaines d'années à passer sur cette belle Terre, autant en profiter au mieux. Ce qui compte, c'est qu'on puisse se dire, le jour du grand départ : « Cela valait la peine ! C'était bien ! Je suis content de ce que j'ai vécu. » Quoi faire durant ces années ? Comment vivre ? Que réaliser ? Personne ne nous impose quoi que ce soit.

Tout le monde a son avis, ses conseils, ses modèles, mais on est fondamentalement et profondément libre.

On est contraint de respecter quelques grandes lois ou d'assumer les sanctions liées à leur transgression. On doit faire face à quelques grandes responsabilités, dans la vie familiale, professionnelle ou publique. Pour le reste, on a un champ de liberté immense. On peut marcher en ligne droite entre les clous ou zigzaguer bien à son aise. On peut papillonner de fleur en fleur ou courir comme un lévrier boosté aux amphétamines. On est cigale si cela nous chante ou fourmi si cela nous rassure. On peut vivre petit ou risquer gros.

Il n'y a pas de sot métier, pas plus qu'il n'y a de sotte vie.

On est son propre baromètre de bonheur.

Qu'est-ce qu'une bonne vie ? « Primum non nocere » disaient les Romains : d'abord, ne pas nuire. C'est peut-être l'essentiel commun à tous les hommes.

Personne n'est habilité à nous dicter comment vivre. J'ai essayé, pour ma part, de déterrer quelques comportements qui pourraient vous nuire, dans le but de vous aider à en prendre conscience. Maintenant, faites ce que vous voulez ! J'ai suggéré quelques grandes options qui, me semble-t-il, vous aideraient à évoluer, vous en ferez ce que bon vous semble !

Votre vie est dans vos mains. Vous êtes libre de la construire bien droite ou de la prendre de traviole ! « Prendre la vie de traviole, s'amuse encore le malicieux philosophe, c'est d'abord la laisser fuir. Ne pas l'identifier, en en limitant les bords. Ne pas l'asservir à un motif sérieux et donc faux jusqu'à la barbarie. Car toutes les raisons sont des planches, sur lesquelles nous fanfaronnons, prétendant avoir compris la vie. »[51]

Prendre la vie de traviole, c'est accepter de ne rien en attendre, en goûter sans tarder toutes les singularités et ne plus craindre

51. *Ibid.*

quelque ratage imprévu. « Sans pouvoir rater ni réussir notre vie, dit-il encore, nous allons donc toujours de réussites ratées en ratés réussis, en bifurquant jusqu'à perdre de vue la logique du parcours. Nous rêvons alors de lignes fléchées et droites ; d'autoroutes allemandes ; d'aquariums où, sans se toucher, deux poissons rouges se croisent dans une eau dormante et aseptisée. »[52]

Cesser de se gâcher la vie en réfléchissant au sens qu'elle a, c'est donc peut-être accepter qu'elle n'en a pas ! « Le sens de la vie, c'est justement de s'amuser avec la vie » suggère avec une légèreté très soutenable l'écrivain Milan Kundera.

Alors, ce qui compte, c'est peut-être de faire ce pour quoi on est doué ? Ce pour quoi on se sent du talent ? Ce qui nous rend heureux ? Ce qui nous plaît ? La vie ne serait alors qu'une large plage de jeux, pleine de surprises, de joies et d'embûches, où à diverses reprises on trouvera sa place, son talent et son plaisir. Son sens. Tous les chemins se valent. L'important est de suivre un chemin qui a du cœur.

Notre seule vraie richesse, c'est notre compétence.

En étant centré, on sent pour quoi on est doué.

Doué pour construire des fusées ou coudre un vêtement.

Pour nager vite ou sauter haut.

Pour soigner les âmes grises ou les corps qui peinent.

Pour élever ses enfants ou s'occuper de son jardin.

Pour relire les textes anciens ou en créer de nouveaux.

Pour restaurer des maisons ou assainir les villes.

Pour renseigner les clients ou emballer leurs achats.

Pour faire des bouquets de mariées ou des couronnes mortuaires.

---

52. *Ibid.*

Pour regarder la vie dans un microscope ou observer les étoiles.

Pour écrire des poèmes ou composer de la musique.

Pour surveiller des bébés ou recueillir les animaux en péril.

Pour créer son entreprise ou faire son potager.

Peu importe, pourvu qu'on le fasse comme on l'entend. Pourvu qu'on ne se berce pas d'illusions, qu'on ne s'obstine pas dans les voies sans issue ou qu'on ne s'acharne pas à faire changer l'inchangeable. Pourvu qu'on se sente doué. À sa place. Et tout ira bien.

Conclusion

Pouvoir inventer sa vie dans l'infinie liberté d'aujourd'hui est un cadeau aussi fabuleux qu'écrasant. Le champ des possibles est plus vaste qu'il ne l'a jamais été, et pourtant il ne nous suffit pas.

On se gâche la vie parce qu'on ne supporte pas qu'elle ne corresponde pas à nos vœux. Comme un enfant gâté qui s'ennuie dans sa chambre encombrée, on râle de ne pas avoir le jouet espéré, on ne sait pas choisir parce qu'il y en a trop, on n'ose pas jouer parce qu'on a peur de perdre, trop de jouets tuent le plaisir.

On se gâche la vie parce qu'on l'a bien trop compliquée. Notre cerveau ni notre corps n'ont été programmés pour vivre cette folle époque et son rythme frénétique. Nous sommes bâtis pour parcourir la nature à pied, faire face aux dangers immédiats et grappiller notre nourriture au fil de nos escapades, et nous voilà plongés dans un film en accéléré, au milieu de la foule, des villes et de leurs supermarchés.

On se gâche la vie parce qu'elle n'a pas de sens et que nous sommes intelligents. La confrontation est insupportable. Alors on invente des occupations compliquées, on fabrique de belles choses et d'autres parfaitement stupides, et on se crée des tas de petits tracas pour occuper le temps ou camoufler l'absurdité de l'existence.

On se gâche la vie parce qu'on n'est plus des sauvages. Nous devons rester dignes des siècles de civilisations qui nous précèdent, ce n'est plus l'heure de la loi du plus fort. Nous devons contenir notre impulsivité, respecter les règles, tenir compte des autres, même des pinailleurs et des traînards. Nous devons apprendre des tas de choses aussi ennuyeuses qu'inutiles et puis nous en libérer bien vite pour découvrir, avant qu'il ne soit trop tard, ce qu'on veut vraiment savoir de la vie, son cœur, son âme, son secret, ce qui nous anime et nous excite, ce qui nous fait planer, sans modèle, sans maître, sans ancêtres qui nous regardent, sans voisins qui nous jugent, ni parents déçus ou autres redresseurs de tort.

On se gâche la vie parce qu'on se connaît mal, on se comprend à peine, on croit qu'on veut, on pense qu'on doit, on a peur d'on ne sait quoi, c'est plus fort que nous, on n'écoute pas son intuition ou son vrai désir. On écoute la télé, les médias, les prédicateurs de tendance et les créateurs de mode. On méprise la liberté parce qu'on n'a pas dû se battre pour la conquérir, on l'a reçue comme une évidence dans un Kinder Surprise.

On se gâche la vie parce qu'on a mal et qu'on le cache, on pleure à l'intérieur et on sourit pour qu'on nous aime, on souffre de souffrir, on a honte d'avoir honte, on a peur d'avoir peur, parce qu'on est des hommes si loin de nous-mêmes.

On se gâche la vie parce que tout ça est très compliqué et qu'on se prend vachement au sérieux. On doit lire des livres pour comprendre comment vivre ! On s'est tellement perdu en route qu'on doit tout réapprendre : à manger sainement, à prendre soin de son corps, à se calmer, à s'exprimer, à faire l'amour, à se disputer, on apprend même à respirer ! On court sur des tapis roulants, on regarde le monde dans une boîte à images, on communique tout le temps et on se comprend si mal, on vit dans un monde drôle et aberrant, boulimique et austère.

Autant en rire ! Rire de cette liberté de création qui nous rend responsable de nos choix de vie autant que de nos bêtises. Rire de nos petits arrangements avec la vérité autant que de nos pieds dans le tapis. Rire de nos dérapages peu contrôlés et de nos ratages désespérants. Rire de nos amours imparfaites et de nos causes perdues. Rire de tout ce qui foire, qui nous échappe ou qui va de traviole.

Comme tout art, l'art de se gâcher la vie n'a que l'importance qu'on lui accorde. L'art est beau et vaniteux, nécessaire et inutile, nourricier et superflu. *Idem* pour nos gâchis. Ils sont drôles et désespérants, bêtes et insignifiants, tristes et amusants. Comme toute œuvre d'art, on peut les valoriser autant que s'en débarrasser, c'est notre choix et c'est notre liberté. Autant en rire !

Aymes, Août 2012.

Bibliographie

ANDRÉ Christophe, *De l'art du bonheur*, L'iconoclaste, Paris, 2006.

ANSERMET François et MAGISTRETTI Pierre, *À chacun son cerveau, Plasticité neuronale et inconscient*, Odile Jacob, 2004.

ANSERMET François et MAGISTRETTI Pierre, *Les Énigmes du plaisir*, Odile Jacob, 2010.

BÉAGUE Philippe, DUPUIS Michel, DORSEL Monique, EMMANUEL François, DUMONT Jacques, MORELLI Anne, RINGLET Gabriel, *Qu'est-ce qui fait vivre ?* Éditions Couleurs Livres, 2011.

BEAUVALLET Maya, *Les Stratégies absurdes, Comment faire pire en croyant faire mieux*, Seuil, 2009.

BEN-SHAHAR Tal, *L'Apprentissage de l'imperfection*, Belfond, 2010.

BRIZENDINE Louann, *Les Secrets du cerveau féminin*, Grasset, 2006.

BROWN Brené, *The Gifts of Imperfection*, Hazelden, États-Unis, 2010.

BRUCKNER Pascal, *L'Euphorie perpétuelle, Essai sur le devoir du bonheur*, Grasset, 2000.

BRUCKNER Pascal, *La Tyrannie de la pénitence, Essai sur le masochisme occidental*, Grasset, 2006.

COMTE-SPONVILLE André, *Impromptus*, Presses Universitaires de France, 1998.

COMTE-SPONVILLE André, *Le Goût de vivre et cent autres propos*, Albin Michel, 2010.

DALL'AGLIO Yann, *Une Rolex à 50 ans, a-t-on encore le droit de rater sa vie ?* Flammarion, 2011.

DIAMOND Jared, *Le Troisième Chimpanzé, Essai sur l'évolution et l'avenir de l'animal humain*, Gallimard, 2000.

DUFOURMANTELLE Anne, *Éloge du risque*, Payot & Rivages, 2011.

ELIACHEFF Caroline et SOULEZ LARIVIÈRE Daniel, *Le Temps des victimes*, Albin Michel, 2006.

ERHENBERG Alain, *La Fatigue d'être soi, Dépression et société*, Odile Jacob, 1998.

FIAT Éric, *Grandeurs et misères des hommes, Petit traité de dignité*, Larousse, 2010.

GOLEMAN Daniel, *L'Intelligence émotionnelle*, Robert Laffont, 1997.

JANSSEN Thierry, *La Solution intérieure*, Fayard, 2006.

JOLLIEN Alexandre, *Éloge de la faiblesse*, Marabout, 1999.

KAUFMANN Jean-Claude, *L'Invention de soi*, Armand Colin, 2004.

LABORIT Henri, *Éloge de la fuite*, Robert Laffont, 1976.

LIAUDET Jean-Claude, *Du bonheur d'être fragile*, Albin Michel, 2007.

LIVINGSTON Gordon, *La Vieillesse vient trop vite et la sagesse trop tard, 30 leçons de vie pour être heureux,* Marabout, 2006.

MILLER Alice, *L'Avenir du drame de l'enfant doué*, Presses Universitaires de France, 1996.

MORIN Edgar, *Dialogue sur la connaissance, entretiens avec les lycéens*, Éditions de l'Aube, 2011.

SHORTER Laurence, *Le Secret de l'optimisme, Le tour du monde d'un acharné du bonheur,* Lattès, 2009.

VEIL Simone, *Une jeunesse au temps de la Shoah*, extraits d'*Une vie*, Stock, 2007.

VERGELY Bertrand, *Petite Philosophie pour vaincre les jours tristes*, Milan, 2003.

VERGELY Bertrand, *Retour à l'émerveillement*, Albin Michel, 2010.

WATZLAWICK Paul, *Faites vous-même votre malheur*, Seuil, 1984.

Table des matières

Dans la même collection

Marie Andersen

La manipulation ordinaire

Reconnaître les relations toxiques pour s'en protéger

POCHE MARABOUT

Marie Andersen

L'emprise familiale

Comment s'affranchir de son enfance

POCHE MARABOUT

Judith et Ike Lasater
L'importance de la parole juste
Pratiquer la communication non violente
POCHE MARABOUT

Denis Doucet
Le principe du petit pingouin
Apprenez à lâcher prise
POCHE MARABOUT

POCHE MARABOUT
Isabelle Filliozat
Je t'en veux, je t'aime
Ou comment réparer la relation à ses parents

POCHE MARABOUT

Isabelle Filliozat

L'intelligence du cœur

Confiance en soi, créativité, relations, autonomie

Isabelle Filliozat
Fais-toi confiance
... ou comment être à l'aise en toutes circonstances
POCHE MARABOUT

Isabelle Filliozat

Il n'y a pas de parent parfait

L'histoire de nos enfants commence par la nôtre

POCHE MARABOUT

Isabelle Filliozat
Que se passe-t-il en moi ?
Mieux vivre ses émotions au quotidien
POCHE MARABOUT

Imprimé en Allemagne par GGP MEDIA GMBH
pour le compte des Editions Marabout (Hachette Livre)
58 rue Jean Jaures 92170 Vanves
Achevé d'imprimer en janvier 2016
ISBN : 978-2-501-09923-3
8500051 / 02
Dépôt légal : septembre 2015